Tobias Hürter / Max Rauner
Schluss mit dem Bullshit!

TOBIAS HÜRTER
MAX RAUNER

BULL
SCHLUSS MIT DEM
SHIT

Auf der Suche nach dem verlorenen Verstand

Piper München Zürich

Mehr über unsere Autoren und Bücher:
www.piper.de

Auf der Website *bullshitalarm.de* können Sie mit den Autoren
diskutieren und eigene Bullshit-Erfahrungen dokumentieren.

In den Kapiteln »Esoterik« und »Psychotherapie« wurden Namen und Details
von Betroffenen und Seminarteilnehmern verändert.

MIX
Papier
FSC FSC® C014889

ISBN 978-3-492-05626-7
2. Auflage 2014
© Piper Verlag GmbH, München 2014
Satz: psb, Berlin
Gesetzt aus der Quadraat
Druck und Bindung: Pustet, Regensburg
Printed in Germany

»Never tell a lie when you can bullshit your way through it.«
ERIC AMBLER

Inhalt

Bullshit für Profis – Strategien in einer Welt des Humbugs   279

Vorwort

Der Bullshit lauert überall, und meistens bemerkt man ihn zu spät. Diesmal näherte er sich in Gestalt eines stilvoll gekleideten Herrn um die fünfzig, der sich als Christian vorstellte. Der Mann setzte sich mit einem Cappuccino an den Nebentisch und plauderte mit uns über das volle Café, das Münchner Westend, den milden Winter und die globale Erwärmung. Dann wurde es seltsam.

Bis zum Jahr 2040 werde sich die Erde um sechs Grad Celsius erwärmen, sagte Christian, das habe er im Vortrag eines Experten gehört. – Hm, sechs Grad, das liegt jenseits der schlimmsten Szenarien, die von Klimaforschern ernstgenommen werden, aber gut. – Und diese Erwärmung werde die Erde für Menschen so gut wie unbewohnbar machen. – So so. – Doch so weit werde es nicht kommen, fuhr Christian fort, denn das Militär werde, wenn es die Katastrophe kommen sehe, »gentechnisch manipulierte Biowaffen« zum Einsatz bringen. Die würden 90 Prozent der Menschheit töten, damit die restlichen zehn Prozent überleben können. – Wie bitte?

Man hätte jetzt zahlen und gehen können, aber Christian war kein Dummkopf. Er kannte sich aus mit Gentechnik, besser jedenfalls als wir beiden Wissenschaftsjournalisten. Er hatte eine genaue Vorstellung davon, wie man Viren in eine Zellhülle injiziert. Er wusste Bescheid über Mikrochips, Klimaerwärmung und Kampfstoffe. Die gefährlichen Viren bräuchten 20 Tage Inkubationszeit, erklärte er, und das Militär brauche für die eigenen Soldaten einen Impfstoff nur für den Notfall. Denn nach höchstens drei Infektionswellen werde sich das Virus selbst aus der Welt schaffen. Christian hatte auf alles eine Antwort. Ratlos hörten wir ihm weiter zu.

Man könnte es sich leicht machen und Christian als paranoiden Verschwörungstheoretiker abqualifizieren. Aber wäre das fair? Vielleicht liegen wir ja mit unserem hausbackenen Weltbild falsch, und er liegt mit seinem richtig. Hat nicht der NSA-Skandal eindrücklich bewiesen, dass Verschwörungstheoretiker manchmal doch recht haben? Man könnte sich also in Toleranz üben: Na gut, er sieht es halt so, und wir sehen es anders. Doch es bleibt die Ahnung, dass Christian sich in einen Wahn verrannt hat.

Nach ein paar Minuten fragten wir ihn: »Unter welchen Umständen wärst du bereit einzuräumen, dass du dich geirrt hast mit dem, was du uns gerade erzählt hast?« – »Unter gar keinen Umständen«, erwiderte er. »Diese Logik ist völlig zwingend.«

Das war die Schlüsselstelle in diesem merkwürdigen Gespräch. Christian hat es sich mit seiner Theorie bequem gemacht. Er hat sich festgelegt und lässt keinen Widerspruch zu. Er kann sich darauf beschränken, nach Hinweisen zu suchen, die seine Theorie stützen – und Hinweise ignorieren, die sie schwächen. Diese Bequemlichkeit hat ihren Preis: Christian redet Bullshit. So nennen Philosophen – und auch Laien – grammatisch wohlgeformte Sätze, die zwar an der Oberfläche in Ordnung sind, aber keinen fundierten Gedanken ausdrücken. Der »Bulle« darin komme vom französischen boul für Täuschung, vermuten Sprachforscher. Bullshit ist Gerede, bei dem der Redner sich nicht darum schert, ob es stimmt, was er redet. Im Unterschied zum Lügner versucht der Bullshitter nicht, anderen gezielt eine Unwahrheit einzureden. Wahr oder unwahr, das kümmert ihn nicht. Laut dem amerikanischen Philosophen Harry G. Frankfurt richtet Bullshit noch mehr Schaden an als Lügen. Schon weil es so viel davon gibt.

Christians Gerede beim Cappuccino ist nicht deshalb bemerkenswert, weil es so außergewöhnlich wäre. Im Gegenteil. Es ist Ausdruck der allgemeinen Bullshit-Epidemie. Wer einmal für das Phänomen Bullshit sensibilisiert ist, wird staunen, wie viel es davon gibt. Die Heilpraktikerin verzapft Blödsinn über Heilmagnetismus; der Autoverkäufer verzapft Blödsinn über den vermeintlich umweltfreundlichen Geländewagen; andere verzapfen Blödsinn über Familienaufstellung, Chiropraktik, probiotische Joghurts oder Hirnforschung. Das ist manchmal lustig, oft nervig und insgesamt schädlich. Denn Bullshitten untergräbt die Grundlagen unserer sprachlichen Verständigung, die nur dann funktioniert, wenn die Gesprächspartner im Großen und Ganzen wahrhaftig sind. Bullshit korrumpiert das Denken. Und die Gesellschaft.

Viele Menschen reden Blödsinn, weil sie andere manipulieren wollen. Manche reden Blödsinn, weil sie unkritisch wiederkäuen, was jemand ihnen vorgekaut hat. Man könnte sich angesichts der Flut von Bullshit genervt abwenden. Doch dafür ist das Phänomen zu wichtig. Besser ist es, sich ihm zu stellen. Woran erkennt man Bullshit? Was unterscheidet harmlosen Bullshit von schädlichem? Wie geht man damit um, und wie vermeidet man, selbst zu viel davon zu produzieren? Und wie produziert man Bullshit, wenn man doch mal welchen braucht? Um diese Fragen geht es in diesem Buch. Ausgangspunkt war eine Titelgeschichte von Tobias Hürter in der Philosophie-Zeitschrift *Hohe Luft*, die das philosophische Fundament des Themas legte und klärte, was Bullshit überhaupt ist. Aber beim Philosophieren sollte es nicht bleiben. Wir haben uns mit Forschungsfälschern und Esoterik-Gurus getroffen, ein Seminar für Eliteverkäufer besucht und den Grundkurs in Prana-Heilung absolviert. Wir haben uns anderthalb Jahre so intensiv mit Bullshit beschäftigt, dass wir glauben, uns jetzt Bullshit-Experten nennen zu dürfen. Zunächst unternehmen wir eine Rundreise in die Vielfalt des Bullshit und erläutern die philosophische Basis. Danach geht es hinaus in die Welt, wir begeben uns auf die Suche nach dem alltäglichen Bullshit: Wir untersuchen den Bullshit in Werbung und Politik, in Wissenschaft und Medizin, testen gefährliche Psychotherapien und ergründen die Anziehungskraft der Esoterik. Wir geben Tipps zur Früherkennung und Vermeidung von Bullshit. Zum Schluss erörtern wir, welche Haltung zum Phänomen Bullshit grundsätzlich sinnvoll und praktikabel ist. Und wir diskutieren, unter welchen Umständen es legitim sein kann, auch selbst einmal zu bullshitten.

Schluss mit dem Bullshit! Das ist ein frommer Wunsch. Aber mit diesem Buch erhalten Sie das Rüstzeug für den täglichen Kampf gegen sinnloses Gerede. Für die Christians dieser Welt.

Tobias Hürter und Max Rauner

BULL SHIT

für Anfänger

Ronald Pofalla beendet Dinge

Im Sommer 2013, als die Deutschen wegen der NSA-Affäre allmählich richtig sauer auf Amerika wurden, hatte der Bullshit mal wieder einen großen Moment. Seit Wochen waren neue Details über die massenhafte Überwachung durch den US-Geheimdienst NSA bekannt geworden, enthüllt durch den Whistleblower Edward Snowden. Die NSA unterhalte in der Nähe von Darmstadt eine Spezialeinheit für Kryptografie, berichtete der *Spiegel* im August, und die *Bild*-Zeitung fragte: »Warum eiert die Regierung in der Späh-Affäre so rum?« Dann trat am Nachmittag des 12. August ein sichtlich genervter Kanzleramtsminister vor die Kameras: Ronald Pofalla hatte gerade die Sitzung des Parlamentarischen Kontrollgremiums hinter sich gebracht. Er sagte: »Die NSA und der britische Geheimdienst haben erklärt, dass sie sich in Deutschland an deutsches Recht halten.« Er sagte noch ein paar solcher Sätze, und machte dann das, wofür sein Auftritt berühmt wurde: Er erklärte die NSA-Affäre für beendet: »Der Vorwurf der vermeintlichen Totalausspähung in Deutschland ist nach den Angaben der NSA, des britischen Dienstes und unserer Nachrichtendienste vom Tisch. Es gibt in Deutschland keine millionenfache Grundrechtsverletzung.«

Kein Satz davon war falsch, alles keine Lügen. Aber auch nicht gerade eine clevere Darstellung der Tatsachen. Ronald Pofalla bewegte sich in der Grauzone zwischen Wahrheit und Lüge. Was er an jenem heißen Sommertag in die Mikrofone sprach, war Bullshit, zu Deutsch: Blödsinn, Bockmist, Humbug. Man könnte auch sagen, aus Pofallas Mund kam an jenem Sommertag nichts als »heiße Luft«.

Blödsinn gedeiht im Niemandsland zwischen Wahrheit, Unwahrheit und Meinung. Jeder hat ein Recht auf eine eigene Meinung. Aber nicht auf eigene Fakten. Wo die Grenze zwischen Meinung und Fakten verschwimmt oder gezielt verwischt wird, kommt Bullshit heraus. Es gibt Bullshit in der Partnerschaft, im Smalltalk, im Gespräch mit dem Chef, beim Einkaufen, beim Arzt, in der Psychotherapie, eigentlich überall dort, wo Menschen reden. Also auch und gerade in der Politik.

Pofalla beugte die Wahrheit allein durch geschicktes Bullshitten. Mag sein, dass die NSA sich auf deutschem Boden an deutsches Recht hält (was damals keineswegs klar war). Aber bei der ganzen Aufregung ging es um Internet-Spionage. Von welchem geografischen Ort aus man sie betreibt, wo genau die ausspionierten Server stehen, wo die angezapften Datenleitungen verlaufen – für den Ausspionierten ist das ziemlich egal. Das Internet ist global. Für die Lektüre deutscher Mails brauchen die Spione der NSA sich nicht aus ihren Sesseln in der Zentrale in Maryland zu erheben, geschweige denn deutschen Boden zu betreten. Und dass die Vorwürfe »nach den Angaben der NSA, des britischen Dienstes und unserer Nachrichtendienste vom Tisch« sind, wird kaum jemanden überraschen, aber auch kaum jemanden davon überzeugen, dass sie wirklich ausgeräumt sind.

Das ist natürlich auch dem Minister bekannt. Aber in jenem Moment ging es ihm nicht darum, die Lage nüchtern zu analysieren, sondern darum, ihr möglichst schnell zu entkommen. Und einige Journalisten halfen ihm dabei. So sagte der ARD-Kommentator Ulrich Deppendorf am selben Abend in der *Tagesschau*: »Die Bundesregierung sieht den Vorwurf der flächendeckenden Ausspähung Deutscher durch die Geheimdienste der USA und Großbritanniens also vom Tisch.« Das hatte Pofalla nicht gesagt, er hatte nur von der Ausspähung in Deutschland gesprochen, nicht von der Ausspähung Deutscher. Und plötzlich, unmerklich war aus dem Bullshit eine klare Falschaussage geworden. Bei Deppendorf zumindest ging Pofallas Bullshit-Taktik auf. Im Internet allerdings nicht: Der Hashtag #PofallabeendetDinge wurde einen Tag lang zum Twitter-Spaß, mit gefakten CDU-Wahlplakaten und einem verkleideten Pofalla, der mal »die Unendlichkeit«, mal »die Bauarbeiten am Berliner Flughafen« oder auch »Schuberts 8. Sinfonie«, die Unvollendete, für beendet erklärte.

Die Philosophie des Bullshit

»Red keinen Scheiß« – diese Aufforderung wird oft empört geäußert (gerne auch in der Variante »Red keinen Müll« oder »Red keinen Tinnef«). Der Sprecher hat eine starke, aber nicht immer klare Vorstellung davon, was gemeint ist. Was genau ist damit gemeint, wenn jemand Müll redet? Mit dieser Frage befassen sich neuerdings auch Philosophen.

In den vergangenen 2500 Jahren haben Philosophen über alles Mögliche nachgedacht, vom Ursprung aller Dinge bis zu den Bedingungen von Erkenntnis. Besonders gerne analysierten sie auch Begriffe, die weithin gebraucht, aber schlecht verstanden wurden. Vernunft und Moral zum Beispiel, freier Wille, Bewusstsein, Raum und Zeit. Den Blödsinn hingegen ließen sie lange unbeachtet. Das ist erstaunlich, denn Blödsinn ist alles andere als ein Randphänomen.

Es gehört zu den Merkwürdigkeiten unserer Gesellschaft, dass sie so viel Bullshit produziert. Die meisten Menschen nehmen das als selbstverständlich hin. Der amerikanische Philosoph Harry G. Frankfurt gehört nicht dazu. Den Grundstein zu einer systematischen Philosophie des Bullshit legte er im Jahr 1986 in seinem Essay *On Bullshit* (auf Deutsch unter dem Titel *Bullshit* 2006 erschienen). »Ich erkannte eines Tages, dass ich mich mein Leben lang sehr freizügig des Begriffs Bullshit bedient hatte«, erklärte er später in einem Interview, »aber nie zu klären versucht hatte, was ich darunter verstand.« Also machte Frankfurt sich daran, dem Bullshit auf den Grund zu gehen. *Bullshit* skizziert das Programm für eine Philosophie des Blödsinns. Deren systematische Ausarbeitung überließ sein Autor allerdings anderen.

Am Anfang der Recherchen für dieses Buch stand folgende Arbeitshypothese: Bullshit kann harmlos und sogar unterhaltsam sein, aber in großen Mengen ist er schädlich und sollte enttarnt werden. Das Ausmaß und die Vielfalt des Blödsinns scheinen unermesslich. Vermutlich hat die Menschheit noch nie so viel Bullshit produziert wie heute. Politiker, Medien, Verkäufer, Esoteriker, sie alle scheinen sich verbündet zu haben, um uns zuzutexten und verbal zu vermüllen. Da gibt es Geschichten über energetisiertes Wasser, Chemtrails, die Hohlerdentheorie und Engeltherapien, glutenfreies Brot, Familienaufstellungen, Druiden, Neurolinguistische Programmierung, Warzen-Besprechen und Neuromarketing – und schon hat man sich verzettelt. Bevor man Bullshit bekämpft, sollte man ihn besser verstehen. Im Deutschen ist auch von Firlefanz, Käse, Kokolores, Mist, Bockmist, Quatsch, Scheiße, Schmarrn, Stuss, Unfug, Unsinn die Rede – aber nichts davon trifft die Sache richtig. Am ehesten noch »Humbug«. Im Englischen ist das Wort seit 1751 belegt, um 1835 fand es Eingang ins Deutsche. »Humbug, wie der Engländer sagt«, schrieb Annette von Droste-

Hülshoff in einem Brief. In diesem Buch verwenden wir »Humbug« synonym mit »Bullshit« oder »Blödsinn«.

Wenn es stimmt, dass die Menschheit dabei ist, in eine Ära des Bullshit einzutreten, dann wäre das eine Tragödie. Von den sokratischen Philosophen über die mittelalterlichen Scholastiker wie Thomas von Aquin, die Renaissance-Denker wie Galileo Galilei und Leonardo da Vinci, die wissenschaftlichen Pioniere der Royal Society in London bis zu den großen Philosophen und Naturforschern der Aufklärung, allen voran Immanuel Kant, erkennt man eine über die Jahrtausende anhaltende Bemühung, der Wahrheit zu ihrem Recht zu verhelfen. Sollten all diese Bemühungen vergeblich gewesen sein? Gewinnt zum Schluss doch der Blödsinn? Wird die Epoche der Aufklärung eines fernen Tages nur noch eine Fußnote in der europäischen Kulturgeschichte sein? Eine kurze Erwärmung des Verstandes zwischen zwei Eiszeiten?

Klatsch ist kriminell, sagt der Papst

Es wäre naiv, ein Goldenes Zeitalter der Klarheit zu fordern, in dem jeder nur noch sagt, was er meint, und meint, was er sagt. Eine radikale Strictly-no-bullshit-Doktrin ist weder realistisch noch wünschenswert. Humbug erfüllt wichtige soziale Funktionen. Höflichkeit zum Beispiel ist im guten Fall eine raffinierte Form von Humbug für Situationen, in denen es für alle Beteiligten besser ist, nicht zu sagen, was sie meinen. Höflichkeit kaschiert die plumpe Wahrheit, ohne dass der Betreffende lügen muss.

Eine spezielle Form von Humbug ist Klatsch. »Haben Sie schon gehört, bei den Neumaiers von schräg gegenüber muss es einen üblen Ehekrach geben. Er hat sie wohl betrogen. Oder sie ihn. Jedenfalls reden die beiden seit Tagen kein Wort mehr miteinander.« Es ist mit ziemlicher Sicherheit nicht ganz richtig. Egal, geht es doch nur darum, eine spannende Geschichte zu erzählen, die das vielleicht nur in der Phantasie des Betrachters etwas seltsame Verhalten der Neumaiers erklärt. Egal? Harmlos? Nicht, wenn es nach Papst Franziskus geht. Es gebe keinen »unschuldigen Klatsch«, erklärte der Pontifex im Sommer 2013. Wer schlecht über seinen Nächsten rede, sei ein Heuchler, »der nicht den Mut hat, seine eigenen Defizite zu sehen«, so der Stellvertreter Gottes auf Erden (siehe dazu auch Kapitel »Beziehungen«).

Aber gibt es nicht doch auch unschuldigen Klatsch, etwa wenn sich zwei Menschen über einen Dritten unterhalten und dabei auch ins Spekulieren geraten. Und wer entscheidet, wo das wahrhaftige Reden aufhört und der Humbug anfängt? Eine der Grundfragen in der philosophischen Humbug-Analyse lautet: Ist die Zuschreibung von Blödsinnigkeit eine rein subjektive, wie »Köstlich!« oder »Beeindruckend!«, oder wohnt ihr ein objektiver Gehalt inne? Anders gefragt: Ist Blödsinn reine Ansichtssache? Harry G. Frankfurt hat die erkenntnistheoretischen Merkmale des Blödsinns herausgearbeitet: Ob eine Äußerung blödsinnig sei, hänge weder davon ab, ob sie wahr oder falsch sei, noch davon, ob der Sprecher sie gestammelt oder geschliffen formuliert habe, sondern vom Dreiecksverhältnis zwischen der Äußerung, dem Sprecher und der Welt. Wenn der Sprecher die Absicht hat, wahr über die Welt zu sprechen, dann redet er keinen Blödsinn im technischen Sinne. Auch dann nicht, wenn seine Äußerung nicht die klügste ist. Vielleicht ist er eben nicht der Klügste und hat sich in bester Absicht geirrt. Wenn er aber in anderer Absicht spricht und darüber den Wahrheitsgehalt seiner Äußerungen vernachlässigt, dann redet er Blödsinn.

Humbug wird nicht in der Absicht geäußert, etwas zu erklären. Er soll seine Adressaten nicht informieren, sondern Eindrücke in ihnen wecken, die wahr sein können oder nicht – darauf kommt es seinem Urheber nicht an. Humbug ist ein Affront gegen die Adressaten, die ja meistens zuhören, um etwas zu erfahren, und nicht nur, um bequatscht zu werden. Doch der angerichtete Schaden ist noch viel größer: Der Bullshitter untergräbt die Grundlagen der zivilisierten Kommunikation überhaupt. Verständigung zwischen Menschen funktioniert nämlich nur, wenn diese sich – zumindest meistens – um die Wahrheit über die Welt bemühen, in der wir leben. Würden wir dauernd Blödsinn reden, dann würde die Bedeutung der Wörter und Sätze, die wir sprechen, erodieren. Würden wir uns zum Beispiel nicht mehr darum kümmern, ob das, was wir als »grün« bezeichnen, wirklich grün ist, dann würde das Adjektiv »grün« nichts mehr aussagen. Es könnte grüne Dinge benennen und rote und farblose – alle Dinge. Ein einzelner Mensch, der noch Wert legte auf die richtige Verwendung des Attributs »grün«, wäre verloren in der allgemeinen Beliebigkeit. Humbug ist also ansteckend, er ist nicht nur selbst nichtssagend, sondern raubt auch Äußerungen, die eigentlich sinnvoll wären, ihre Aussagekraft.

Bullshitter, wie Frankfurt sie versteht, gerieren sich selbst als Überbringer der Wahrheit, obwohl gerade das nicht ihr Ansinnen ist. Vielmehr sind sie ihrem Wesen nach Fälscher und Schwindler, die mit ihrer Rede die Meinungen und Haltungen derer manipulieren wollen, zu denen sie sprechen. Ob das, was Ronald Pofalla damals sagte, wirklich Bullshit war, hängt nach Frankfurts Definition also von der Absicht ab, mit der er redete: ob er sein Publikum mit Wissen bereichern oder lediglich beschwichtigen wollte. Ob seine Intention also war, seinen Zuhörern die ihm genehme Sicht der Lage unterzuschieben – egal ob sie nun zutraf oder nicht. Im Großen und Ganzen stimmen wir Harry Frankfurt zu: Bullshit entsteht aus einem Mangel an Wahrhaftigkeit. Aber in einem Punkt möchten wir Frankfurts Definition aufgrund unserer eigenen Erfahrungen mit Bullshit erweitern. Planvolle Täuschung ist nach unserem Verständnis keine Bedingung für Bullshit. Fahrlässige Täuschung genügt. Schon eine laxe Haltung zur Übereinstimmung zwischen der Welt und dem Gesagten, wo Sorgfalt angebracht wäre, bringt Bullshit hervor.

Nach dieser erweiterten Definition hat Pofalla damals zweifelsfrei Bullshit geredet, denn es spielt keine Rolle, welche Absicht er damit verfolgt hat. Bemerkenswert an seiner Stellungnahme ist, dass er nur haarscharf an der Wahrheit vorbeiredete, ohne sie komplett zu verfehlen.

Bullshitten ist nicht gleich Lügen

Zu den bisher ungenügend untersuchten Aspekten des Humbugs gehört die Abgrenzung zum Lügen. Beides, Humbug und Lügen, sind unwahrhaftige Formen der schriftlichen oder mündlichen Rede. Sachlich falsche Aussagen ein und desselben Wortlauts, geäußert von ein und demselben Sprecher am selben Ort zur selben Zeit, können Irrtümer, Lügen oder Bullshit sein, je nach Wissensstand und Absichten des Sprechers.

Bullshit ist in der Regel sozial schwächer sanktioniert als Lügen. Man lässt sich eher belabern als belügen. Wer entdeckt, dass man ihn belügt, wird wütend. Er fühlt sich hintergangen. Unter Lügenverdacht zu geraten ist der Schrecken jedes Politikers. Humbug reden dürfen Politiker hingegen meist ungestraft. Es wird sogar weithin von ihnen erwartet, dass sie Phrasen dreschen und Fragen ausweichen. Man stelle sich vor, ein Politiker würde plötzlich hundert Prozent Klartext reden. Er geriete schnell ins Abseits.

Humbug ist also risikoarm, und er wirkt: Wenn zum Beispiel in der Fernsehwerbung für einen Brotaufstrich eine junge Französin in Tracht versonnen Kräuter in einen Bottich rührt, dann glauben auch unbedarfte Zuschauer nicht, dass der Aufstrich wirklich auf diese altertümliche Weise hergestellt wird. Dennoch verbindet er sich in unseren Köpfen mit der rustikalen Idylle. Ebenso erfüllen blödsinnige Wahlkampfreden auch dann ihren Zweck, wenn der Blödsinn offensichtlich ist.

Aus philosophischer Sicht allerdings ist die Milde gegen Humbug fragwürdig. Einem Lügner liegt an der Wahrheit. Er nimmt sie wichtig, deshalb will er sie verbergen. Zum Lügen gehört es, die Wahrheit genau zu kennen. Oft muss ein Lügner die Wahrheit sogar genauer kennen als jemand, der sie ausspricht. Denn ein Lügner muss seine Lüge in die Wahrheit einpassen und dafür sorgen, dass sie dem Weltbild seines Gegenübers so weit entspricht, dass der oder die Betreffende die Lüge als Wahrheit akzeptieren kann. Ein Bullshitter hingegen schert sich nicht um die Wahrheit. Die Welt und sein Bild von ihr sind ihm egal. Er will seine Agenda durchsetzen. »Der Lügner und der Wahrhaftige spielen dasselbe Spiel auf verschiedenen Seiten«, sagt Harry Frankfurt. »Der Bullshitter spielt ein völlig anderes Spiel. Er ist weder für die Wahrheit noch gegen sie, er schert sich nicht um sie.« Frankfurt hält Bullshit für eine noch größere Bedrohung unserer Zivilisation als das Lügen. »Es ist wichtig für uns, die Wahrheit zu respektieren«, sagt er. »Der Lügner untergräbt nicht unseren Respekt für die Wahrheit, sondern unsere Kenntnis von ihr. Das ist schlecht, aber es unterscheidet ihn vom Bullshitter, der unseren Respekt für die Wahrheit untergräbt.« Auf diese Weise zersetzt Bullshit den Wert der Wahrhaftigkeit noch tiefgreifender als Lügen.

Der Ausdruck »Bullshit« ist vor allem in Amerika in intensivem Gebrauch, und das ist kein Zufall. Die Amerikaner sind weltweit führend auf dem Gebiet des Bullshit. Schon beim ersten Wortwechsel mit Amerikanern kann man das feststellen: »How are you?« – »Very well! How are you?« – »Great!« Für deutsche Ohren kommt in diesen Floskeln geheucheltes Interesse zum Ausdruck. Technisch gesehen ist es Bullshit, als Höflichkeitsfloskel dennoch unverzichtbar, soll zwischenmenschliche Kommunikation nicht zum nackten Informationsaustausch verkommen.

Amerikanische Politiker bestreiten ganze Wahlkampfreden mit Bullshit. Deutsche Politiker bullshitten anders als amerikanische, aber nicht wesentlich weniger. Ein Beispiel unter vielen: Als der Jahreswirtschaftsbericht der Bundesregierung nicht die Zahlen enthielt, die FDP-Wähler gerne hören, sprach der damalige FDP-Wirtschaftsminister Philip Rösler von einer »vorübergehenden Wachstumsdelle«. Es ist unwahrscheinlich, dass er im Bemühen um eine ungeschminkte Analyse der Situation auf diese ungewöhnliche Formulierung kam. Eher dürfte sie Ausdruck einer Hoffnung gewesen sein, die Situation möge sich von selbst bereinigen. Eine Delle ist ein unwesentlicher Makel in einer ansonsten intakten Oberfläche. Im Allgemeinen sind Dellen nicht vorübergehend. Da jedoch die Gesamtsituation so gut war (»Wachstum«), hätte diese Delle eine Ausnahme sein können, hoffte Rösler. Er hielt es daher auch nicht für nötig, tätig zu werden. Es steckt also ziemlich viel in dieser Formulierung. Nur nicht viel Wahrheit.

Menschen glauben alles Mögliche aus allen möglichen Gründen. Manche glauben, dass Elvis Presley noch lebt. Manche glauben, dass Kondensstreifen von Flugzeugen ein Zeichen dafür sind, dass eine geheime Weltregierung die Bürger mit Chemikalien manipuliert. Manche glauben, dass die Erde nicht älter als 10 000 Jahre ist und dass Gott die ganzen Fossilien vergraben hat, um unseren Glauben zu prüfen. Manche glauben, dass homöopathische Globuli Krankheiten heilen. Nicht immer wägen sie dabei sorgfältig das Beweismaterial ab. Sie glauben es aus Gründen, die mehr mit ihnen selbst zu tun haben als mit dem, was sie glauben. Manchmal ist das harmlos. Manchmal ist es eine Katastrophe. Ronald Reagan bat bei wichtigen politischen Entscheidungen einen Astrologen ins Weiße Haus. George W. Bush berief sich beim Einmarsch in den Irak auf »göttliche Intuition«. Humbug regiert die Welt.

Gehört Bullshit zur Demokratie?

Die meisten Menschen verlassen sich beim Entdecken von Humbug auf ihr Bauchgefühl – also ihre Intuition. Doch diese kann trügen und schlimmstenfalls selbst Humbug hervorbringen. Wer dies vermeiden will, der sollte die Sache systematisch angehen. Aufhorchen sollte man zum Beispiel bei Anzeichen für Pseudo-Tiefgründigkeit: bei Berufung auf nicht näher definierte »Kräfte«, »Energien« oder sonstiges Geheimwissen; bei Sätzen, die jede Diskussion ersticken, wie etwa »Das kannst du nicht wissen«, »Ich weiß es halt« oder »Ich bin fest davon überzeugt«.

Allerdings kommt Humbug selten so offensichtlich daher. Meist muss man nachforschen. Das große Vorbild aller Bullshit-Jäger ist der Urphilosoph Sokrates, wie er in den Dialogen Platons auftritt. Sokrates sah sich als gottgesandte »Stechfliege« (Myops), mit der Mission, die Athener Bürger zu pieksen und zu nerven – stets im Dienst der Wahrheit. Er sprach Menschen auf der Straße an, fragte sie nach ihrem Verständnis von Liebe, Sterblichkeit, Gerechtigkeit, Bedeutung oder Wahrheit, erhielt oft eine überzeugte, aber irrige Antwort, fragte freundlich nach und dirigierte sie mit sanftem Druck in die Richtung, in der er die Wahrheit sah. Am Ende waren die Gesprächspartner wacher als zuvor und misstrauischer gegenüber geläufigen, aber haltlosen Reden.

Die Athener dankten Sokrates seinen Dienst an der Wahrheit nicht, im Gegenteil, sie verurteilten ihn zum Tode. »Ihr werdet für den Rest eures Lebens schlafen«, warnte Sokrates sie in seiner Verteidigungsrede, »außer wenn Gott in seiner Weisheit euch eine andere Stechmücke schickt.« Bei aller intellektuellen Demut rühmte sich Sokrates einer seltenen Art von Weisheit: Er kannte und respektierte die Grenzen seines Wissens. »Damit habe ich mich noch nicht gründlich befasst« – dieser Satz scheint im Sprachschatz vieler Politiker zu fehlen. Dabei liegt auf der Hand, dass sie sich nicht über alles schlau gemacht haben können, über das sie schlau daherreden.

Die Athener entschieden sich gegen Sokrates und die Wahrheit – für den Schlaf der Dummen. Heute sind die meisten von ihnen vergessen, und Sokrates ist der berühmteste Philosoph aller Zeiten. Das mag ein Ansporn sein, den Kampf gegen den Humbug aufzunehmen. Nur wie? Viele hängen am Humbug wie einst die Athener. Sie wehren sich hartnäckig, wenn jemand ausmisten will. Wenn Humbug sich einmal im Kopf festgesetzt hat, ist er schwer wieder herauszubekommen. Sachliche Aufklärung allein hilft selten. Im Gegenteil, sie kann den Humbug noch verfestigen. Denn um etwas zu widerlegen, muss man es wiederholen. Zum Beispiel die falsche Behauptung, dass die Nebenwirkungen einer Grippeschutzimpfung schlimmer seien als die Grippe selbst. Psychologen haben in einer Studie beobachtet, dass den Probanden zwar kurzfristig die Widerlegung der Behauptung im Gedächtnis bleibt, langfristig jedoch die zu widerlegende Desinformation. (Auch wir haben nun dazu beigetragen, den Mythos zu verbreiten.)

In einer entwickelten Gesellschaft ist ein gewisses Maß an Bullshit vermutlich nicht zu vermeiden, so wie zu menschlichem Leben unweigerlich körperliche Ausscheidungen gehören. Die Frage ist allerdings, warum Bullshit in solchen Mengen und mit solcher Beharrlichkeit produziert wird, wie wir es heute beobachten. Das Fernsehen und andere Medien sind voll davon. Wahlkämpfe basieren fast vollständig auf Humbug. Sogar die Wissenschaft, die vermeintliche Hüterin aufgeklärten Denkens, entpuppt sich bei näherem Hinsehen als überraschend blödsinnsfreundlich. So scheuen Wissenschaftler sich nicht, das Hormon Oxytocin als »Kuschelhormon« zu verkaufen oder zu verkünden, die Genmutation für Internetsucht gefunden zu haben. In der Pressemitteilung ihrer Universität heißt es dann meist weiter unten: Es sind noch weitere Studien mit mehr Probanden erforderlich.

Die meisten Menschen fühlen sich von der Flut an Humbug, die unaufhörlich über sie schwappt, beeinträchtigt, aber viele tragen auch ihren Teil dazu bei. Manche sozialen Situationen, zum Beispiel Partygespräche, sind ohne Blödsinn kaum zu meistern. Eine Ursache dafür mag in der für unsere Kultur charakteristischen Meinungsfreudigkeit liegen. Die Vorstellung ist verbreitet, jeder Mensch müsse zu jeder Angelegenheit eine Meinung haben. Natürlich ist es unmöglich, sich zu jeder Angelegenheit eine fundierte Meinung zu bilden. Dazu fehlen uns allen die Zeit und das Wissen. Daher bilden wir uns einen erheblichen Teil unserer Meinungen voreilig und unwissend, aus einem dumpfen Gefühl der »Wahrheitigkeit« heraus. Im Niemandsland zwischen allem, zu dem wir uns eine begründete Meinung bilden können, und dem, wozu wir eine Meinung haben wollen, gedeiht der Blödsinn.

Harry G. Frankfurt wagt sogar die Vermutung, dass Bullshit der Preis ist, den wir für die freiheitlich-demokratische Grundordnung bezahlen müssen: »Gesellschaften, die großen Wert auf öffentliche Meinungsbildung legen, neigen dazu, mehr Bullshit zu produzieren.« Dem kann man entgegnen, dass totalitäre Gesellschaften nicht weniger Blödsinn hervorbringen. In Nordkorea etwa dient ein wesentlicher Teil des Staatswesens der Humbug-Produktion. Totalitäre Regime gründen auf Humbug. Sie sind darauf angewiesen, um sich die Menschen gefügig zu machen. Im Dritten Reich war die Sprache ein wichtiges Werkzeug der nationalsozialistischen Führung, um die Wahrheit zu verschleiern. Der Philologe Victor Klemperer hat sie in seinem Buch *LTI. Notizbuch eines Philologen* analysiert, das 1947 erschien und auf Aufzeichnungen Klemperers aus der Zeit des Nationalsozialismus beruht. Der Titel parodiert die Versessenheit der Nationalsozialisten auf Kürzel. LTI steht für »Lingua Tertii Imperii«, die Sprache des Dritten Reiches. Eine von den Nationalsozialisten gern benutzte, in vielen Fällen völlig unsinnige Sprachfigur war der Superlativ. Adolf Hitler wurde als »größter Feldherr aller Zeiten« bezeichnet, was von seinen kommandierenden Generälen zu »Gröfaz« verballhornt wurde (Superlativ und Kürzel in einem), und der *Völkische Beobachter* hatte das »größte Verlagshaus der Welt«. Kaum eine Gelegenheit wurde ausgelassen, die vermeintliche eigene Überlegenheit zu betonen.

Besonders bedrückend in Klemperers Buch sind jene Kapitel, die zeigen, wie die unseligen Sprachmuster der NS-Propaganda in den allgemeinen Gebrauch einsickerten, beispielsweise in Familienanzeigen. Klemperer zitiert eine Geburtsanzeige aus dem *Dresdner Anzeiger* vom 27. Juli 1942. Dort geben ein SS-Unterturmführer und seine Frau »in stolzer Freude« die Geburt ihres kleinen Volker »in Deutschlands größter Zeit« bekannt. Vor Volkers Geburtsdatum findet sich statt des Sterns eine Lebensrune. »Deutschlands größte Zeit« – das war unmittelbar vor der Schlacht von Stalingrad. Und »stolze Freude« von einem SS-Mann, der zu dieser Zeit nicht »im Felde« war, das sei, genau genommen, sogar ein Verstoß gegen den nationalsozialistischen Sittenkodex gewesen, wie Klemperer notiert. Hohle Floskeln sollten das ganz und gar unideologische Ereignis der Geburt in einen ideologischen Kontext zwängen.

Einige nationalsozialistische Wortprägungen der unscheinbareren Art sind noch heute gängig, zum Beispiel die »Entpflichtung« als eingedeutschte »Emeritierung«. Die Sprache der Nationalsozialisten war so erschreckend in ihrer Menschenverachtung, dass es schwerfällt, sie in die harmlos klingende Kategorie Bullshit einzuordnen. Doch technisch gesehen gehört sie hinein. Sie zeigt, dass es Bullshit gibt, der das Gegenteil von harmlos und lustig ist. Bullshit kann ein Machtinstrument sein – und er ist nie ein gutartiges Machtinstrument. Deshalb gehört das Bemühen um eine bullshitfreie Rede notwendig zur Demokratie.

Wittgenstein, die Spaßbremse

Es gäbe nicht so viel Bullshit auf der Welt, wenn die Menschen nicht so empfänglich dafür wären. Psychologen und Ökonomen haben inzwischen zweifelsfrei nachgewiesen, dass der Homo oeconomicus in Wahrheit ein völlig unvernünftiges Wesen ist. Es ist derzeit unter Forschern groß in Mode, den Artgenossen ihre systematischen Denkfehler nachzuweisen. Von den 2500 bis 10 000 Entscheidungen, vor denen ein Mensch tagtäglich steht (»Bus oder Fahrrad?« – »Sind drei Euro zu viel für einen Kaffee?« – »Soll ich ihn heiraten?«), fällt er die meisten aus den dunklen Tiefen seines Unbewussten heraus. Und das Unbewusste hält sich nun mal nicht an den Satz vom Widerspruch, den Grundstein logischen Denkens. Dieser Satz besagt, dass zwei einander widersprechende Aussagen nicht beide zugleich wahr sein können.

Das wäre halb so schlimm, wenn wir uns nicht für so vernünftig hielten. Humbug hat die verblüffende Eigenschaft, stets von anderen geredet zu werden, nie von einem selbst. »Die Leute« mögen blöd sein, man selbst ist schlau. Dabei redet jeder Mensch, sofern sprachbegabt, gelegentlich Humbug. Jeder von uns hat seine individuelle Blödsinnsquote, und oft kommt sie einem selbst niedriger vor als den anderen. Es muss nicht immer Astrologie, Telepathie oder Homöopathie sein. Auch Menschen, die sich für aufgeklärter als die anderen halten, sind davon überzeugt, dass Rotwein für den richtigen Geschmack »atmen« müsse, und machen ihren Kindern weis, dass keine zwei Schneeflocken gleich seien. Beides ist zwar irgendwie einleuchtend, hält aber einer Nachprüfung nicht stand. Dennoch wird es kolportiert, weil man es oft gehört hat.

Auch die knochigsten No-nonsense-Typen fanden sich in einer kontroversen Diskussion schon mal an einem Punkt wieder, an dem sie innerlich ins Schwanken gerieten: Au weia, liege ich etwa daneben? Aber nur wenige haben dann die Größe, ihre Zweifel freimütig zu äußern: Nachgeben? Nicht ich, nicht jetzt! In solchen Situationen herrscht erhöhte Humbug-Gefahr. Dann geht es nicht mehr darum, der diskutierten Angelegenheit auf den Grund zu gehen, sondern ums Rechthaben. Wir sind nicht nur Rezipienten, wir sind auch selbst Produzenten. Jeder von uns hat eine nicht eliminierbare Humbug-Restquote – auch ihr müssen wir nachspüren. Viele ansonsten nicht Humbug-affine Menschen haben schon mal über »Unruhen« in einer Weltgegend schwadroniert, die sie auf einem Globus gar nicht verorten könnten. Es sind solche Situationen, in denen sich in Sachen Humbug die Spreu vom Weizen trennt. Wem es gelingt, auch in diesen Fällen konsequent der Wahrheit auf der Spur zu bleiben, der darf sich zu Recht als Bullshit-Killer fühlen.

Ein klassischer Testfall für den Bullshit-Killerinstinkt ist die Spinat-Legende: Man hört oft, dieses eigenwillig schmeckende Blattgemüse habe einen hohen Eisengehalt. Etwas seltener hört man die »Richtigstellung«, der hohe Eisengehalt des Spinats sei eine Legende, in die Welt gesetzt von Forschern, die sich um eine Nachkommastelle vertan hätten. Sogar Elzie Segar, der Schöpfer des Comic-Matrosen Popeye, habe sich täuschen lassen und seiner Figur irrtümlich eine Spinat-Diät verordnet. Aber zum Glück gibt es ja gut informierte Zeitgenossen, die den Irrtum aufklären können. Von wegen. Keine der obigen Aussagen stimmt. Zwar bezifferten Forscher den Eisengehalt von Spinat im 19. Jahrhundert tatsächlich falsch, jedoch nicht wegen eines Rechen-, sondern wegen eines Messfehlers. Aber um Tatsachen geht es sowieso nicht. Kaum jemand macht sich die Mühe, sie nachzuprüfen. Was man oft genug hört, erzählt man bei Gelegenheit weiter. Dies ist die Dynamik des Bullshit.

In der Geschichte der Philosophie gab es immer wieder Versuche, mit dem Humbug aufzuräumen. Man könnte sogar behaupten, dass die Bekämpfung des Blödsinns zu den ursprünglichen Beweggründen der Philosophie gehört. Nicht nur Sokrates, sondern auch viele andere große Denker verstanden sich als Kreuzritter gegen den Blödsinn. Ludwig Wittgenstein unterschied in seinem *Tractatus logico-philosophicus* drei Arten von Sätzen: sinnvolle, sinnlose und unsinnige. Ein sinnvoller Satz sagt etwas Neues über die Welt, zum Beispiel: »Es regnet.« Ein sinnloser Satz ist bereits von seiner Struktur her wahr oder falsch: »Es regnet, oder es regnet nicht« oder »Es regnet, und es regnet nicht.« Ein unsinniger Satz sagt gar nichts. Nach Wittgenstein sind unsinnige Sätze beispielsweise die Sätze der Ethik, denn »Sätze können nichts Höheres ausdrücken. Es ist klar, daß sich die Ethik nicht aussprechen läßt. Die Ethik ist transcendental« (6.24-6.241). Auch die Sätze der Philosophie, inklusive jener des *Tractatus*, betrachtete Wittgenstein als unsinnig. Die wirklich Weisen würden den Mund halten.

Wittgenstein philosophierte nicht nur gegen Humbug, er bekämpfte ihn auch praktisch. So erkundigte er sich eines Tages telefonisch nach dem Befinden seiner Freundin Fania Pascal, der soeben die Mandeln operativ entfernt worden waren. »Wie ein überfahrener Hund« fühle sie sich, klagte Pascal. »Du weißt nicht, wie sich ein überfahrener Hund fühlt«, antwortete Wittgenstein. Mit dieser Anekdote, die hoffentlich selbst kein Blödsinn ist, illustriert Harry G. Frankfurt, wie wenig Verständnis Wittgenstein für Blödsinn hatte. Wohlmeinende Menschen hätten Pascals Klage vielleicht als Gleichnis durchgehen lassen. Für Wittgenstein jedoch hatte ein solches Gleichnis, dessen Vergleichsbild nicht auf eigenem Erleben beruhte, keinen Sinn. Seine Erwiderung war nicht charmant, aber konsequent. Natürlich konnte Pascal nicht wissen, wie ein überfahrener Hund sich fühlt, und trotzdem sprach sie darüber. »Wovon man nicht reden kann, darüber muß man schweigen«, heißt es in der Einleitung zum Tractatus. Und genau deshalb redete Pascal Bullshit im technischen Sinne.

Noch radikaler sprangen in den Zwanzigerjahren des vorigen Jahrhunderts die logischen Positivisten um Rudolf Carnap und Moritz Schlick mit dem Blödsinn um. Sie hielten ausschließlich für sinnvoll, was sich wissenschaftlich messen oder beobachten oder aus Messungen oder Beobachtungen logisch ableiten ließ. Ein logischer Positivist könnte in einem Gespräch mit seiner Partnerin einen Satz wie »Unsere Beziehung ist mir zu wenig prickelnd« nicht ohne Weiteres durchgehen lassen. Denn die Beziehung ist kein Etwas, das unabhängig von den Partnern existiert. Jener Satz sei ein »Pseudoobjektsatz«, würden logische Positivisten sagen. Auf den ersten Blick scheint er sich auf die Beziehung zu beziehen, aber eigentlich sagt er etwas über die beiden Partner. Der logische Positivist würde also seine Partnerin auffordern, ihre Aussage korrekt als Objektsatz neu zu formulieren, etwa als »Ich erlebe mit dir zu wenige prickelnde Momente«, und darauf wahrscheinlich explizit zu hören bekommen, er sei ein Langweiler.

Das klingt weltfremd, und das war es auch. Nicht nur mit ihren Partnern drohen logischen Positivisten Konflikte. Auch mit Naturwissenschaftlern. Die Anti-Bullshit-Regeln der logischen Positivisten waren so streng, dass sie auch einen wesentlichen Teil unserer akzeptierten wissenschaftlichen Theorien eliminiert hätten, wie das anschauliche Beispiel mit den schwarzen Schwänen, das von Karl Popper stammt, klarmacht: Auch aus noch so vielen Beobachtungen weißer Schwäne lasse sich nicht ableiten, dass alle Schwäne weiß sind. Die Gesetzmäßigkeit »Alle Schwäne sind weiß« ist also streng positivistisch nicht fundiert. Denn schon der nächste beobachtete Schwan könnte schwarz sein. (In der Philosophiegeschichte dient der schwarze Schwan als Metapher für ein sehr unwahrscheinliches, aber mögliches Ereignis.) Und tatsächlich gibt es schwarze Schwäne. In der Physik jedoch wurden viele Naturgesetze auf ähnliche Weise abgeleitet wie die Aussage »Alle Schwäne sind weiß«. So formulierte Isaac Newton, gestützt auf die Beobachtung der Planetenbahnen und die Fallgesetze auf der Erde, das Gravitationsgesetz. Die logischen Positivisten mussten einsehen, dass ihre Definition von Unsinn zu großzügig war – sie disqualifizierte weite Bereiche der Naturwissenschaften und hatte keine realistische Chance auf Akzeptanz. Eine passendere Definition fiel Carnap & Co. allerdings nicht ein. Vielleicht hat das Scheitern der logischen Positivisten dazu beigetragen, dass die Philosophie des Bullshit jahrzehntelang brachlag – bis Harry Frankfurt sich ihrer annahm.

Mehr Respekt vor der Wahrheit, bitte

Frankfurts Geniestreich bestand in der Einsicht, dass zur Unterscheidung zwischen sinnvollen und blödsinnigen Aussagen auch die Absicht des Sprechers herangezogen werden müsse. Allein der Wortlaut einer Aussage mache sie noch nicht zu Humbug. Es gehöre stets ein bewusster Akt der Täuschung dazu: Der Bullshitter spiegele ein Bemühen um Wahrheit vor, vernachlässige die Wahrheit jedoch insgeheim. Das bedeutet, dass man nach Frankfurt nicht versehentlich Humbug reden kann. Blödsinn ist stets schuldhaft.

Allerdings lässt Frankfurts Definition von Bullshit eine wichtige Frage offen: Warum liegt uns so viel an der Wahrheit? In seinem Essay *Bullshit* drückte der Autor sich um eine Antwort, was ihm harsche Kritik einbrachte. Er sah sich gezwungen, einen weiteren Essay nachzulegen: *On Truth*, erschienen 2006, 20 Jahre nach *Bullshit* (die deutsche Ausgabe erschien unter dem Titel *Über die Wahrheit*). Wahrheit, das sei ein dickes Brett. Vermutlich würden mehr Philosophen die Existenz von Wahrheit bestreiten als die Existenz von Bullshit. Postmoderne Denker hielten sie für nichts weiter als ein großes Gesellschaftsspiel, weshalb sie auch weniger Angst vor Bullshit hätten.

Frankfurt hingegen verteidigt vehement den objektiven Gehalt von Wahrheit. »Wir können wirklich nicht ohne Wahrheit leben«, schreibt er. »Wir brauchen Wahrheit nicht nur, um zu verstehen, wie man gut lebt, sondern um zu wissen, wie man überhaupt überleben kann.« Es sei nicht Ansichtssache für einen Jäger, wo er einen Hirsch aufspürt, und die Statik eines Hauses liege nicht im Ermessen des Architekten, sondern sie liege da draußen in der Welt. Jeder Mensch halte Dinge für wahr oder falsch. Auf dem Respekt vor der Wahrheit gründe die Kommunikation zwischen Menschen. Wer Humbug rede, untergrabe diesen Respekt.

Doch das Verhältnis der Philosophen zum Humbug ist zwiespältig. Einerseits bekämpfen sie ihn. Andererseits sind sie selbst nicht immer frei davon. Bullshitten ist ein beliebter Vorwurf, den Philosophen sich gegenseitig machen. Deutsche und französische Vertreter der Zunft trifft er besonders oft, während die Denker der angloamerikanischen Tradition sich Knappheit und Klarheit zugute halten. Der amerikanische Sprachphilosoph John Searle fragte einmal seinen französischen Freund und Kollegen Michel Foucault, warum er »so schlecht« schreibe. »Wenn ich so klar schreiben würde wie du«, antwortete Foucault, »dann würden die Leute in Frankreich mich nicht ernst nehmen.« Ein gewisses Maß an Bullshit sei eben unerlässlich, bekannte er: »Mindestens zehn Prozent müssen unverständlich sein.«

Offenbar kennen und beherzigen auch manche deutschen Feuilleton-Autoren diese Quotenregel. Auch ihre Artikel enthalten fast immer eine uneliminierbare Restquote Bullshit. »Mindestens ein unverständlicher Artikel pro Ausgabe« – so formulierte Rudolf Augstein, der Gründungsherausgeber des *Spiegel*, seine Version der Foucault'schen Regel. Welche Kräfte stabilisieren diese Restquote? Die Antwort Foucaults auf Searles Frage deutet darauf hin, dass des Rätsels Lösung nicht im Dreiecksverhältnis zwischen Welt, Text und Autor zu suchen ist. Offenbar spielen die Rezipienten eine wesentliche Rolle. Möglicherweise versprechen sie sich von der Lektüre eines Artikels, der eine gewisse Portion Bullshit enthält, einen Distinktionsgewinn. Wer etwas liest, das er nicht versteht, kann davon ausgehen, dass auch andere Leser es nicht verstehen. Er hat also Teil an etwas, das den meisten Menschen verschlossen bleibt, was ihm das Gefühl gibt, aus der Masse herauszuragen. Wenn alle so denken, hat die Sache allerdings einen paradoxen Effekt, wie er auch in dem Märchen von des Kaisers neuen Kleidern zu beobachten ist: Als der Kaiser nackt herumstolziert, wagt niemand zu sagen: »Der hat ja gar nichts an.« Um des Distinktionsgewinns durch Bullshit willen traut sich niemand auszusprechen: »Da steht ja gar nichts.«

Bei aller Besorgnis wegen der Humbug-Epidemie sollte man aber nicht vergessen, dass Humbug auch Spaß machen kann. Blödsinn, der speziell auf die Aufheiterung seiner Adressaten zielt, wird Humor genannt. Die Aufheiterung resultiert aus dem Erfolgserlebnis, eine auf den ersten Blick sinnvolle Aussage als unsinnig zu erkennen. Dass uns dies solche Freude bereitet, weist darauf hin, wie tief die Abneigung gegen Humbug im Menschen verwurzelt ist. Nun ist Humbug, der zum Zweck der Aufheiterung verbreitet wird, im Allgemeinen kein Humbug im streng technischen Sinne, denn er ist meist deutlich als solcher erkennbar. Humor will seine Adressaten nicht manipulieren, sondern zum Lachen bringen. Damit gibt er einen Hinweis auf eine gute Strategie zur Enttarnung von Bullshittern: Lacht sie aus! Zeigt, dass ihr sie nicht ernst nehmt! Damit durchkreuzt man ihre Absichten – und hat gleichzeitig Spaß an ihrem Humbug. Auch das soll dieses Buch demonstrieren: Humbug hat Unterhaltungswert. Und das nicht zu knapp.

Die Welt des

BULL
SHIT

Die Hölle des Smalltalk

Zwei Drittel der Alltagskommunikation bestehen aus Klatsch und Tratsch. Der Papst verurteilt das Gerede als kriminell. Dabei verdanken wir ihm womöglich unsere Existenz.

Der Beatle und ein überfahrener Hund

Der englische Schauspieler Hugh Grant verkörpert einen seltenen, offenbar besonders begehrten Typ Mann: den lieben Tollpatsch mit den feinen Manieren. Tiefgründige Gespräche gehören eher selten zu seinen Rollen. Auch nicht in der Liebeskomödie *Notting Hill* (1999), in der Grant den schrulligen Antiquar und Junggesellen William spielt. Mit seinem nicht weniger schrulligen Mitarbeiter Martin führt er Kaffeepausengespräche, wie fast jeder sie schon mal erleben musste:

William: Du wirst es nicht glauben, wer gerade hier war.
Martin: Wer? War es jemand Berühmtes?
William: Nein.
(Sie beginnen, ihren Kaffee zu trinken.)
Martin: Nein? Aber wäre das nicht aufregend, wenn mal jemand Berühmtes hier reinkommen würde? Weißt du, es ist zwar kaum zu fassen, aber ich habe schon mal Ringo Starr gesehen.
William: Und wo war das?

Martin: Kensington High Street. Ich denke jedenfalls, dass er es war. Vielleicht auch dieser Mann aus »Fiddler On The Roof«, Toppy.

William: Topol.

Martin: Ja, genau, Topol.

William: Allerdings hat Ringo Starr ganz und gar keine Ähnlichkeit mit Topol.

Martin: Naja, er war ziemlich weit von mir entfernt.

William: Also könnte es sein, dass es keiner von beiden war.

Martin: Ja, das wäre auch möglich.

William: Also ist es keine so interessante Geschichte.

Martin: Gar nicht interessant, nein.

(Martin schüttelt den Kopf. William leert seinen Cappuccino.)

Willkommen in der Hölle des Smalltalk. Den beiden Buchhändlern scheint es ziemlich egal zu sein, ob das, was sie da reden, etwas über die Welt aussagt. Hauptsache, es füllt die Stille. Warum können sie nicht einfach die Klappe halten?

Wenn man William und Martin so reden hört, würde man das Verzapfen von alltäglichem Bullshit am liebsten mit einem Bußgeld belegen. Aber wollen wir das ernsthaft? Was wären die Folgen? Was würde geschehen, wenn wir den Bullshit konsequent aus unserem alltäglichen Reden eliminieren würden? Es ginge uns wohl des Öfteren so wie Fania Pascal, jener Russischlehrerin Ludwig Wittgensteins, die auf die Frage des Philosophen nach ihrem Befinden nach einer Mandeloperation erwidert hatte, dass sie sich wie ein überfahrener Hund fühle, woraufhin Wittgenstein sie wenig charmant belehrte, dass sie gar nicht wissen könne, wie sich ein überfahrener Hund fühle. Beim Kaffeegespräch von Notting Hill hätte der Philosoph bestenfalls vorwurfsvoll schweigend danebengesessen.

Wittgenstein fand offenbar, dass Pascal ihm Bullshit auftischte, und das brachte ihn auf. Von Berufs wegen war ihm ganz besonders an sprachlicher Klarheit gelegen. Rein von der Sache her hatte Wittgenstein recht. Das Erleben eines überfahrenen Hundes ist Menschen nicht zugänglich. Es ist zwar nicht ausgeschlossen, dass Pascal sich in jenem Moment wie ein überfahrener Hund fühlte, aber es ist weder verifizierbar noch falsifizierbar. Dennoch benutzte sie dieses Bild, um ihr Befinden zu beschreiben. Pascal hatte sich nicht ausreichend um Wahrheit bemüht, sie hatte Bullshit verzapft.

Nun ist es aber so, dass es in jenem Moment gar nicht so sehr um Wahrheit ging. Fania Pascal wollte vermutlich getröstet werden. Dafür jedoch war Wittgensteins Antwort völlig ungeeignet, sogar kontraproduktiv, jedenfalls ziemlich taktlos. Die meisten unbeteiligten Beobachter würden daher wohl nicht Pascals Äußerung, sondern Wittgensteins Antwort als Fauxpas betrachten.

Irgendwo zwischen Notting Hill und Ludwig Wittgenstein liegt das richtige Maß an Bullshit in Alltagsgesprächen. Wo genau – das kommt darauf an. Auf die Situation, auf Land und Leute, auf die persönlichen Präferenzen der Beteiligten.

Vom Kraulen zum Klatsch

Papst Franziskus wäre eher auf Wittgensteins Seite. Der Stellvertreter Gottes auf Erden, der sich seit seiner Wahl im Jahr 2013 mit Verve gegen Pomp und Falschheit engagiert, hegt eine starke Abneigung gegen Klatsch und Tratsch. Klatsch habe eine »kriminelle Dimension«, wetterte Franziskus im September 2013 in einer Predigt. Wer tratsche, der ahme die Haltung Kains beim Mord an seinem Bruder Abel nach. Gegenstand der Predigt war eine berühmte Stelle aus dem Lukas-Evangelium: »Wie kannst du sagen zu deinem

Bruder: Halt still, Bruder, ich will den Splitter aus deinem Auge ziehen, und du siehst selbst nicht den Balken in deinem Auge? Du Heuchler, zieh zuerst den Balken aus deinem Auge und sieh dann zu, daß du den Splitter aus deines Bruders Auge ziehst!« (Lk 6,42). Mit diesen Worten hatte Jesus seine Mitmenschen zu mehr Demut aufgefordert. Der Pontifex schalt die Unsitte, »sich zum Richter über den Bruder zu erheben«, als »verabscheuungswürdig«. Wer gehässig über andere rede, sei ein Mörder. »Es gibt keinen unschuldigen Klatsch«, erklärte Franziskus, »da gibt es keine Nuancen.«

An wen richtete sich diese Mahnung? Etwa an die Journalisten-Schreiberlinge oder an die Politiker-Schwadroneure? Auch, aber vor allem an die Mitarbeiter des Papstes. Im Februar 2014, nachdem er soeben 19 neue Kardinäle ernannt hatte, nahm Franziskus sie ins Gebet. Einige der höchsten Vertreter der katholischen Kirche waren versammelt, als der Papst predigte, dass Kardinäle »Intrigen, Klatsch, Machtabsprachen und Günstlingswirtschaft« zu entsagen hätten. Die neuen Kardinäle müssten danach streben, gute Diener der Menschen zu sein.

Manches spricht dafür, dass der Papst in seinem dogmatischen Eifer den Klatsch zu negativ sieht. Aus nüchtern wissenschaftlicher Sicht könnte es sogar sein, dass wir Klatsch zum Überleben brauchen. Der englische Anthropologe und Evolutionspsychologe Robin Dunbar weist in seinem Buch *Klatsch und Tratsch. Wie der Mensch zur Sprache fand* (München 1998) darauf hin, dass die menschliche Konversation zu zwei Dritteln aus Klatsch besteht – und seine Statistik stammt aus dem Jahr 1995, als Facebook, WhatsApp und Reality TV noch nicht erfunden waren. Zu viel für einen bloßen Unfall der Evolution.

Dunbar ist überzeugt, dass Klatsch der ursprüngliche Zweck der menschlichen Sprache war. Eine unverschämte These. Andere Wissenschaftler glauben, dass nüchterne Informationsübermittlung der Anlass zur Erfindung der Sprache war, etwa zur gemeinsamen Mammut-Treibjagd, zur gegenseitigen Warnung vor Gefahren oder zum Verteilen der gesammelten Waldbeeren. Und nun erklärt Dunbar, wir seien zum Tratschen geboren. Er kann es nicht zweifelsfrei belegen, dazu ist die Entstehung der Sprache zu lange her. Aber er stützt seine These mit einer plausiblen Geschichte: Menschen seien soziale Tiere – so wie andere Primaten auch. Der Unterschied sei, dass wir Menschen mit unserem Luxusgehirn in viel größeren sozialen Gruppen lebten. Schimpansen-Horden hätten maximal 50 Mitglieder. Das soziale Umfeld eines Menschen hingegen könne bis zu 150 Freunde und Verwandte umfassen. Diese Zahl ist inzwischen als Dunbar'sche Zahl bekannt. Und sie ist weithin als soziale Grundkonstante belegt: in den Clan-Strukturen indigener Völker, in den Freundes-Netzwerken von Facebook, den Organigrammen von Unternehmen und den Kommando-Hierarchien von Armeen.

Dunbar hat einen erstaunlichen Zusammenhang zwischen der Gehirngröße von Primaten und deren Dunbar-Zahl gefunden: je größer die Großhirnrinde im Vergleich zum Rest des Gehirns, desto größer die Dunbar-Zahl. Auch dieser Zusammenhang ist gut belegt bei Mensch und Tier. Dunbar ist überzeugt, dass der wachsende Bedarf an Sozialkompetenz die treibende Kraft für die Entwicklung des Primatengehirns war, die ihren spektakulären Höhepunkt im Denkorgan des Homo sapiens fand. Keine gute Nachricht für Anti-Bullshit-Aktivisten: Unser Gehirn ist eine Tratschmaschine.

Das Sozialleben von Schimpansen und Gorillas besteht überwiegend aus gegenseitigem Kraulen. Auf den ersten Blick mag es dabei um Fellhygiene gehen, doch das täuscht. Auch wenn der letzte Floh, die letzte Laus und der letzte Krümel aus dem Fell entfernt sind, wird noch stundenlang gezwickt, gepickt und gestreichelt – bis der solcherart Beglückte es nicht mehr aushält vor Glück. Dabei könnten die Affen in dieser Zeit genauso gut jagen, ihr Revier verteidigen oder sich fortpflanzen. Aber nein, sie kraulen sich gegenseitig. Sie tun es, um ihre Familienbande zu festigen, um zu flirten, um neue Freunde zu gewinnen oder um sich nach einem Streit wieder zu versöhnen. Forscher wissen, dass das Kraulen die Ausschüttung von Endorphinen stimuliert, folglich Stress abbaut und das Immunsystem stärkt. Ohne Kraulen würde eine Schimpansen-Gemeinschaft umgehend auseinanderbrechen.

Als das Sozialleben der Urmenschen immer komplexer und die sozialen Gruppen immer größer wurden und die Hierarchien immer differenzierter, da wurde die ganze Kraulerei zu aufwendig, glaubt Dunbar. Hätten unsere Vorfahren damals weitergekrault, wären sie zu nichts anderem mehr gekommen. Ein weniger zeitraubendes Mittel der Kontaktpflege musste her – die Sprache! Wenn Dunbars These vom sozialen Ursprung der Sprache stimmt, dann war es damals, vor ein paar hunderttausend Jahren, als die frühen Homosapiens-Horden durch die afrikanische Savanne strichen, gar nicht so wichtig, worüber man redete. Hauptsache, man redete und fühlte sich gut dabei. So wie heute im Café.

Das Recht auf den guten Ruf

Dunbars These kann auch erklären, warum es einige Prominente gibt, die eigentlich nichts Besonderes sind, außer eben prominent. Ihre Leistung ist es, eine Projektionsfläche zum Tratschen zu bieten. »Hast du schon gehört, wie krass sich der A auf dieser Party danebenbenommen hat?« – »Nein, aber seine Beziehung zur B soll ja gar nicht gut laufen. Erzähl!« Über Prominente kann man immer klatschen, sie sind ja prominent und daher wahrscheinlich auch Gesprächspartnern bekannt, mit denen man sonst wenig gemein hat. Zudem sind Prominente angenehm weit weg, man läuft beim Klatschen über sie nicht Gefahr, einen nahen Menschen zu verletzen. Folgt man Dunbar, dann erfüllen Prominente als Klatschkatalysatoren ein evolutionäres Grundbedürfnis des Menschen.

Schon möglich, dass Dunbar die Bedeutung von Klatsch und Tratsch für die Menschwerdung ein wenig übertreibt. Aber seine Thesen klingen ziemlich plausibel, wenn man sie mit der Alltagserfahrung heute abgleicht. Man muss nur einmal im Café, im Treppenhaus oder in der U-Bahn andere beim zwanglosen Gespräch belauschen. Sehr oft geht es um Dritte, nicht Anwesende, darum, was sie angeblich gesagt oder getan haben. »Und dann habe ich gesagt … und dann hat er gesagt … was meint er damit?« – »Bestimmt ist er nur eifersüchtig. Pass auf, was meiner letztens gesagt hat …« Solche Dialoge hört man zwischen Männern und Frauen, Managern und Mode-Fachverkäufern. »Ist er so langweilig, wie er aussieht?« – »Ist dir auch aufgefallen, dass sie einen Bauch bekommen hat – Baby oder zu viel Schokolade?« Ab und zu hört man auch mal eine Diskussion über Politik, Philosophie oder algebraische Topologie, aber nach ein paar Minuten kehren die meisten Gespräche zurück zu »den natürlichen Rhythmen des Soziallebens«, wie Dunbar es nennt. Wenn also William und Martin über eine offenbar nie geschehene Begegnung mit Ringo Starr reden, dann geht es eigentlich nicht um Ringo Starr. Es geht darum, ein paar nette Minuten miteinander zu verbringen, ohne sich gleich zu kraulen.

Allerdings zeigt das Beispiel Notting Hill auch die Grenzen des Bullshit bei der Beziehungsanbahnung. Wenn Martin und William nie zu substanzielleren Themen finden, wird sich keine tiefe Freundschaft zwischen ihnen entwickeln.

Klatsch ist notwendig für soziale Kohäsion, aber nicht hinreichend.

Im Zeitalter von E-Mail und Facebook ist Klatsch wichtiger denn je. Das Bedürfnis nach Sozialisierung bleibt, aber die Möglichkeiten, es zu befriedigen, sind inzwischen stark eingeschränkt. Im Internet kann man einander nicht kraulen oder sich über die Weingläser hinweg in die Augen schauen. Es bleibt nur zu labern. Das Smartphone ist zu einer Art sozialer Nabelschnur geworden. Es hilft, die Kommunikationsmuster von früher in die zunehmend fragmentierte Welt von heute zu übertragen. Statt über den Gartenzaun hinweg mit dem Nachbarn zu tratschen, whatsappt und facebookt man mit Menschen irgendwo auf der Erde – und kennt den eigenen Nachbarn vielleicht gar nicht mehr.

Diese Erkenntnis sollte uns ein bisschen milder stimmen gegenüber all dem Bullshit im Netz. Ein gewisses Maß an Bullshit gehört zum Menschsein wie der aufrechte Gang.

Aber eben nur ein gewisses Maß. Wenn etwas sich gut anfühlt, neigen wir zur Übertreibung. Wir essen zu viel Fett und Zucker, weil unsere Ahnen einst Hunger litten. Wir geraten in Kaufrausch, weil unsere Ahnen Sammler waren. Wir denken dauernd an Sex, weil wir dem Sex unserer Ahnen unsere Existenz verdanken. Und wir reden Bullshit, weil unsere Ahnen so sozial waren. Aber wie bei den anderen Dingen sollten wir uns auch dabei zügeln.

Wo also liegt das richtige Maß an Bullshit im Alltag? Welcher Bullshit ist noch vertretbar, welcher ist es nicht mehr? Eine allgemeingültige Antwort haben wir nicht, aber ein paar Vorschläge.

Ein generelles Bullshit-Verbot ist abzulehnen. Die kategorische Haltung des katholischen Kirchenoberhaupts in dieser Frage ist zu dogmatisch. Recht zu geben ist ihm zweifellos darin, dass üble Nachrede nicht zu dulden ist.

Der englische Philosoph David Oderberg hat sich gründlich mit den meist negativen Urteilen über den Charakter oder das Verhalten anderer Menschen beschäftigt, die fast immer in die Kategorie Klatsch und Tratsch fallen.

In seinem Aufsatz »The Morality of Reputation and the Judgment of Others«, erschienen im *Journal of Practical Ethics*, liefert Oderberg eine kluge Begründung dafür, dass solche Urteile fast immer verwerflich sind: Sie beschädigten den Ruf des Menschen, über den gerade getratscht wird. Aber der Ruf eines Menschen sei so etwas wie Eigentum, sagt Oderberg. Zwar könne man Reputation nicht kaufen oder verkaufen, aber sie sei eine Art unsichtbare Währung, die wir zum guten Leben bräuchten. Daher hätten andere gefälligst die Finger davon zu lassen. Der Mensch habe nicht nur ein Recht auf Eigentum, sondern auch auf einen unbeschädigten Ruf. So wie niemand im Vorgarten eines anderen Menschen herumtrampeln dürfe, so dürfe auch niemand auf dessen Ruf herumtrampeln.

Dabei schade jemand, der tratscht, nicht nur den Opfern seines Tratsches, sondern auch sich selbst. Er verzerre seine Weltsicht ins Negative. »Jeder Mensch hat charakterliche Schwächen«, so Oderberg, »aber wenn man beginnt, sich nur noch auf sie zu konzentrieren und nicht mehr auf die guten Seiten der Menschen, dann endet man mit dem Gegenteil einer rosaroten Sicht der Welt. Ich glaube nicht, dass es gut ist, eine übertrieben negative Haltung gegenüber anderen Menschen zu entwickeln.« Und, schlimmer noch, die Konzentration auf die Schwächen anderer lenkt von den eigenen Schwächen ab, und das ist oftmals genau der Zweck von Klatsch und Tratsch. »Für jede Sekunde, die man darauf verwendet, den Charakter oder das Verhalten eines anderen Menschen zu beurteilen, hat man eine Sekunde weniger dafür, seinen eigenen Charakter und sein eigenes Verhalten zu beurteilen und zu versuchen, sich selbst zu verbessern«, sagt Oderberg.

Höflichkeit ist gutartiger Bullshit

Zum Glück besteht Klatsch nicht ausschließlich aus übler Nachrede. Er ist zum großen Teil harmlos. Dafür gibt es wissenschaftliche Belege. »Nur rund fünf Prozent der mit Klatschen verbrachten Zeit ist Kritik und negativen Bewertungen gewidmet«, schreibt die englische Sozialanthropologin Kate Fox in ihrer Studie *Evolution, Alienation and Gossip*. Meist gehe es beim Tratschen darum, »wer was mit wem macht«, und oft seien die Bewertungen zustimmend: ein neuer Lover, ein fesches Auto oder Abendkleid, ein Lob von der Chefin. Fox ist überzeugt, dass Tratsch und Klatsch nicht nur in der Steinzeit, sondern auch heute noch eine wichtige soziale Funktion erfüllen – sogar gleich mehrere Funktionen: Sie festigen soziale Normen, sie lösen Konflikte, sie stärken Beziehungen zwischen Menschen und knüpfen neue. Solange man also beim Tratschen den Ruf anderer Menschen respektiert, darf man getrost weitertratschen. Tratschen ist gesellschaftliches Engagement. Allerdings nur, wenn es mit Augenmaß praktiziert wird. Enthaltsamkeit beim Urteilen ist »eine gesunde moralische Übung«, sagt Philosoph Oderberg.

Das gilt auch für andere Formen von Bullshit in der alltäglichen Kommunikation. Solange man die Rechte und Bedürfnisse anderer Menschen respektiert, ist nichts dagegen einzuwenden. Aufrichtige Höflichkeit ist ein Beispiel für gutartigen Bullshit. Was meinen Sie, wenn Sie eine E-Mail mit der Floskel »Beste Grüße« beschließen? Was ist ein guter Gruß, was ein besserer und was ein bester? Warum wird der Adressat am Schluss einer Nachricht überhaupt gegrüßt? Warum schreiben Sie jemanden, den Sie gar nicht ausdrücklich ehren, mit »Sehr geehrter Herr XY« an? Vermutlich, weil es höflich ist, auch wenn es nicht exakt zutrifft.

Und weil Sie es immer so gemacht haben, jedenfalls solange Sie sich erinnern können.

Menschliche Kommunikation dient eben nicht nur der Übermittlung von Informationen. Wie auch die amerikanische Grußformel »How are you?« zeigt, auf die niemand im Ernst eine ehrliche Antwort erwartet. Der sachliche Gehalt von Sprechakten macht nur einen Bruchteil dessen aus, was zwischen Sprecher und Angesprochenem abläuft. Der amerikanische Psychologe Robert Levine schreibt in seinem Buch *The Power of Persuasion*, erschienen 2003: »Wenn Sie nur ein Element der persönlichen Kommunikation beherrschen könnten, das mächtiger als alles andere ist (...), dann ist es die Eigenschaft, liebenswert zu sein. (...) Wenn die Zuhörer Sie mögen, vergeben sie Ihnen so ziemlich alles, was Sie falsch machen. Wenn sie Sie nicht mögen, können Sie jede Regel genau einhalten, und es hilft doch nichts.«

Es kommt also nicht nur darauf an, was man sagt, sondern auch, wie man es sagt. Klar. Aber das ist keine Einladung zum Bullshitten. Denn erstens bedeutet es nicht, dass das »Was« egal wäre. Und zweitens kann auch das »Wie« mehr oder weniger blödsinnig sein. Das »Wie« verrät etwas über die innere Befindlichkeit des Sprechers – ob er ärgerlich ist oder freundlich, gestresst oder entspannt – und über die Bedeutung, die er dem Gesagten beimisst. Es kann also aufrichtig sein oder nicht. Wenn ein Sprecher einen Eindruck erwecken möchte, der nichts mit seinem Innenleben zu tun hat, sondern bloße Fassade ist, dann redet er Bullshit.

Ein völlig bullshitfreier Alltag ist nur für Exzentriker wie Ludwig Wittgenstein ein realistisches Ziel. Wir übrigen Menschen müssen lernen, gutartigen von bösartigem Bullshit zu unterscheiden. Ein paar Hinweise dazu:

1. Viele schematische Redensarten bedeuten das Gegenteil ihres Wortlauts
Der Satz »Ich will mich ja nicht einmischen« ist geradezu ein Garant dafür, dass der Sprecher sich gleich einmischen wird. »Leider« bedeutet oft »glücklicherweise«; »übrigens« heißt oft »was ich eigentlich sagen wollte«. In solchen Fällen baut der Sprecher also eine Fassade auf. Akute Bullshit-Gefahr.

2. Auch in der Partnerschaft ist ein gewisses Maß an Bullshit zu dulden
Es kann die Beziehung sogar stärken, vor allem zu Beginn. Es ist ganz natürlich, beim zweiten Date die eigenen Vorzüge und die des Gegenübers zu betonen, auch wenn sie teilweise Fiktion sind. Wer gar nicht herumsäuselt, hat es in dieser Phase schwer. In anderen Phasen hingegen sollte man wachsamer sein. Wenn der Partner beispielsweise anfängt, über »die Beziehung« zu reden, ist mit schädlichem Bullshit zu rechnen. Es gibt neben den Partnern keine dritte Entität namens Beziehung. Der Vorschlag »Schatz, lass uns über unsere Beziehung reden« suggeriert eine Distanz, die jemand, der wirklich in der Beziehung ist, nicht ohne Weiteres haben kann. Es wäre unklug, so einen Gesprächswunsch im Stil Wittgensteins zurückzuweisen. Man sollte jedoch nicht unbedingt alles, was darauf folgt, wörtlich nehmen.

3. Besser über fernere Menschen als über nähere Menschen tratschen
Dann ist die Gefahr geringer, ihnen Schaden zuzufügen. Also besser über Helene Fischer reden als über die Helene aus der Marketing-Abteilung. Und eines sollte klar sein: Niemals über die eigene Beziehung tratschen.

4. Beobachten statt urteilen
Ein Mensch ist schnell abqualifiziert, aber es braucht lange, ein voreiliges Urteil zu revidieren. »Überzeugungen sind gefährlichere Feinde der Wahrheit als Lügen«, schrieb Fried-

rich Nietzsche in *Menschliches, Allzumenschliches*. Ein Mann mit viel Gel im Haar? Bestimmt ein Schnösel. Fährt Opel und trägt Hut? Uh, ein Spießer. Ohrring rechts? Der muss schwul sein. – Enthaltsamkeit beim Urteilen ist eine Tugend. Wer sich darin übt, wird ein Freund der Wahrheit. Er senkt seine persönliche Bullshit-Quote und sieht seine Mitmenschen mehr, wie sie wirklich sind, und weniger, wie sie erscheinen.

5. Immer schön flexibel bleiben
Dinge ändern sich. Menschen auch. Daher sollten Sie in der Lage sein, auch Ihre Urteile zu ändern.

6. Einfach mal die Klappe halten
Während Deutsche und Amerikaner schon bei jeder kleinen Gesprächspause nervös werden und draufloslabern, ist es unter Finnen üblich, auch mal eine Stunde gemeinsam beim Essen oder nebeneinander im Auto zu sitzen, ohne ein Wort zu sagen. Auch gemeinsames Schweigen kann verbinden. Hier gilt Wittgensteins berühmter Satz aus dem *Tractatus logico-philosophicus*: »Was sich überhaupt sagen lässt, lässt sich klar sagen; und wovon man nicht reden kann, darüber muss man schweigen.«

»Du bist ein Eliteverkäufer!«

Werbetexter und Verkäufer sind Bullshitter von Beruf. Einer der besten hat uns einen Crashkurs gegeben. Halten Sie Ihre Geldbörse fest!

Meister des Bluffs

Als der Reporter Abram Sauer vom Magazin *Esquire* zum ersten Mal in einer Umkleidekabine von H&M stand, fühlte er sich plötzlich ziemlich dick. Er hatte eine Hose mit der Taillengröße 36 anprobiert, und die saß verdammt eng. Wie konnte das sein? Die 36er-Hosen passten ihm doch sonst immer so gut. Sauer besorgte sich ein Maßband und begab sich auf Recherche in diverse Hosengeschäfte. Er war einem fiesen Trick der Bekleidungsindustrie auf der Spur.

Sauer stellte fest, dass die meisten Hosen mit der Angabe W36 (W steht für *waist*, Taille) in Wirklichkeit einen größeren Taillenumfang haben. Eine 36er Chino-Hose von Calvin Klein maß 38,5 Zoll, eine 36er GAP-Hose 39 Zoll. Auch die H&M-Hose war weiter als angegeben, aber nur um ein Zoll. Deshalb war sie enger als seine übrigen Hosen. »Vanity Sizing« heißt das Phänomen, auf deutsch etwa Eitelkeits-Größeneinteilung. Hersteller geben die Konfektionsgrößen kleiner an als sie in Wirklichkeit sind. Dadurch gaukeln sie den Kunden vor, dass sie schlanker sind. Und wer sich schlanker wähnt, fühlt sich wohler und gibt mehr Geld aus. Manche halten Vanity Sizing für eine Verschwörungstheorie von Journalisten. Aber wissenschaftliche Studien mit Hunderten von Hosen bestätigen Sauers Beobachtung: Konfektionsgrößen unterliegen einer Art Inflation. Vor allem bei teuren Marken weicht die offizielle Angabe von der Wirklichkeit ab. Diese Hosen sind weiter als auf dem Etikett angegeben. »Früher war es dem Durchschnittsmann schnurzpiepegal, welche Hosengröße er trug«, schreibt der Marketingexperte Martin Lindstrom in seinem Insider-Buch *Brandwashed*. »Heute wissen die Experten sehr genau, dass beide Geschlechter lieber Produkte kaufen, in denen sie sich schlank und chic vorkommen.«

Vanity Sizing ist nicht nur die Gemeinheit einiger Marketingprofis. Es ist ein Symptom: ein Symptom der Bullshit-Epidemie in der Werbung. Wie keine andere Branche ist die Werbeindustrie mit dem Humbug-Virus infiziert. Marketing-Profis und PR-Agenturen biegen die Wirklichkeit zurecht. Sie preisen Cappuccino-Pulver als »ungesüßt« an, obwohl es 40 Prozent Zucker enthält; sie verpassen Ölkonzernen auf Bestellung ein grünes Image; sie bezahlen Prominente für Produktempfehlungen auf Twitter. Die deutsche Autoindustrie stellt Geländewagen als klimaschonende Transportmittel dar, indem sie den CO_2-Ausstoß kurzerhand durch das Gewicht des Autos teilt. Ein zwei Tonnen schwerer VW Touareg fällt nun ebenso in die Ökokategorie B wie ein VW Polo, obwohl der Geländewagen 66 Prozent mehr Sprit verbraucht.

Es ist nicht so, dass Verkäufer und Werbetexter unbedingt lügen, wenn sie etwas verkaufen wollen. Vielmehr sind sie Meister des Bluffs, und wenn es sein muss, manipulieren sie dafür sogar die Längenmaße. Wer sagt denn, dass Größe 36 der Länge von 36 Zoll entspricht? Auf dem Gebiet der Werbung und PR gebe es »zahllose eindeutige Fälle von Bullshit, die als unbestreitbare und sogar klassische Beispiele dieses Genres gelten können«, schreibt Harry Frankfurt in seinem

Standardwerk über Bullshit.«Und auf diesen Gebieten gibt es ganz hervorragende Handwerker, die mit Hilfe fortgeschrittener und anspruchsvoller Marktforschungstechnikern, Meinungsumfragen, Psychotests und dergleichen unermüdlich daran arbeiten, jedes Wort und jedes Bild genau ›in Szene‹ zu setzen.«

Das Bullshit-Problem liegt aber nicht nur auf der Senderseite, nach dem Motto: Böse Werber tricksen ahnungslose Verbraucher aus. Auch auf der Seite der Empfänger gibt es einen Bedarf an Bullshit. Menschen hören einfach zu gerne Bullshit. Genauer gesagt, hören sie gern gute Geschichten. Und oftmals lieber gute Geschichten als wahre. Kein Kind stört sich daran, dass das Spieglein an der Wand sprechen kann oder Dornröschen hundert Jahre schläft. Kein Leser eines guten Romans ist gelangweilt, weil alles erstunken und erlogen ist. Und wer wissen will, ob Odysseus vor 3000 Jahren *wirklich* gegen die Zyklopen gekämpft hat, der hat den Witz an den homerischen Epen nicht verstanden. Um Wahrheit geht es in diesen Geschichten nicht, jedenfalls nicht um Wahrheit im landläufigen Sinne. Die Wahrheit dieser Geschichten liegt darin, dass sie von Grundmustern menschlicher Befindlichkeit erzählen. Vom Ringen des Menschen mit der Natur, mit seinen Feinden und Freunden und mit sich selbst.

Menschen fahren auf schöne Geschichten ab, das weiß jeder, der andere von Berufs wegen überzeugen muss, allen voran Politiker, Autoren, PR-Leute und Werber. Das sollten aber auch alle anderen über sich selbst wissen – und wachsam sein, bevor sie einer hübschen, aber falschen Geschichte aufsitzen.

Die Marlboro-Werbung mit dem Cowboy war eine der erfolgreichsten Werbekampagnen der Geschichte. Sie erzählte in wenigen Worten und Bildern die Geschichte von Freiheit und Unabhängigkeit. Der Cowboy, der sich in der Wildnis eine Zigarette anzündete, verkörperte die Sehnsucht danach.

Amerika, *Come to Marlboro Country*. Die Wahrheit ist, dass mehrere Männer aus der Marlboro-Werbung später an Lungenkrebs starben. Auch das ist eine Geschichte, aber diese ist ganz im Sinne der Anti-Raucher-Aktivisten.

In den 1980er-Jahren wurden Werbeanzeigen im öffentlichen Leben so allgegenwärtig, dass der italienische Schriftsteller Umberto Eco sie als »Anschläge auf unser Privatleben« geißelte und in der Wochenzeitung *Die Zeit* dazu aufrief, just jene Whiskeysorten, Zahnpasta-Marken und andere Produkte zu boykottieren, die besonders aggressiv beworben wurden. Eco hatte Jahre zuvor in einem literaturwissenschaftlichen Lehrbuch die inhaltsleeren, rhetorischen Reklame-Codes analysiert. Eine Anzeige, schrieb er damals, funktioniere wie der Ausspruch »Schöner Tag heute«, der »keinesfalls dazu dient, eine meteorologische Beobachtung zu vermitteln (deren Falschheit oder Wahrheit völlig irrelevant ist), sondern dazu, einen Kontakt zwischen zwei Sprechern herzustellen«. Die Herstellerfirma teile durch die Anzeige mit: Hallo, ich bin auch schon da. In der *Zeit* beschwerte sich Eco nun über die »bewussten Lügner, die behaupten, das Produkt X enthalte die Substanz Y, während chemisch davon keine Rede sein kann«.

Heute sind weniger die Lügner das Problem. Es ist der Humbug. Der alles durchdringende Marketing-Bullshit unterminiert das Denken, die tägliche Täuschung wird zur Norm. Auf jeden Deutschen prasseln pro Tag im Schnitt 5000 Werbebotschaften ein (manche Schätzungen reichen bis 10 000).

Wenige dieser Botschaften sind informativ. Ein paar sind unterhaltsam. Die meisten beleidigen den Verstand. Letztlich sagen sie alle dasselbe. Das Wirtschaftsmagazin *Brand eins* formulierte es auf seinem Cover völlig bullshitfrei so: »Kauf, du Arsch!«

Humbug in der Werbung –
so verbreitet wie Vanillearoma

Werbung ist im Prinzip nichts Schlechtes. Wer etwas herstellt, möchte sein Produkt verkaufen, und zu diesem Zweck preist er es an, ob es sich um einen Geländewagen handelt oder um Ananasscheiben in Dosen. Das Ziel ist seit Jahrhunderten das gleiche, nur die Werkzeuge haben sich geändert. Im alten Griechenland schrien Händler auf den Straßen der Hafenstadt Piräus, dass ihr Samos-Wein besser sei als der Wein der anderen. Mit der Erfindung des Buchdrucks kamen die gedruckten Annoncen auf, mit der Elektrizität kam die Leuchtreklame, mit dem Kino der Werbefilm, mit Google die personalisierte Anzeige, mit Facebook der Freundeskreis als Reklamemaschine.

Deutsche Unternehmen gaben 2013 rund 30 Milliarden Euro für Werbung aus, das entspricht ungefähr den staatlichen Ausgaben für alle deutschen Hochschulen. Wir sind die letzten, die sich darüber beschweren. Eine Viertelmillion Menschen arbeitet hierzulande in Werbung und Marktforschung, und auch die Jobs vieler Journalisten hängen indirekt von Anzeigen ab. Man kann darüber diskutieren, ob Werbung unnötigen Konsum befördert, oder ob sie nur die ohnehin vorhandene Kauflust in eine bestimmte Richtung lenkt, beispielsweise von Adidas zu Puma oder von Ja!-Marmelade zu Schwartau-Konfitüre. Interessant ist in unserem Zusammenhang, dass die Werbewirtschaft zunehmend zur Bullshit-Industrie wird. Der Humbug, den sie verbreitet, macht sich im Alltag breit. Man gewöhnt sich daran, auf Schritt und Tritt getäuscht zu werden. Das Gespür für den alltäglichen Humbug lässt nach.

Das fängt in der eigenen Küche an. Der Etikettenschwindel auf Lebensmitteln dürfte die am meisten verbreitete

Form von Marketing-Bullshit sein. Da steht auf einem mit gelben Blüten und Vanilleschoten verzierten hellblauen Etikett für einen Joghurt: »Mit echter Vanille«. Aber was heißt das? Sind die schwarzen Pünktchen im Joghurt das teure Vanillemark, das Feinschmecker aus der Vanilleschote kratzen, wenn sie echte Vanillesauce kochen? Nicht ganz. Die »erlesenen Zutaten« laut Etikett sind: »Joghurt, Zucker, Glukose-Fruktose-Sirup, Speisesalz, gemahlene Vanilleschote, natürliches Vanillearoma, Farbstoff Beta-Carotin.« Die Zutaten müssen in der Reihenfolge ihres Gewichtsanteils angegeben werden. Dieser Joghurt enthält also mehr Salz als Vanilleschote. Die gelbe Farbe kommt vom Farbstoff; die schwarzen Pünktchen stammen in der Regel von der geschmacklosen Schote. Und der Geschmack? »Natürliches Vanillearoma« wird aus natürlichen Ausgangsstoffen hergestellt. Das kann Vanille sein, es kann sich aber auch um Kräuter, Blüten, Dill und Pfeffer handeln, deren Extrakte ebenfalls nach Vanille schmecken. Die Aufschrift »Mit echter Vanille« ist also nicht grundsätzlich falsch. Sie ist aber auch nicht wahrhaftig. Sie ist Bullshit, nämlich mutmaßlich in der Absicht formuliert, den Käufer über die wahre Natur des Produkts in Unkenntnis zu lassen.

Natürlich ist dieser Joghurt-Hersteller nicht die einzige Firma, die in der Werbung Humbug verzapft oder die von Verbraucherschützern angeprangert wird. Es gibt extremere Fälle von Etikettenschwindel, man findet sie regelmäßig auf den Webseiten von Foodwatch und lebensmittelklarheit.de. »Kochschinken Hausmacherart Spitzenqualität«, der allerdings Geschmacksverstärker enthält; Schokoladenriegel »mit reichhaltiger Milchfüllung«, die vor allem aus Magermilchpulver besteht. Auf der Tiefkühlpizza eines bekannten Herstellers prangt die Nährwertangabe »sodium 2,17 g«. Sodium ist die englische Bezeichnung für Natrium, Natrium ist Bestandteil von Natriumchlorid, und Letzteres ist schlicht und einfach Salz. 2,17 g sodium entsprechen 5,4 Gramm Salz. Warum schreibt der Hersteller »Sodium« und nicht »Salz« auf die Verpackung seines Fertiggerichts? Auf dem Plastikdeckel einer Margarine-Marke heißt es, das Produkt »enthält essentielle Fettsäuren, die wichtig für das gesunde Wachstum und die Entwicklung von Kindern sind«. Das ist nicht falsch. Richtig ist aber auch, dass Kinder sich ebenso normal entwickeln, wenn sie keine Margarine essen. Oder warum bekommt ein Joghurt den Namen »LC1«? Anfangs dachten viele Werber: eine Zahl im Namen, was für ein Schwachsinn. Heute ist LC1 ein Vorbild, die Zahl suggeriert Wissenschaftlichkeit. Solche Beispiele lassen sich zu Dutzenden finden. Humbug ist in der Lebensmittelkennzeichnung so verbreitet wie Vanillearoma in Süßigkeiten: Er ist nicht die Ausnahme, sondern die Norm.

Man kann sich natürlich einreden, als kritischer Konsument gegen den Bullshit der Werbung immun zu sein. Doch in Wirklichkeit sind Menschen anfällig für allen möglichen Humbug, und die Werbeindustrie weiß das. »Jedes große Unternehmen weltweit beteiligt sich heute an einem Wettrennen«, schreibt der Marktforscher und Neuropsychologe David Lewis in seinem Buch *The Brain Sell – When Science meets Shopping*, »dem Wettrennen, die Erkenntnisse der Neurowissenschaft dafür zu nutzen, die Konsumenten zu beeinflussen.« Lewis' Firma stattet Testkunden im Auftrag von Marketing-Abteilungen mit Pulsuhren aus und misst deren Gehirnaktivität und Augenbewegungen beim Betrachten von Sonderangeboten oder Werbung im Internet. Lewis versichert seinen Lesern, »dass ein guter Teil Ihres Besitzes, von der Jeans bis zum Auto, ebenso aus emotionalen wie aus rationalen Beweggründen gekauft wurde; und dass Ihre Kaufentscheidungen so subtil beeinflusst wurden, dass Sie dies nicht erkannt haben«.

Dass Werbung und PR mithilfe der Forschung auf das

Unterbewusstsein zielen, ist in der 2000-jährigen Geschichte der kommerziellen Werbung eine vergleichsweise neue Erscheinung. Den Anstoß gab um 1900 ein Psychologieprofessor namens Walter Scott mit seinem einflussreichen Bestseller *The Psychology of Advertising*. Wenn wir herausfinden, »auf welchen psychologischen Gesetzmäßigkeiten die Kunst der Werbung beruht«, schrieb er, »werden wir zur Kunstfertigkeit auch die Wissenschaft hinzugefügt haben«. Seitdem sind Werbung und Psychologie eng miteinander verknüpft. Nach dem Ersten Weltkrieg begannen Psychologen systematisch, die Wirkung von Werbung zu erforschen. Im New Yorker Institute for Motivational Research ließ Ernest Dichter Kinder durch halbverspiegelte Scheiben dabei beobachten, wie sie Werbung im Fernsehen guckten; Hunderte Familien wurden psychoanalytisch auf ihre Konsumneigungen hin durchleuchtet. Eine Folge dieser Forschung war auf Kinder zugeschnittene Werbung auf Frühstücksflocken-Packungen. 1933 erfand Kellogg's die Comicfiguren Snap, Crackle und Pop. Die Botschaft war eindeutig: Schaut her, liebe Kinder, was für tolle Knistergeräusche im Mund entstehen. Und mit der Packung auf dem Tisch hatten die Kinder eine Reklametafel direkt vor Augen.

Ungefähr zur gleichen Zeit entwickelte der Amerikaner Edward Bernays im Auftrag der Tabakindustrie gewiefte PR-Methoden, um den Absatz von Zigaretten anzukurbeln. Bernays erkannte, dass die Industrie bisher eine riesige Zielgruppe übersehen hatte: Frauen. Auf sie richtete er seine Kampagne aus. *Reach for a Lucky instead of a sweet*, lautete sein Slogan. Im Jahr 1929 heuerte er eine Gruppe junger Models dafür an, sich als Frauenrechtlerinnen auszugeben und während der New York City Parade demonstrativ zu rauchen. Damals rauchten Frauen, wenn überhaupt, nur hinter verschlossenen Türen. Auf Kommando hielten die Schönheiten ihre Lucky Strikes als »Fackeln der Freiheit« in die Höhe. Natürlich waren sofort Fotografen zur Stelle, denn Bernays hatte zuvor die Presse informiert. Ein Jahr später war Lucky Strike die Zigarettenmarke Nummer eins in den USA.

Bernays' Aktion auf der Fifth Avenue ist das Urmodell der Zigarettenwerbung. Bis heute werden Zigaretten als ein Symbol für Unabhängigkeit und Rebellion vermarktet. Bernays selbst wusste sehr wohl, dass das Bullshit ist. Seiner Frau verbot er aus Sorge um ihre Gesundheit das Rauchen. Im Jahr 1964 entwarf er Anti-Tabak-Kampagnen, die über die Gesundheitsschädlichkeit des Rauchens aufklären sollten.

Edward Bernays war ein Neffe von Sigmund Freud, und er hatte die Schriften seines Onkels gut studiert. Er wusste, dass Menschen leichter über ihr Unbewusstes zu manipulieren sind als über ihr Bewusstsein. Im Jahr 1932 schrieb das Magazin *Atlantic Monthly* über ihn, er bringe die unbewussten Wünsche der Massen an den Tag, so wie sein Onkel es mithilfe der Psychoanalyse bei einzelnen Menschen getan hatte. Das funktioniert nicht nur bei Zigaretten. So ist den Herstellern von Wegwerf-Rasierklingen das Kunststück gelungen, ein glattes Kinn als Zeichen von Männlichkeit zu etablieren, obwohl es eigentlich eher das Gegenteil ist, und Autobauer verkaufen ihre Geländewagen mit dem Versprechen, dass in einem hochliegenden Fahrzeug sogar ein Stau zum Abenteuer werde.

Der Trick vieler Werbekampagnen besteht darin, ein fragwürdiges Produkt mit einer guten Sache in Verbindung zu bringen. McDonald's tritt heute als Sponsor der Olympischen Spiele auf, der Süßwarenproduzent Ferrero (Nutella, Kinderschokolade) fördert den Schulsport. Gute Taten lassen den Urheber in hellerem Licht erscheinen, Psychologen sprechen vom Halo-Effekt (vom englischen *halo*, Heiligenschein). »Der Bullshitter muss uns nicht täuschen und nicht einmal täuschen wollen«, schreibt Harry G. Frankfurt, »weder hinsichtlich der Tatsachen noch hinsichtlich seiner Vorstellung von Tatsachen. Er versucht aber immer, uns über sein Vorhaben zu täuschen. Das einzige und unverwechselbare Merkmal des Bullshitters ist, dass er in einer bestimmten Weise falsch darstellt, worauf er aus ist.«

PR-Gottvater Bernays charakterisierte sein Metier so: »Der einzige Unterschied zwischen Propaganda und Bildung ist der Standpunkt. Wer vertritt, was er glaubt, bildet andere Menschen. Wer vertritt, was er nicht glaubt, macht Propaganda.« Seinen negativen Klang bekam der Begriff Propaganda aber erst später unter den Nationalsozialisten. Heute würde Barneys sagen: Propaganda ist Bullshit.

Wirkt garantiert gar nicht

Besonders ärgerlich wird Marketing-Bullshit, wenn das Produkt selbst eine Täuschung ist. Beispielsweise Abschirmtechnik für elektromagnetische Strahlung: ein Aufkleber fürs Handy, klein wie ein Fingernagel, der den bösen Elektrosmog »effizient harmonisieren« und absorbieren soll; oder ein Baldachin für Kinderbetten und Boxershorts, beides hergestellt aus »Abschirmtextilien«. Es ist offensichtlich, wer diese Dinge kaufen soll: Eltern, die glauben, elektromagnetische Strahlung im Haus schade ihren Kleinsten; Männer (oder Ehefrauen), die befürchten, das Handy in der Hosentasche könne die Spermien schädigen. Wer Abschirmtechnik kauft, hat in der Regel Angst vor Elektrosmog. Wer sie verkauft, will an dieser Angst Geld verdienen.

Der Hersteller dieser Art von Abschirmtechnik verbreitet wahre Horrorgeschichten: »Künstliche elektromagnetische Felder können biologisch aktiv werden, egal wie schwach sie sind. Werden sie von einer genügend großen Zellgruppe akzeptiert, greifen sie in den feinen Mechanismus der elektromagnetischen Regulierung der Eiweißsynthese ein und können zum Auslöser schädlicher biochemischer Reaktionen werden. Falsche Kommandos werden von Zelle zu Zelle weitergegeben und erzeugen Metastasen.«

Das klingt wissenschaftlich fundiert. Und ist doch nichts als pseudowissenschaftliches Geschwätz. Handy- und WLAN-Strahlung ist nach allem, was man bislang weiß, nicht schädlich, solange die gesetzlich vorgeschriebenen Grenzwerte eingehalten werden. Es gibt Bürgerinitiativen und kritische Wissenschaftler, die das Gegenteil behaupten, aber sie haben bislang keinerlei stichhaltige Beweise. Was die Hersteller verschweigen. Sie lassen ihre Kunden lieber im Unklaren darüber, welche Risiken erwiesen sind und welche auf Ad-hoc-Hypothesen beruhen.

Die Anti-Elektrosmog-Produkte basieren nicht nur auf fragwürdigen Annahmen. Sie funktionieren oft nicht einmal. Die Pressematerialien zu dem Handy-Aufkleber zeigten Wärmebilder von einem Kopf, der dank des Aufklebers nach einem siebenminütigen Handygespräch angeblich 0,7 Grad kühler war als nach einem Telefonat ohne Sticker. Stimmt nicht, urteilte die Bundesanstalt für Arbeitsschutz und Arbeitsmedizin. Die Forscher simulierten Handygespräche an einem Kunstkopf mit hautähnlicher Folie und maßen die Energieaufnahme mit einer Wärmekamera – mal mit, mal ohne Aufkleber. Ergebnis: Bei einer Messgenauigkeit von 0,1 Grad gab es keine Unterschiede.

Ähnlich verhält es sich mit den Boxershorts. Die Abschirmstoffe können zwar theoretisch elektromagnetische Strahlung abhalten, da sie mit für Handy- und WLAN-Strahlung weitgehend undurchdringlichen Metallfäden durchwebt sind. Doch wer die Boxershorts trägt und seine Hoden im frequenzfreien Raum wähnt, der täuscht sich: »Die Boxershorts ist nicht rundum geschlossen«, sagt Achim Enders von der Technischen Universität Braunschweig. »Es kann Resonanzeffekte geben, sodass elektromagnetische Felder

63

innerhalb der Hose sogar stärker sind als außerhalb.« Die behauptete Wirkung sei »völlig abwegig«. Ähnlich unwirksam ist der nach vielen Seiten hin offene Baldachin.

Eine andere Klasse von Bullshit-Produkten, längst von der Esoterikszene in den Mainstream diffundiert, sind technische Geräte zur angeblichen Veredelung von Wasser. Hobby-Erfinder und kleine Betriebe haben sich darauf spezialisiert. Sie verkaufen Aufsätze für den Wasserhahn sowie Duschköpfe, die das Leitungswasser verwirbeln. Behauptete Wirkung: »Auflösung der Wassercluster«, »Veränderung der Kalk-Monostruktur«, »das Wasser wird lösungs- und fließfähiger«. Die Firma Tennant verkauft Reinigungsfahrzeuge, die den Fußboden von Supermärkten, Fabriken und Flughäfen allein mit elektrolytisch »aktiviertem Wasser« reinigen sollen, ganz ohne Chemie. Eine norddeutsche Stadtbäckerei schreibt auf ihre Brötchentüten, dass sie das Wasser erst »über Edelsteinen verwirbelt«, damit sich der Teig besser entfalte und der Mehlgeschmack »noch runder« werde. Ein ehemaliger österreichischer Tankstellenpächter erfand ein »Wasserbelebungsgerät« und verkaufte es in alle Welt. Der 2012 verstorbene Großvater mit Rauschebart inszenierte sich als Wassermann von Tirol, der eine Eingebung Gottes hatte. Solcherart behandeltes Wasser sei unter anderem »länger haltbar« und schütze die Heizungsanlage, behauptet die Firma, die heute von den Erben geführt wird. Vier-Sterne-Hotels, Schwimmbäder und Restaurants werben mit diesem »veredelten« Wasser. Der japanische Alternativmediziner Masaru Emoto ist davon überzeugt, dass Wasser Gedanken und Gefühle aufnehmen kann. Und der Glashersteller Spiegelau verkauft sehr teure Karaffen mit dem Namen Emoto, die das Wasser angeblich wieder in die Balance bringen.

Warum das alles Bullshit ist? Weil Wasser nicht verderben und darum auch nicht haltbarer gemacht werden kann. Weil es keine Kalk-Monostruktur gibt. Weil »belebtes«, »energetisiertes« oder »aktiviertes« Wasser eine Wortschöpfung und keine Wissenschaft ist. Hier werden Wortfetzen aus der Naturwissenschaft zu grammatisch korrekten, aber inhaltsleeren Sätzen verwirbelt. Auf diese Weise gewinnen sie den Anschein wissenschaftlicher Glaubwürdigkeit, ohne etwas auszusagen. Energiegehalt und Fließfähigkeit sind Begriffe mit klarer physikalischer Bedeutung. Aber nicht jeder Satz, der sie enthält, ist eine physikalische Aussage. Die Edelsteine sind billige Schmucksteine und ändern nichts an der Molekülstruktur des Wassers. Und das wäre bei echten Edelsteinen nicht anders. Für den Wasser-Humbug gibt es keinerlei Belege von anerkannten Forschern.

Allerdings machen sich wissenschaftliche Institute selten die Mühe, bullshitverdächtige Geräte kostenlos einem Test zu unterziehen. Den meisten Forschern ist ihre Zeit dafür zu schade. Nicht etwa, weil sie nicht offen für Neues wären, sondern weil schon die Theorien für Wasserbelebung oder Elektrosmogvernichtung keinen Sinn ergeben. Nur wenn Bullshit vor Gericht kommt, schimmert für einen kurzen Moment die Wahrheit hinter den Phrasen durch. So wurde der Reinigungsgerätehersteller Tennant vom Konkurrenten Kärcher verklagt. Kärcher störte sich an der Aussage von Tennant, »aktiviertes« Wasser wirke wie ein kräftiges Reinigungsmittel. Das Landgericht Stuttgart zog Sachverständige hinzu – und gab Kärcher recht. Vermeintlich aktiviertes Wasser reinigt demnach nicht besser oder schlechter als normales Leitungswasser. Tennant darf nun auch nicht mehr behaupten, sein Reinigungsverfahren ohne Putzmittel sei eine »bewährte Technologie«. Um das Tiroler Wasser gab es mehrere Gerichtsverfahren. Das Oberlandesgericht Wien gab einem skeptischen Wissenschaftler recht, der es als »parawissenschaftlichen Unfug« bezeichnet hatte.

Die Nachfrage nach verwirbeltem Wasser, Anti-Elektrosmog- oder anderer Humbug-Technik kann man per Gericht nicht verbieten. Und das ist auch gut so. Vielleicht können manche Menschen wirklich besser schlafen oder entspannter Tee trinken, wenn sie an die Kraft von aktiviertem Wasser oder entstörten Schlafzimmern glauben. Auch der Aberglaube kann wie ein Placebo wirken: Psychologen der Universität Köln haben in einem Experiment nachgewiesen, dass Studenten im Durchschnitt einen Golfball besser einlochen, wenn ihnen vorher erklärt wurde, es handle sich um einen Glücksball. In einem anderen Test absolvierten Probanden ein Memory-Spiel schneller, wenn sie ihren Talisman dabei hatten. Aberglaube kann helfen.

Wer Humbug-Produkte jedoch als Wissenschaft tarnt, führt die Käufer an der Nase herum. Und wer normale Produkte, Lebensmittel oder Kosmetika mit leeren Versprechen anpreist, macht es nicht besser. Nur, was kann man dagegen tun? Oft ist der Schwindel schwer zu durchschauen. Es gibt ein Gesetz gegen irreführende Werbung, aber das bewirkt wenig, weil die Gerichte in der Regel nur dann aktiv werden, wenn die Konkurrenz klagt. Ein von der Werbeindustrie gegründeter Werberat soll die schlimmsten Auswüchse der Branche durch Selbstregulierung verhindern, ist aber im Grunde eine Alibi-Veranstaltung, und die Verbraucher wissen das. Im Jahr 2013 gingen gerade mal 1350 Beschwerden beim Werberat ein. Lediglich elf Mal sprach der Rat eine öffentliche Rüge aus, in allen Fällen hatten regionale Betriebe mit halbnackten Frauen in aufreizenden Posen geworben. Aber Kleinunternehmer an den Pranger zu stellen tut niemandem weh.

Zum Vergleich: Bei der britischen Werbeaufsicht ASA ging im Jahr 2012 die beeindruckende Zahl von 31 300 Beschwerden ein, die 19 000 Kampagnen betrafen. Rund 7000 Kampagnen wurden begutachtet, gut die Hälfte wurde daraufhin geändert. Der britische Werberat veröffentlicht seine Entscheidungen jeden Mittwoch, und er nennt die Namen der betroffenen Firmen – auch dann, wenn man sich informell geeinigt hat.

In Australien geht die Australian Competition & Consumer Commission ACCC gegen Firmen vor, die Verbraucher an der Nase herumführen. So hatte ein Hersteller von Plastikarmbändern mit aufgeklebtem Hologramm behauptet, die Armbänder würden die Kraft steigern und das »natürliche Energiefeld« des Körpers positiv beeinflussen. Zahlreiche Sportler weltweit tragen die sogenannten Power Balance-Armbänder. Sie wirken jedoch nicht besser als ein Imitat, wie eine Studie der University of Wisconsin an 42 Athleten gezeigt hat. Nach Intervention der ACCC musste der Hersteller seine pseudowissenschaftlichen Aussagen in großformatigen Anzeigen widerrufen und durfte die Armbänder in Australien nicht mehr als »Performance Technology« vertreiben. Auf den deutschen Verkauf hatte das keinen Einfluss: Hierzulande wird das rund 30 Euro teure Armband weiterhin als »Performance Technology« verkauft. In einem anderen Fall verklagte die ACCC einen Geschäftsmann, der den Verzehr von Aprikosenkernen als Krebsbehandlung anpries. Ein australisches Gericht wies ihn an, auf seiner Website eine Klarstellung zu veröffentlichen. In Deutschland wird die Behandlungsmethode weiterhin als »natürliche Chemotherapie« beworben.

Hierzulande schreiben Verordnungen zwar vor, dass auf jeder Müslipackung und jedem Doseneintopf die Zutaten in einer bestimmten Reihenfolge und Schriftgröße angegeben werden, doch gegen Humbug-Marketing wird wenig getan.

Dabei wäre eine Anti-Bullshit-Regelung ganz einfach: Wer etwas behauptet, muss es belegen können. Und wer seine Kunden mit Bullshit reingelegt hat, muss diesen Bullshit öffentlich widerrufen. Unternehmen starten teure Rückruf-Aktionen, wenn etwa ein Geschirrspülmodell ein gefährliches Bauteil enthält. Eine solche Rückrufregel bräuchte es auch für Werbung, die Bullshit enthält.

Den zaghaften Versuch einer Anti-Bullshit-Regelung unternahm die EU-Kommission im Jahr 2007, leider nur für die Lebensmittelbranche: Wenn Hersteller ihre Produkte als gesundheitsfördernd anpreisen möchten, müssen sie ihre Behauptungen nun durch Studien belegen. Die Europäische Behörde für Lebensmittelsicherheit (EFSA) prüfte daraufhin rund 4600 sogenannte Health Claims – Gesundheitsversprechen. Mit dem Ergebnis, dass beispielsweise Ferrero seit Dezember 2012 nicht mehr behaupten darf, Kinderschokolade unterstütze das Wachstum. Unilever darf seinem Lipton Schwarztee keine konzentrationsfördernde Wirkung mehr zuschreiben. Dass der Joghurtdrink Yakult das Immunsystem stärke und vor Erkältung schütze, ist nicht erwiesen und darf nicht mehr auf der Verpackung stehen. Auch andere Joghurt-Hersteller mussten Versprechen über vermeintliche Heilwirkungen ihrer Erzeugnisse zurücknehmen. Übrig geblieben sind rund 250 erlaubte Aussagen wie »Calcium wird für die Erhaltung normaler Zähne benötigt« oder »Fluorid trägt zur Erhaltung der Zahnmineralisierung bei«.

Die Health Claim-Verordnung hat gezeigt, dass man Marketing-Bullshit reduzieren kann. Aber warum sich dabei auf die Lebensmittelindustrie beschränken? Warum gibt es keine Beweispflicht für die Öko-Versprechen der Autoindustrie? Oder für die Behauptung von Textilunternehmen, sie würden soziale Standards einhalten? Tatsächlich existiert für die Werbung mit Nachhaltigkeit sogar ein Industriestandard, der ISO 14021:1999. Danach sind Werbeaussagen zur vermeintlichen Umweltfreundlichkeit von Produkten »akkurat, überprüfbar und nicht irreführend« zu formulieren. Dumm nur, dass niemand die Einhaltung dieses Standards überprüft.

Ein Crashkurs bei Europas bestem Verkaufstrainer

Zugegeben, der Staat kann den Verbraucherschutz verbessern, aber er kann auch nicht alles regeln. Wir sind doch erwachsen. Können wir uns nicht selbst wehren? An einem Sonntag im November machen wir den ersten Schritt – und wechseln die Seiten. Verkaufstraining im Ramada Inn von Bad Soden. Jetzt wollen wir selbst Bullshitten lernen. Vor 20 Minuten haben wir das Hotel als kritische Beobachter betreten, und nun klatschen wir einem Verkäufer für Firewalls in die Hand und brüllen: »Du bist ein Eliteverkäufer!« Weil rund 800 Männer und Frauen im Saal gerade das gleiche tun, wird es für einen Moment sehr laut, zumal ein Mann auf der Bühne uns auffordert, es zu wiederholen, noch lauter, alle zusammen, klatscht euren Sitznachbarn ab, und jetzt: »Du bist ein Eliteverkäufer!«

In den Kirchen von Bad Soden beginnt um diese Uhrzeit der Gottesdienst. Hier drinnen im Konferenzhotel beten wir einen anderen Gott an. Unsere Religion ist das Geld, unser Priester auf der Bühne heißt Marc Galal. Er hat eine hohe Stirn und blendend weiße Zähne, die schwarzen Haarsträhnen sind nach hinten gekämmt, der Anzug sitzt perfekt, Einstecktuch, polierte Schuhe, vor dem Kongresshotel steht sein Porsche. Er ruft: »Wer von euch ist bereit für das nächste Level in seinem Leben?« Und dann zum zehnten oder zwanzigsten Mal: »Geht's euch gut oder gut«? 800 Zuschauer brüllen: »Guuuut!!!« Er sagt: »Prima, super.« Und »Wahnsinn« und »Yeah«.

Marc M. Galal ist nicht irgendwer. Als wir »Verkaufstraining« googelten, stand das »Marc Galal Institut« an erster Stelle. Galal hat nach eigenen Angaben mehr als 110 000 Menschen gecoacht, unter seinen Referenzen finden sich

Unternehmen wie Ikea, Toyota, Nestlé, Renault, Nike, Bang & Olufson und die Sparkasse Passau. Sein Buch *So geht verkaufen* ist im wissenschaftlichen Springer-Verlag erschienen. Der Bundesverband der mittelständischen Wirtschaft bucht ihn als Referenten. Ein amerikanischer Verkaufstrainer mit noch mehr Kunden nennt ihn »einen der besten Verkaufstrainer in Europa«, so steht es auf Galals Website.

Und das Irre ist: Der Einstieg ist kostenlos. Auf einem Abendseminar in Hamburg könne man die von Marc Galal entwickelte »nls®-Strategie« kennenlernen, heißt es auf marcgalal.com. NLS steht für *neurolinguistic selling*, neurolinguistisches Verkaufen, angelehnt an die Psychotechnik des »neurolinguistischen Programmierens«, NLP. Durch NLP sollen unbewusste Verhaltensmuster erkannt und mithilfe von Schlüsselbegriffen und rhetorischen Kniffen verändert werden. NLP hat einen zweifelhaften Ruf, aber können Nike, Renault und die Sparkasse Passau sich irren?

Das kostenlose Abendseminar in einem Hamburger Design-Hotel begann mit einer Enttäuschung. Statt Marc Galal empfingen uns ein bayerischer Verkaufstrainer mit dicker Uhr und ein junger Norddeutscher. Auf ihren weißen Hemdkragen prangte das [nls]-Logo. Wir hatten wohl nicht richtig aufgepasst, denn im Trailer für das Seminar war Marc Galal persönlich aufgetreten, aber nun war er nicht da. Waren wir naiv? Oder schon auf einen Verkäufertrick hereingefallen? Der Norddeutsche stellte sich als »Master of Neurolinguistic Selling« vor und versprach einen Einblick in die Verkaufshypnose, nämlich »wie Sie mit hypnotischen Sprachmustern Ihre Kunden so richtig gut überzeugen können«. Der Bayer stellte sich als »Menschenentwickler« vor.

Rund 30 Verkäufer aus Hamburg und Umgebung waren angereist. Ein Mann aus der ersten Reihe handelte im Internet mit Autoersatzteilen. Eine Frau wollte ihre Papphocker für Großveranstaltungen besser verkaufen, eine andere hatte sich auf Finanzcoaching für Frauen spezialisiert, eine dritte betrieb ein Dentallabor. Die Frau neben uns erzählte, ihr chinesischer Mann sei leider verstorben und sie habe nun ein »galvanisches Gerät« im Angebot, das Falten wegmache. Die Frau hinter uns wollte mehr Geld mit ätherischen Ölen verdienen. Sie stammte vom Wörthsee. »Schöner Golfclub«, sagte der bayerische Verkaufstrainer.

All diese Menschen würden anderntags in ihre Läden und an ihre Computer zurückkehren und da draußen ihre Produkte anpreisen, und wir würden ihre Tricks kennen. Außerdem: Wer am Ende des Seminars die Verkäuferkrankheit benennen könne, der werde ein Seminar bei Marc Galal gewinnen, versprach der Norddeutsche. Und dann spielte er mit dem Beamer ein Video ein. Auftritt Marc Galal, im Hintergrund Leuchter und eine Standuhr mit Holzintarsien, Gutshaus-Flair. Er redet über die fünf goldenen A's des Verkaufsgesprächs: Aufmerksamkeitsphase, Analysephase, Angebotsphase, Argumentationsphase, Abschlussphase. Die Analysephase etwa bestehe aus acht Fragen. »Wenn Sie diese acht Fragen stellen, wissen Sie, ob der Kunde kauft oder nicht kauft.« Die Argumentationsphase habe fünf Steps. »Bei einem Nein fängt das Verkaufen erst richtig an.« Man würde nun gerne die Details wissen, aber die erfährt man erst in den mehrtägigen NLS-Seminaren. Marc Galal sagt in dem Video: »Bei nls2 lernen Sie sogar, wie Sie einem Eskimo einen Kühlschrank verkaufen können. Die Strategie ist eigentlich gar nicht von mir. Platon hat diese Strategie entwickelt. Ich habe sie ein bisschen verfeinert.«

War das nun Bullshit? Oder eines der besten Verkaufstrainings in Europa? Nach dem Video sagte der Bayer in aller Offenheit: »Das ist heute hier eine Verkaufsveranstaltung, wo Sie gucken sollen, ob Sie das emotional berührt.« Erste Übung: Verkaufshypnose. Nur Eliteverkäufer beherrschten diese Technik, hatte Galal gesagt. Es geht um die Umprogrammierung des Kunden mithilfe rhetorischer Tricks. Als Beispiel brachte Video-Marc diesen Werbespruch: »Wenn Sie nichts auf der Welt mehr lieben als Ihre Kinder, und Ihre Kinder nichts so sehr mögen wie Nimm 2, dann geben Sie Ihren Kindern doch Nimm 2.« Der Satz enthalte zwei Suggestionen. Er verknüpfe erstens eine Tatsache (Sie lieben Ihre Kinder) mit einer Unterstellung (Ihre Kinder lieben Nimm 2) und schaffe zweitens durch die Wenn-dann-Beziehung eine kausale Verknüpfung mit der Kaufaufforderung. Das Gehirn sei mit diesen zwei Suggestionstechniken überfordert, behauptet Galal. Am Ende bleibt hängen: Wer seine Kinder liebt, kauft ihnen Nimm 2. Was im Umkehrschluss suggeriert: Wer die Bonbons nicht kauft, liebt seine Kinder auch nicht.

Nun waren wir dran. Die Frau mit den Papphockern formulierte diesen Satz: »Wenn Sie als Veranstalter der Natur etwas Gutes tun und dabei Ihren Teilnehmern das Zuhören erleichtern möchten, dann bestellen Sie jetzt diesen Papphocker.« Die Frau, die Frauen coachen wollte: »Wenn Sie als gestandene Person aus Ihrem Geld ein Vermögen machen wollen und sich das notwendige Wissen dazu in meinem Seminar holen möchten, dann melden Sie sich gerne an.« Der Kfz-Händler: »Wenn du dein Auto liebst und dein Auto gut funktionieren muss, dann kauf die Teile bei mir.«

»Klare Aufforderung zum Bestellen«, lobte der Bayer. »Das ist Verkaufen, meine Damen und Herren.« Und dann war er an der Reihe mit seinen Angeboten: zwei Tage Kennenlern-Days in Frankfurt mit Marc Galal für 249 Euro auf den vorderen, 99 Euro auf den hinteren Sitzplätzen; drei Tage NLS1-Training zu den fünf goldenen A's inklusive Verpflegung, ohne Übernachtung: 1598 Euro zuzüglich Mehrwertsteuer, 1248 Euro für Sofortzahler, 1398 für Frühbucher. Fast eine Stunde lang ging das so. Und ganz zum Schluss kam die Verlosung. Wie lautet die Verkäuferkrankheit?, hieß die Frage. »Verkäufer reden zu viel«, schrieben wir auf einen Zettel – und das war richtig geraten! Wir hatten die Kennenlern-Days gewonnen.

Diese Seminare können süchtig machen

Marc Galal ist die äußerste Konsequenz der Bullshit-Industrie. Er verkauft Verkaufstrainings mit den Tricks der Verkäufer. Auf der Bühne des Ramada Inn erzählt er seine Biografie als Erfüllung des amerikanischen Traums. Wie er nach der Ausbildung zum Groß- und Einzelhandelskaufmann einen roten Opel Corsa fuhr und von einer Zukunft als Trainer träumte. Wie er seinen Bankberater überredete, ihm einen Kredit für die NLP-Ausbildung zu gewähren, während seine Kumpels ihr Geld im Urlaub verprassten. Wie er seine ersten NLP-Kurse gab (und immer noch gibt) und daraus NLS entwickelte. Wie sich eine Immobilienmaklerin dank NLS von einer »voll maskulinen« grauen Maus in eine »runde, feminine« Chefin mit sieben Mitarbeitern entwickelt habe. Galal erzählt Anekdoten. Und dann kommt das, was Marketingleute als Testimonial-Werbung bezeichnen.

Rund 30 Leute aus dem Publikum, die bereits Seminare bei Galal absolviert haben, kommen auf die Bühne. Ein Friseur mit zwei Geschäften und 15 Mitarbeitern berichtet, dass er seinen Umsatz über Nacht um 300 bis 400 Prozent gesteigert habe, Galal sei Dank. Ein selbstständiger Unternehmensberater und Sportpilot hat 55 Seminartage hinter sich und erzählt, dass er dabei sogar von seiner Höhenangst geheilt worden sei. Eine Frau lobt das Masterseminar als »Oberhammer«. Aber sie müsse uns warnen, »Marc-Galal-Seminare können süchtig machen. So, wie wenn du in einen Apfel beißt, und der schmeckt so lecker und süß, und du willst immer mehr, mehr und mehr. Genau das passiert.« Es ist als Lob gemeint. Aber vielleicht sind die Leute, die NLP mit Scientology vergleichen, ja doch nicht paranoid. Testimonials ab, High Five!

Galal schreitet nun auf der Bühne hin und her wie ein Fernsehprediger. »Wir gehen in dein Leben rein«, ruft er. »Wir machen Hypnose. Das ist echte Therapie. Gruppencoaching. Neue Glaubenssätze werden installiert. Glaubenssätze, die du brauchst, um so zu denken wie ein Millionär. Und das ist kein Blabla.« Und wieder geht es los. Das neuntägige NLP-Training in der Türkei zum Sonderangebot für 2698 Euro, Flug und Übernachtung extra. Das Paket aus neun Tagen NLP, drei Tagen NLS1-Seminar und professionellem Verkaufstraining für 3598 statt 4894 Euro. »Du musst an deinem Mindset arbeiten. Und dann musst du eine Verkaufsmaschine sein.« An den Seiten des Saals beziehen nun die Männer mit dem [nls]-Logo auf dem Hemdkragen Stellung. Bei ihnen kann man sich anmelden. Den Vorzugspreis gibt es nur für die ersten 40 Anmeldungen. Künstliche Verknappung heißt der Verkäufertrick, das steigert die Nachfrage. »Ich schwöre auf das NLP so sehr, weil ich weiß, dass NLP die Menschheit verändern kann«, ruft Galal. Draußen im Foyer gibt es Kaffee, ein Becher für einen Euro fünfzig.

Am Ende des Verkaufstrainings wissen wir zwar noch immer nicht genau, wie neurolinguistisches Verkaufen funktionieren soll, aber wir wissen, dass man es für ein paar tausend Euro erfahren kann. Und wir wissen, dass uns der Schein geblendet hat. Wir hatten schlecht recherchiert. Das Urteil der Stiftung Warentest über Galals Training finden wir erst nach diesem Wochenende. Die Stiftung hatte 2006 einen Tester in das Verkaufstraining eingeschleust. Dass dort Seminare für 3900 Euro angepriesen würden, sei »schlicht unseriös und manipulativ«, urteilte der Experte. Wir finden auf einer nicht passwortgeschützten Firmen-Webseite Verträge, die Galal mit seinen Vertriebspartnern abschließt. Diese können in sechs Schritten vom Empfehlungsgeber zum Direktionsmanager aufsteigen, müssen dabei NLS-Seminare besuchen und bekommen zwischen zwei und 35 Prozent Provision, wenn sie Seminarteilnehmer werben. Wir rufen bei der Sparkasse Passau an. Der Regionaldirektor wundert sich, dass er auf Galals Website als Referenz zitiert wird. Das Verkaufstraining sei acht oder neun Jahre her, damals sei Galal bei einer anderen Firma angestellt gewesen, und NLS sage ihm gar nichts. Er schreibt Galal gleich eine Mail, ein paar Tage später ist das Lob von der Website verschwunden. Bei Wikipedia wurde ein Benutzer namens Marc M. Galal im Juni 2013 gesperrt, nachdem er einen neuen Wikipedia-Eintrag über den Verkaufstrainer Marc M. Galal angelegt hatte. Begründung: Werbeaccount.

Geht doch: Verkaufen ohne Bullshit

Die Forderung nach weniger Bullshit in der Werbung mag naiv erscheinen, utopisch ist sie deshalb noch lange nicht. Wenn ein Unternehmen sich heute zu PR-Zwecken als besonders grün, fair oder sozial darstellt, kann es schnell zum Gespött der Masse werden. Die sozialen Medien geben Werbern zwar mehr Möglichkeiten, Bullshit zu verbreiten. Sie geben aber auch allen anderen die Möglichkeit, den Blödsinn bloßzustellen. Anfang 2011 twitterte der Modedesigner Kenneth Cole: »Millions are in uproar in #Cairo. Rumor is they heard our new spring collection is now available online ...« (In Kairo sind Millionen in Aufruhr. Gerüchten zufolge haben sie erfahren, dass unsere Frühjahrskollektion jetzt online verfügbar ist). Ein Shitstorm fegte durchs Netz und hörte auch nicht auf, nachdem Cole sich auf Facebook entschuldigt hatte. Einige gelobten, nie wieder Klamotten oder Schuhe der Marke Cole zu tragen. Als Nivea einen neuen TV-Spot für Anti-Aging-Creme produzierte, diskutierten Wissenschaftsblogger prompt darüber, ob die gezeigten Hautzellen nicht in Wirklichkeit Pflanzenzellen seien.

Schon einmal gab es in der Werbung einen Wettstreit zwischen den Bullshittern und denjenigen, die auf ehrliche Aussagen setzten. Das war im Amerika des ausgehenden 19. Jahrhunderts. Vorbild der Bullshitter war damals der amerikanische Geschäftsmann, Entertainer, Autor, Zirkusgründer und König des Humbugs Phineas Taylor Barnum. Werbung im Barnum-Stil hieß: Übertreibe, was das Zeug hält. Alles war großartig, das Beste der Welt, unübertroffen, nie dagewesen, sensationell. Zu den ersten auf diese Weise beworbenen Produkten gehörten »patent medicines«, vermeintlich patentierte Arzneimittel, die meist weder patentiert waren noch eine medizinische Wirkung hatten. »Ich könnte auch Spülwasser verkaufen«, prahlte der Erfinder eines solchen Wässerchens, »es steckt alles in der Werbung.«

Wenn man ethische Fragen außer Acht lasse, seien diese Leute talentierte Unternehmer gewesen, schreibt der amerikanische Historiker Stephen Fox in seinem Buch *Mirror Makers*, einer Geschichte der amerikanischen Werbung. Aber die Amerikaner merkten bald, dass sie zum Narren gehalten wurden. Dies war die Stunde von John E. Powers, geboren 1837, dem ersten hauptberuflichen Werbetexter der Geschichte, so die Legende. Er arbeitete für bekannte amerikanische Kaufhäuser, bevor er sich selbstständig machte. Er formulierte kurze Textanzeigen, nicht mehr als 100 Wörter, kurze Essays, in denen nur wenige Produkte erwähnt wurden, ohne reißerische Überschrift, schnörkellos, sachlich und – ehrlich. »Unsere Krawatten sind nicht so gut, wie sie aussehen, aber gut genug – 25 Cent«, schrieb er für das Kaufhaus Wanamaker's in Philadelphia. Kurz darauf waren sie vergriffen. Oder (zum Ärger seines Chefs John Wanamaker): »Wir haben jede Menge verrotteter Stoffe und andere Dinge, die wir gerne loswerden möchten.« Am nächsten Tag gegen Mittag waren sie ausverkauft. Oder: »Der Preis ist monströs, aber das ist nicht unser Problem.« Nachdem ihm der Leiter der Schuhabteilung falsche Informationen für eine Anzeige gegeben hatte, erwähnte Powers ein Jahr lang keine Schuhe in den Annoncen. In den ersten Jahren nach seiner Anstellung verdoppelte sich der Umsatz des Kaufhauses von vier auf acht Millionen Dollar. Powers wurde zum Leitstern der Werbebranche, so der Historiker Fox. »Und der Powers-Stil wurde zur neuen Mode in Werbezirkeln.«

Einmal wurde Powers von einem Bekleidungsgeschäft in Pittsburg angeheuert, dem die Zahlungsunfähigkeit drohte. Die Regale waren voll, aber der Absatz stagnierte. Wie konnte man den Umsatz wieder steigern? Mit der Wahrheit, empfahl Powers und formulierte folgende Anzeige: »Wir sind bankrott. Nach dieser Mitteilung werden uns die Gläubiger an die Gurgel gehen. Aber wenn Sie morgen zu uns kommen und einkaufen, werden wir ihre Forderungen begleichen können. Wenn nicht, stehen wir mit dem Rücken zur Wand.« Am nächsten Morgen standen die Menschen Schlange vor dem Geschäft.

Das ist lange her. Dann kamen das Radio und das Fernsehen. Beides habe die Marketing-Branche verdorben, glaubt der PR-Mann Jonah Sachs. Die anonyme Masse saß vor den Empfängern und konnte sich nicht wehren. Aus Sprache wurden Phrasen. »Bis heute verlassen wir uns auf das typische Marketing-Sprech, obwohl es nicht mehr funktioniert«, sagt Sachs, »wir müssen das hinter uns lassen.« Und stattdessen wieder die drei Gebote von John E. Powers beherzigen: Sage etwas Interessantes; sage die Wahrheit; lebe die Wahrheit. Das ist allerdings nicht so einfach in einer Werbewelt, von der niemand mehr etwas anderes als Bullshit erwartet. Als die Modemarke René Lezard es 1993 mit einem Spruch im Powers-Stil versuchte: »Leider teuer«, scheiterte die Kampagne, weil niemand sie verstand.

So erkennt man leere Werbeversprechen

Manche Werber gehen so weit, Reklame als Instrument der Demokratie zu preisen. Werbung gebe den Konsumenten Informationen an die Hand, um eine bessere Wahl treffen zu können, argumentiert der PR-Veteran und Kolumnist Jeremy Bullmore in seinen Essays, die er unter dem bezeichnenden Titel More Bull More veröffentlicht hat. Dabei ist Informieren allenfalls eine Nebenaufgabe der Werbung, oft ist Informieren nur eine lästige Pflicht. In vielen Anzeigen füllt »Information« das unleserliche Kleingedruckte im unteren Drittel der Seite. Und es steht dort, weil die Anbieter per Gesetz dazu verpflichtet sind.

Die Wahl zwischen verschiedenen Anbietern, Produkten oder Herstellern ist eine Scheinwahl. Hätten Verbraucher wirklich eine Wahl, würde die Mehrheit lieber von Werbung verschont bleiben. In einer Online-Umfrage des Marktforschungsunternehmens Nielsen gaben 60 Prozent der 533 Befragten an, sie würden der Werbung im Fernsehen gar nicht oder »nicht sehr« vertrauen. Drei von vier Befragten misstrauen der Online-Werbung, zwei Drittel der Plakatwerbung, gut die Hälfte der Radiowerbung. Sollten Werber sich tatsächlich als Speerspitze der Demokratie verstehen, müssten sie ihre Arbeit einstellen.

In Großbritannien hat der World Wildlife Fund zusammen mit dem Public Interest Research Centre eine Kampagne gegen Werbung gestartet. Die beiden Organisationen schlagen einen Warnhinweis für Reklame vor: »Diese Anzeige könnte Sie unterbewusst beeinflussen. Konsumgüter zu kaufen, trägt wahrscheinlich nicht zu Ihrem Wohlbefinden bei, erst recht nicht, wenn Sie sich dafür Geld leihen. Schulden können abhängig machen.« Aber würden solche Warnungen etwas ändern? »Rauchen ist tödlich« klingt jedenfalls abschreckender. Es hilft wohl nichts, am Ende muss jeder sein eigenes Gespür für den täglichen Blödsinn entwickeln. Die nachfolgende Sammlung von Marketing-Bullshit kann dabei helfen.

1. Je wissenschaftlicher, desto Humbug

Ein Möbelhaus behauptete im Jahr 2012, bestimmte Matratzen würden von der Charité empfohlen, dabei hatte die Berliner Universitätsklinik lediglich einen Fragebogen für eine Schlafanalyse entworfen. Wissenschaft verleiht Autorität. Doch wenn ein Hersteller penetrant Fraunhofer-Institute, renommierte Forscher oder Nobelpreise anführt, verspürt er offensichtlich einen hohen Rechtfertigungsdruck. In Wirklichkeit sind sie ebenso wenig ein Garant für gute Qualität wie Patente, das CE-Siegel oder das TM-Symbol für registrierte Marken. Ebenfalls beliebt ist die Erfindung eines eigenen Instituts, das den Nutzen des Produkts bescheinigt. Das darf jeder, der Begriff »Institut« ist nicht geschützt.

2. Viel Eisen, aber noch mehr Fett

Durch die Health Claim-Verordnung der EU haben pseudowissenschaftliche Versprechen auf Lebensmittelverpackungen zwar abgenommen, allerdings ist Humbug im Supermarkt noch immer allgegenwärtig. So werden Lebensmittel mit Vitaminen oder Mineralstoffen angereichert und entsprechend angepriesen, auch wenn sie viel Fett, Zucker oder Salz enthalten. Selbstverständliche Aussagen sind weiterhin als Werbeversprechen erlaubt: Auf die Verpackungen calciumreicher Lebensmittel darf der Hersteller schreiben, dass Calcium gut für Knochen und Zähne ist. Dabei leidet hierzulande niemand, der sich ausgewogen ernährt, unter Calciummangel oder anderen Mangelerscheinungen. Man könnte genauso gut auf eine Milchtüte schreiben: Die Erde ist rund. Das ist nicht falsch. Die Erde wird durch den Kauf der Milch aber nicht runder.

3. Ist das Versprechen überprüfbar?

Wenn ein Magnet »Körperschwingungen harmonisieren« oder eine Rasterbrille die »natürliche Augengesundheit« schützen soll, dann handelt es sich wahrscheinlich um Bullshit-Produkte. Die Behauptungen sind nicht überprüfbar. Das gilt auch für die Aussagen des spirituellen Marketing, das mit religiösen Assoziationen arbeitet und Produkte wie Himalaya-Salz oder Slogans wie diesen (für das Power Balance-Armband) hervorbringt: »Die in fernöstlichen Kulturen jahrtausendalte Erkenntnis, dass unser Wohlbefinden vom natürlichen Energiefluss abhängt, findet auch im Westen zunehmend Akzeptanz. Auf der Basis dieser Philosophie wurde unser Produkt entwickelt.« Klingt schön. Nur leider ist dieser »natürliche Energiefluss« Bullshit.

4. Wenn der Verkäufer Fangfragen stellt

Im Verkaufstraining werden Konsumenten in zwei Kategorien eingeteilt: den Besserwisser, der stets widerspricht; und den Opportunisten, dem alles gefällt. Durch Fangfragen soll der Verkäufer die Typen erkennen. Verkäufer: »Kaffee mit Milch oder Zucker?« Besserwisser: »Ich trinke lieber Tee.« Der Opportunist nimmt das, was gerade da ist. Hat der Verkäufer den Kundentyp gescannt, macht er das zum Charakter passende Angebot. Dem Besserwisser macht er zwei Angebote: »Dieses (billigere) Grundstück wird Ihnen gefallen, das andere (teure) ist nichts für Sie wegen des Baumbestands.« (Besserwisser denkt sich: Quatsch. Zeigen Sie her. Die Bäume säg ich ab.) Dem Opportunisten rät er: »Dieses großzügig geschnittene Grundstück ist genau das Richtige für Sie.«

5. Werbung, die Angst macht

Angstmachen ist ein alter Marketingtrick. Denn was haben Menschen nicht alles für Ängste. Vor dem Älterwerden. Vor Mundgeruch. Vor Impotenz. Vor Achselschweiß. Vor Milben. Vor Übergewicht. Vor Pickeln. Vor Orangenhaut. Vor Krebs. Seit Sigmund Freud setzt die Werbeindustrie auf Angst-Marketing, Minderwertigkeitskomplexe, Neid, Statusdenken. Konsumforscher schätzten im Jahr 2005, dass die Mehrzahl der Werbebotschaften in den USA auf Angst-Marketing setze. Die Reklame ködert den potenziellen Käufer mit dem Versprechen, dass er mit dem beworbenen Produkt irgendein Defizit ausgleichen könne. Rightguard Deo: »Schützt Männer vor Angstschweiß«. Axe Duschgel: »Macht Jungs fit für die Verlängerung«.

6. Die moralische Firma

Die Toyota-Niederlassung in Hollywood stellte im Jahr 2003 zur Oscar-Verleihung 26 Prius-Limousinen zur Verfügung. Fotos von Hollywoodstars mit Prius gingen um die Welt. »Inzwischen wird Toyota in mehreren Verbraucherstudien als eine der umweltfreundlichsten Marken der Welt eingestuft«, sagt Marketing-Experte Martin Lindstrom. Ein Autohersteller! Wenn Weltkonzerne sich als Weltretter, Naturschützer oder Wohltätigkeitsorganisationen inszenieren, ist das Bullshit-Risiko groß. Um 2007 bemühten sich BP und Shell, Vattenfall, RWE und E.ON mithilfe von PR-Leuten um ein grünes Image. Die Kampagnen wurden als Negativbeispiel für Öko-Heuchelei (»Greenwashing«) berühmt.

7. Von Justin Bieber empfohlen

Um in der täglichen Flut von Werbebotschaften nicht unterzugehen, setzt die PR-Branche zunehmend auf Testimonials, also Menschen wie du und ich (englisch: Peers), sowie Prominente. Studien zufolge vertraut inzwischen mehr als ein Drittel aller Konsumenten beim Kauf den Empfehlungen und Warnungen ihrer Peers. Popsänger Justin Bieber twitterte kurz vor Muttertag die Telefonnummer eines Blumenversandhändlers an seine Millionen Follower. Der Tweet wurde 75 000-mal retweetet.

8. Von Nachbarn empfohlen

Wenn Menschen in ihrem Bekanntenkreis neue Kunden werben und dafür Geld erhalten, spricht die PR-Branche von »Empfehlungsgebern«. Der Marketing-Experte Martin Lindstrom verwandelte für ein Experiment gleich eine komplette fünfköpfige Familie in eine Empfehlungsmaschine. Mutter Gina Morgenson führte ihren Freundinnen beiläufig bestimmte Kosmetika und Schuhmarken vor, Vater Eric pries spezielle Grillmarinaden beim Barbecue. Das Experiment dauerte einen Monat. Video- und Tonmitschnitte sowie verdeckte Befragungen im Bekanntenkreis ergaben: Die Freunde der Morgensons hatten im Schnitt pro Person drei der empfohlenen Produkte tatsächlich gekauft. Lindstroms Fazit: »Wenn Ihnen die wohlhabende, beneidenswerte Familie, die eine Straße weiter wohnt, Produktempfehlungen und Ratschläge erteilt, sollten Sie diese mit Vorsicht genießen.«

9. Macht gesund, schlank oder attraktiv

In den Regalen vieler Apotheken und Reformhäuser stapelt sich Hoffnung in Dosen: Cremes oder Tabletten, die gesünder, schöner oder schlanker machen sollen – von Artischocken-Dragees bis zu Zink-Pillen. Viele davon wirken nicht besser als Placebos. Mit wenigen Ausnahmen brauchen gesunde Menschen in Industrienationen keine zusätzlichen Mineralstoffe oder Vitamine, um gesund zu bleiben oder länger zu leben. Manchmal schaden die Pillen sogar. In einer Beobachtungsstudie mit rund 40 000 älteren Frauen war zum Beispiel ausgerechnet die Sterblichkeit derjenigen erhöht, die Multivitamin-Pillen oder Eisenpräparate geschluckt hatten. Als Faustregel gilt: Je wirksamer ein Mittel, desto weniger Werbung darf dafür gemacht werden. Denn das Heilmittelwerbegesetz verbietet allzu offensive Werbung für Arzneimittel. Allerdings wurde es unlängst aufgeweicht. Bis Ende 2012 war es verboten, Medikamente durch Testimonials zu bewerben oder in der Werbung Angstgefühle auszunutzen. Das ist jetzt erlaubt.

10. Dieser Verkäufer ist ja so nett

Einer der ersten Tricks, die man im Verkaufstraining lernt: in Resonanz mit dem Kunden gehen, Sympathie herstellen. »Wir sagen am liebsten Ja zu jemandem, den wir mögen«, schreibt der Marketingpsychologe Robert Caldini in seinem Standardwerk *Die Psychologie des Überzeugens*. Wie erzeugen Verkäufer Sympathie? Sie sehen gut aus; sie ähneln dem Kunden (etwa in der Kleidung); sie bieten Kaffee oder Kekse an; sie machen Komplimente; sie bullshitten. Das ist tolerierbar, wenn es um eine neue Bluse oder ein Paar neuer Schuhe geht. Aber die Entscheidung für eine neue Wohnung möchte man vielleicht unabhängig vom Sympathiewert der Maklerin treffen. Um den Umgarnungsstrategien nicht auf den Leim zu gehen, schlägt Robert Caldini vor, sich vor Vertragsabschluss folgende Frage zu stellen: Ist mir dieser Verkäufer in den 20 Minuten, die wir jetzt miteinander reden, sympathischer geworden, als ich erwartet hätte? Wenn ja, sollte man besser noch mal eine Nacht darüber schlafen, bevor man unterschreibt.

Der spirituelle Supermarkt

Channeling, Aurafotografie, Rebirthing. Vieles davon ist nur Geschäfte-macherei. Das haben die Sinnsucher nicht verdient.

Maria geht in die Messe

An der Pforte zum Jenseits steht ein Mann von der Wach- und Schließgesellschaft. Er trägt einen blauen Anzug und lächelt. Maria Wolters hält ihm den Handrücken hin, der Se-curity-Mann drückt einen Stempel darauf, ein chinesisches Schriftzeichen. »Das heißt Glück«, sagt er. Maria Wolters tritt ein.

Die Anbieter im Congress Centrum sind durch Stellwände getrennt. Ganz vorne die Aura-Fotografin, ganz hinten die Frau mit den Klangschalen, dazwischen Kartenleger und Geistheiler. Die Esoterikmesse macht Station in Hannover, Kontakt mit dem Jenseits gibt es ab 20 Euro pro Sitzung. Für Außenseiter ist diese Welt ein Rätsel. Für spirituelle Menschen eine Heimat. Und für Deutschland zunehmend normal. Das zeigt die Geschichte von Maria Wolters.

Die eher kleine und stämmige Frau hat an diesem Samstagmorgen ihre bequemen Schuhe angezogen und roten Lippenstift aufgelegt. Maria Wolters, die in Wirklichkeit anders heißt, redet gerne und lacht viel, aber nicht jetzt, sie sucht etwas. Sie geht vorbei an dem Schamanen aus Hameln und der Heilerin aus Passau, vorbei am Reiki-Stand. Sie kennt das alles, seit ihrer Scheidung hat sie vieles ausprobiert. Heute ist sie aus ihrer westfälischen Heimatstadt nach Hannover gekommen, um herauszufinden, was es mit dieser Stimme in ihrem Kopf auf sich hat und ob sie wirklich heilen kann, wie ihre Arbeitskollegin meint. Sie lindere einem Bekannten durch Handauflegen die Rückenschmerzen, sagt Wolters; wenn sie einer Freundin Energie schicke, spüre die das; und manchmal erzählen ihr Kundinnen auf der Arbeit unaufgefordert von ihren Krankheiten. Maria Wolters, 62, evangelisch, ist beim ADAC angestellt. Heute will sie wissen, ob sie auch Pannenhilfe für die Seele anbieten kann. Wenn Religionsforscher von einer Esoterisierung der Gesellschaft reden, dann meinen sie Menschen wie Maria Wolters. Bis jetzt war sie im spirituellen Kaufhaus nur eine Kundin, nun möchte sie Verkäuferin werden. Dafür sucht sie den Vortragssaal 1.

Natürlich ist es keine Überraschung, auf einer Esoterikmesse Menschen mit exotischen Weltanschauungen und vermeintlich außergewöhnlichen Begabungen anzutreffen. Und doch sind diese Messen, die inzwischen in vielen deutschen Städten Station machen, der sichtbarste Ausdruck eines größeren Trends: Die Esoterik steht nicht mehr am Rand der Gesellschaft, sie rückt in die Mitte – und zwar buchstäblich ins Stadtzentrum.

Die ADAC-Angestellte verschickt jetzt in ihrer Freizeit Energie durch Gedankenkraft. Der Erdkundelehrer aus Gießen hat sich als Druide selbstständig gemacht und wirft Runen, um die Zukunft vorherzusagen. Der Schwangeren aus Hamburg wird von ihrer Hebamme »Kleines Träumerle Globulini« aus original englischen Bachblüten ans Herz gelegt, damit der Säugling besser einschläft (die zweijährige Schwester bekommt täglich 20 Tropfen der Sorte »Holly« gegen Eifersucht). Eine Stadtbäckerei mischt Sauerteig mit »energetisiertem Wasser« an. Volkshochschulen bieten Reisen durch die sieben Hauptchakren des Körpers an. Arbeitsämter fördern ein Fernstudium in Astrologie. Supermärkte verkaufen anthroposophisches Demeter-Gemüse, geerntet nach Mondschein-Kalender. Wellness-Hotels ködern Kunden mit Edelsteinmassagen, Pseudotherapien ersetzen Psychotherapien.

Für nichts davon gibt es überzeugende wissenschaftliche Belege. Trotzdem lassen sich immer mehr Menschen von der Esoterik die Welt erklären, sie glauben an die Macht der Sterne wie Physiker an Magnetfelder. Vielen ist egal, was dahintersteckt, Hauptsache, es hilft. Verfügen sie über Wissen, das jenseits der Reichweite der Wissenschaft liegt? Oder glauben sie schlicht Humbug?

An der Esoterik scheiden sich die Geister. Gut möglich, dass die Humbug-Fraktion bald in der Mehrheit ist. Soziologen beobachten, wie esoterische Vorstellungen mehr und mehr in nichtreligiöse Bereiche der Gesellschaft einsickern. Esoterik ist nicht mehr exotisch, sondern zunehmend normal. Die Okkultismus-Forscherin Sabine Doering-Manteuffel, Präsidentin der Universität Augsburg, sieht mit der Esoterik-Welle sogar »eine stille spirituelle Revolution« über Europa hinwegziehen: »Hier werden Weltbilder verändert wie in keiner Missionsphase der europäischen Geschichte zuvor.« Wird das Zeitalter der Aufklärung eines Tages nur noch eine Fußnote der Weltgeschichte sein?

Beratungsangebote im Internet und per Telefon erleichtern den Erstkontakt zur Szene. Man muss nicht mehr zur Esoterikmesse fahren oder ein Reiki-Seminar besuchen. Es reicht, eine gebührenpflichtige Telefonnummer zu wählen oder den Fernseher einzuschalten. Der Marktführer Adviqo betreibt Esoterik-Portale wie Questico, Viversum, Kosmica, Noe astro, Tarot.de und den Fernsehsender Astro-TV. Im Geschäftsjahr 2012 machte der Konzern einen Umsatz von 92 Millionen Euro. Bei Questico etwa melden sich jeden

Monat mehr als 10 000 neue Kunden an, 47 000 Kunden pro Monat nehmen Kontakt zu einem Berater auf. Diese selbsternannten Lebenshelfer bieten Zukunftsvorhersagen, Horoskope, Jenseits- und Engelkontakte; ein 20-minütiges Gespräch kostet je nach Berater 20 bis 50 Euro. Die Berater sitzen nicht im Callcenter, sondern in ihren Wohnstuben irgendwo in Deutschland. Questico stellt die Anrufer durch und kassiert eine Vermittlungsgebühr.

Wer nutzt solche Angebote? Konkrete Zahlen liefert alle zehn Jahre die größte repräsentative Umfrage zu Religion und Weltanschauung, die »Allgemeine Bevölkerungsumfrage der Sozialwissenschaften« (Allbus). Zuletzt zogen im Jahr 2012 monatelang Interviewer durch Deutschland und legten insgesamt rund 3500 Personen einen ausführlichen Fragebogen vor. Ergebnis: 17 Prozent der Deutschen bekunden Sympathie für Anthroposophie und Theosophie, 18 Prozent glauben an Geister, 22 Prozent an die Wiedergeburt. Auf einer zehnstufigen Skala für Spiritualität stuft sich nur eine Minderheit von 38 Prozent als »nicht spirituell« ein. 20 Prozent halten etwas von Wunder- und Geistheilern, 30 Prozent von Pendeln und Wünschelrutengehen, gut 40 Prozent von Astrologie oder New Age.

Natürlich ist nicht jeder ein Esoteriker, der schon mal ein Horoskop gelesen oder einen Yoga-Kurs besucht hat. Viele nutzen Yoga oder Achtsamkeitsmeditation zur Entspannung und um fit zu bleiben, die Wirksamkeit wurde in Studien erwiesen. Die Grenzen zwischen Esoterik, Wellness und Fitness verschwimmen. Immerhin verschaffen Umfragen und Feldstudien einen groben Überblick. So erstellten österreichische Soziologen nach ausführlicher Feldforschung eine Liste von 35 Praktiken, die sie dem holistisch-esoterischen Milieu zuordneten, von Ayurveda über Kartenlegen und Kinesiologie (Krankheitsdiagnose durch Muskeltests) bis zum Wünschelrutengehen. Dann ließen sie 1020 Österreicher durch ein Meinungsforschungsinstitut befragen. Ergebnis der repräsentativen Umfrage: Zehn Prozent der Bevölkerung haben Erfahrung mit mehr als acht dieser Techniken, diese Personen zählen zum harten Kern des Esoterik-Milieus. Ein Viertel der Bevölkerung hat Erfahrung mit zwei bis sieben Techniken und zählt quasi zum erweiterten Freundeskreis esoterischen Denkens.

Als »Metaphysik der dummen Kerle« bezeichnete Theodor W. Adorno einst den Okkultismus. Heute zeichnen Sozialforscher ein weniger verächtliches Bild der Suchenden: Unter ihnen sind überdurchschnittlich viele Städter, Abiturienten, religiös Interessierte, Westdeutsche, Frauen, Geschiedene. Menschen wie Maria Wolters. Die 62-Jährige ist Autodidaktin in Sachen Esoterik. Vor mehr als 25 Jahren, ihre Ehe war geschieden, die Kinder waren aus dem Haus, suchte sie einen neuen Sinn in ihrem Leben, und sie fand ihn in der Stadtbibliothek. *Der anthroposophische Lebenspfad* hieß das Büchlein aus dem Esoterik-Regal, eine Einführung. Sie las es zweimal. Dann las sie Bücher über Theosophie, Krishnamurti, Ramtha, Schamanismus, experimentierte mit Bachblütentropfen und Reiki.

Vor fünf Jahren hörte sie zum ersten Mal eine Stimme in sich, eine Männerstimme. »Maria, du kannst heilen«, sagte diese Stimme. Wolters lag im Bett und hatte plötzlich das Gefühl, sie könne einen Energiestrom in die Füße oder bis in die kleinen Finger lenken. Es kribbelte. Sie habe schon immer heilen wollen, sagt sie. Nun war es soweit.

Eine Freundin hatte Schmerzen im Ellenbogen. Wolters legte die Hand auf die Stelle, und die Schmerzen verschwanden. Eine Kollegin hatte eine Schleimbeutelentzündung im Lendenwirbelbereich. Diesmal versuchte Maria Wolters am Abend von zu Hause aus zu helfen, durch Konzentration. »Hast du etwas gemacht?«, habe die Kollegin am nächsten Tag gefragt. Die Schmerzen seien weg. »Man kann es selber

gar nicht verstehen«, sagt Wolters, vielleicht habe sie Kunda-
lini-Energie oder so etwas. Ihr Patientenkreis wächst. Dem
Bekannten einer Freundin, der wegen seiner Rückenschmerzen schon viele Ärzte aufgesucht hat, legt sie die Hand auf.
Und eine Mutter, mit der sie auf der Arbeit ins Gespräch
kam, hat ihr das Foto ihrer kranken Tochter gegeben.
Abends hält Wolters das Bild in den Händen und schickt
Energie. Sie weiß nicht, was die Kleine hat, aber vielleicht
hilft es trotzdem. Wenn sie in ein paar Jahren in Rente geht,
möchte sie als Heilerin arbeiten.

Es geht um mehr als nur ein paar Spinner

Bezeichnend für die Esoterisierung der Gesellschaft ist weniger die Verwandlung von Maria Wolters als die Reaktion
ihres Umfelds: Maria hört Stimmen? Früher hätte man sie
zum Psychologen geschickt. Heute lässt man sich von ihr
behandeln.

Im Vortragssaal 1 des Congress Centrums haben sich
rund 50 Frauen und ein paar Männer eingefunden, vorne
sitzt ein Mann mit Pferdeschwanz und lila gestreiftem Hemd
auf einer Tischkante. Gerold Voß lächelt. Er bezeichnet sich
als Medium und wird hier gleich zu einem aufgestiegenen
Meister channeln. Channeling gehört seit der New-Age-Bewegung in den 1970er-Jahren zum Repertoire esoterischer
Praktiken. Dabei spielt der Vortragende den Mitteilungs-
kanal eines überirdischen Wesens. Maria Wolters will den
Geist etwas fragen. Sie setzt sich in eine der hinteren Stuhl-
reihen.

Nach einer kurzen Begrüßung beginnt Gerold Voß in
monotonem Tonfall zu sprechen, er empfängt jetzt die Botschaft von Sanat Kumara, einem theosophisch-hinduis-

tischen Geistwesen. Er spricht von der Liebe, die durch das Universum strömt und von der Neuen Welt, die bald alle miteinander verbinde:

»Es ist ein Keim des Neuanfangs, der jetzt entsteht. Ihr werdet unterstützt aus der geistigen Welt, wann immer ihr es wollt. Nichts wird euch fehlen, wenn ihr die innere Anbindung über eure Seele an die höhere Welt habt. Es wird ein inneres Freudenfest sein, wenn ihr euch verbunden habt. Ihr werdet dann alle Kraft haben, die ihr braucht, um tatsächlich auch den Teil umzusetzen, für den ihr hier auf diese Erde gekommen seid. Die Wandelzeiten werden aus der planetarischen Ebene unterstützt. Die Erde verändert sich, die Sonne gibt andere Impulse zur Erde. Und aus dem Zentralgestirn kommen Impulse, die die Sonne aufnimmt und weitergibt. Ihr werdet tatsächlich Veränderungen erleben, die über die magnetischen Veränderungen dieser Erde hinausgehen und sich bis in eure Körper ausdrücken werden. Euer Bewusstsein wird erhoben und ihr werdet ein Bewusstsein haben, in dem ihr tatsächlich auf einer geistigen Ebene wisst und nicht nur an sie glauben müsst. Ihr werdet tatsächlich ein Wissen, ein inneres Wissen erlangen, dass euch erheben wird aus den Tiefen des materiellen Denkens und des Egobewusstseins heraus. Ihr seid tatsächlich an der Schwelle der neuen Zeit. Und ihr werdet diese Schwelle überwinden und die Erde neu gestalten. Handeln auf der Erde, handeln in der materiellen Welt, das habt ihr euch vorgenommen. Deshalb seid ihr hier.«

Was bedeutet das? Der zu entkräftende Verdacht ist, dass es nichts bedeutet. Es sind nichts als wohlklingende Worte. Auf die Frage, worin jene Impulse und Kontakte bestehen, von denen Voß fabuliert, antworten Esoteriker normalerweise: Entweder man spürt es, oder man spürt es nicht. So immunisieren sie ihre Welterklärungen gegen Kritik. Die Esoterik erhebt zwar den Anspruch auf einen direkten Zugang zur Wahrheit, sie entzieht sich aber der Überprüfung. Ihre Lehren sind nicht durch naturwissenschaftliche Erkenntnisse gedeckt, diese Feststellung ist fast schon banal. Ihren Anhängern ist das nicht so wichtig. Sie legitimieren ihr Geheimwissen allenfalls nebenbei durch ein wenig naturwissenschaftliches Namedropping, vor allem aber durch den Hinweis, dass dieses Wissen aus den tiefsten Quellen der Menschheit stamme. So gründete die Mutter der modernen westlichen Esoterik, die Deutsch-Russin Helena Petrovna Blavatsky (1831–1891), ihre Lehren auf das indische und tibetische »Urweistum«.

Die größte Bedrohung für das Esoterik-Business sind daher Historiker und Sprachwissenschaftler, die der Herkunft des esoterischen Denkens nachgehen. Sie haben gezeigt, dass ein Großteil dieses angeblich uralten Wissens – vermeintliche Urschriften der Esoterik oder gechannelte Botschaften aus dem Jenseits – in Wirklichkeit aus dem intellektuellen Fundus der jeweiligen Zeitgenossen stammt. Der Esoterik-Forscher und Historiker Wouter J. Hanegraaff von der Universität Amsterdam, der esoterischen Strömungen insgesamt sehr offen gegenübersteht, schreibt: »Historische Kritik ist potenziell gefährlicher für esoterische Überzeugungen als alles andere, viel mehr jedenfalls als Kritik der Naturwissenschaften.« Daher versuchen Esoteriker, ihre Ursprungsmythen zu schützen, indem sie allzu Neugierige diskreditieren. »Kritische Fragen zu den historischen und textlichen Grundlagen ihrer Weisheiten werden selten akzeptiert«, hat Hanegraaff beobachtet. »Fragen in diese Richtung werden schnell als Zeichen spiritueller Unreife abgewimmelt.«

Nach einer halben Stunde wechselt Gerold Voß den Kanal und channelt zu Saint Germain, einem eher praktisch orientierten Geist; er bittet um Fragen. Maria Wolters meldet sich.

Sie sagt: »Wenn man eine Gabe spürt, anderen Menschen zu helfen und zu heilen, wenn man plötzlich Energien im ganzen Körper spürt, bis in den kleinsten Finger, wie soll man damit umgehen?« Voß lächelt. Dann sagt er oder der Geist, so richtig lässt sich das nicht mehr unterscheiden: »Herzlichen Glückwunsch. Und willkommen im Club.«

Was ist falsch daran, wenn ein Wanderprediger wie Voß von der Lüneburger Heide bis nach Südtirol Channeling-Sitzungen abhält und seine Zuhörerinnen und Zuhörer mit Sanat Kumara in Kontakt bringt? Zehn Euro pro Person für ein zweieinhalbstündiges Gruppenseminar sind doch keine Abzocke, und wer unbedingt eine einstündige Privatsitzung braucht, zahlt 80 Euro plus 10 Euro für die mp3-Datei auf CD, so viel kostet auch ein Klempner. Katholiken glauben, dass sich Oblaten während der Eucharistie in das Fleisch Jesu verwandeln, und sie müssen neun Prozent ihrer Lohnsteuer der Kirche überlassen. Buddhisten glauben an die Wiedergeburt. Warum soll man nicht an Sanat Kumara glauben dürfen?

Ist es falsch, wenn Menschen nach einem Sinn im Leben suchen? Ist es falsch, wenn sie zum Heiler gehen, um wieder gesund zu werden, oder einen Wasserverwirbler kaufen, um das Trinkwasser zu energetisieren, was immer das heißen mag? Oder wenn sie bei einem Internetportal für esoterische Lebenshilfe anrufen? Die Naturwissenschaft kann nicht alles erklären, vielleicht ist an den magischen und okkulten Praktiken ja doch etwas dran.

Zuerst das Positive: Esoterische Strömungen haben die europäische Kultur in den vergangenen 2000 Jahren immer wieder bereichert und auf dem Weg in die Moderne vorangebracht. So sieht es jedenfalls der Historiker Hanegraaff, der sich im obersten Stock seines Amsterdamer Reihenhauses ein Studierzimmer mit Wänden voller Bücher eingerichtet hat, von Platon bis zu New-Age-Literatur. Zur

Bibliotheca Philosophica Hermetica, einer der wichtigsten Sammlungen esoterischer Schriften weltweit, fährt er zehn Minuten mit dem Fahrrad. Die deutschen Intellektuellen, sagt er, reagierten mit einem Beißreflex auf alles Esoterische, weil sie das Okkulte und Irrationale mit dem Faschismus in Verbindung brächten. Stattdessen sängen sie bei jeder Gelegenheit das Hohelied der Aufklärung und schlügen Alarm, wenn sie irgendwo den Irrationalismus auf dem Vormarsch sähen. Natürlich müsse man die Verflechtungen von Esoterik und Politik analysieren, sagt Hanegraaff, aber die Anti-Esoterik-Haltung deutscher Religionswissenschaftler und Journalisten findet er paranoid.

Gewiss gibt es aufrichtige und sympathische Esoterik-Anhänger. Sie gehen manchmal achtsamer durchs Leben als andere, die mit Spiritualität nichts am Hut haben. Esoteriker können tolerant und einfühlsam sein. Außerdem trägt fast jeder von uns Ansichten mit sich herum, die andere als esoterisch bezeichnen würden. Die eine legt zu Prüfungen immer dieselbe Kette an, weil sie angeblich Glück bringt. Der andere schwört, dass er bei Vollmond schlechter schläft. Es ist keineswegs alles falsch und nicht alles Humbug, was Esoteriker sagen.

Bedenklich wird es, wenn Esoterik in sektenähnlichen Gruppen organisiert wird, die ihre Mitglieder manipulieren und abhängig machen. Oder wenn Esoterik-Anbieter aus eigensüchtigen Motiven die Not ihrer Klientel ausnutzen. Und dann ist da noch das weite Feld der Trivial-Esoterik, die unmerklich in den Alltag diffundiert und den Verstand vernebelt, sodass man irgendwann nicht mehr weiß, ob die Medizin, die einem der Apotheker empfiehlt, wirklich einen Nutzen hat oder nur ein pseudowissenschaftlich beworbenes Wässerchen ist. Diese Esoterik ist nicht falsch – weil sie sich nicht um wahr und falsch kümmert. Diese Esoteriker lügen nicht. Sie bluffen. Wer Esoterik als Wissenschaft verkauft, produziert heiße Luft. Das Geschäft mit der Esoterik ist daher ein Paradebeispiel für Bullshit.

Esoterischer Bullshit ist, wenn eine der größten Bäckereiketten Norddeutschlands damit wirbt, Brötchen mit energetisiertem Wasser zu backen. Energetisiertes Wasser ist Humbug. Oder wenn Sportler in Massen Armbänder mit Hologrammen kaufen, weil diese angeblich die Leistung steigern. Oder wenn Arbeitsämter mit Steuergeldern Astrologie-Kurse und Krankenkassen mit Versicherungsbeiträgen wirkungslose Therapien finanzieren. Aber wo fängt Esoterik an, und wo hört sie auf? Gehören Yoga und Achtsamkeitsmeditation, denen so viele positive Wirkungen bescheinigt werden, dazu? Und was ist mit Waldorfschulen? Homöopathie? Telepathie? Gibt es gute und böse Esoterik? Was bedeutet es für eine Gesellschaft, wenn esoterisches Denken zur Norm wird?

Der Esoterik-Club hat kein Mitgliederverzeichnis und keine Webseite, das macht die Angelegenheit etwas unübersichtlich. Im Gegensatz zu den Weltreligionen gibt es keine von allen anerkannte Esoterik-Bibel, und Esoteriker haben auch keinen Papst.

Immerhin gibt es zahlreiche Esoterik-Ein-/Auf- und Aussteiger, die davon berichten, wie ihnen die Esoterik genutzt oder geschadet hat. Außerdem etabliert sich seit einigen Jahren eine eigenständige Esoterikforschung. Anthropologen und Ethnologen untersuchen, welche Bedürfnisse der Esoterik-Boom befriedigt. Meinungsforscher fragen nach der Verbreitung esoterischer Ideen, Soziologen nach den Folgen für die Gesellschaft. Psychologen erkunden die Motive ihrer Anhänger. Historiker studieren die Traditionslinien esoterischer Religiosität von der Antike bis zum New Age. Sie alle können dabei helfen, die Sinne für esoterischen Humbug zu schärfen. Und mehr Gelassenheit im Umgang mit Esoterik zu vermitteln.

Eine kurze Geschichte der Esoterik

Esoteriker können sich auf eine lange Tradition berufen, auch wenn geistesverwandte Strömungen lange nicht das Etikett »esoterisch« trugen. In der Philosophenschule des Aristoteles waren die Lehren der esoterischen Schriften (griech. *esôterikós*, »innerlich«) ursprünglich nur einem inneren Zirkel zugänglich (im Gegensatz zum öffentlich verfügbaren, exoterischen Wissen). Später war »esoterisch« ein Synonym für alles Okkulte (lat. *occultus*, »verborgen«) und Magische, inklusive Alchemie und Astrologie, übersinnliche Fähigkeiten und übernatürliche Kräfte. Das Substantiv »Esoterik« taucht erstmals 1792 im deutschen Sprachraum auf, dann 1828 als l'*ésotérisme* in einem französischen Geschichtsbuch über die religiöse Strömung der Gnostik, und 1883 ist es erstmals im Englischen nachweisbar.

Eine der frühesten Lehren okkulten Wissens ist die Hermetik. Sie basiert unter anderem auf dem *Corpus Hermeticum*, den sogenannten hermetischen Schriften. Es handelt sich um 17 griechische Traktate, die vermutlich im 3. Jahrhundert n. Chr. verfasst wurden. Antike Geschichtsschreiber schrieben sie dem Gott Hermes Trismegistos zu (der »dreimalgrößte Hermes«), daher der Name Hermetik. Die Handschriften wurden in der Renaissance wiederentdeckt und fanden weite Verbreitung. Außerdem zählen zwölf auf Smaragd-Tafeln überlieferte Weisheiten zur Hermetik, darunter die folgende: »Siehe, das Oberste kommt vom Untersten, und das Unterste vom Obersten; ein Werk der Wunder von einem Einzigen.« Die hermetischen Schriften gelten als Grundlage der Alchemie. Die Hermetik deckte »praktisch das gesamte frühe magisch-alchemistisch-astrologische, aber auch naturphilosophische Wissen des hellenistischen Ägypten« ab, urteilt der Religionswissenschaftler Kocku von

Stuckrad. Noch heute begegnet man ihren Grundgedanken in esoterischen Seminaren und Büchern.

Die Hermetik lehrt, dass Gott sich den Menschen offenbart und der Mensch ins Gottesreich aufsteigen kann. Kein Wunder, dass auch die Christen daran Gefallen fanden. Sie verewigten Hermes Trismegistos in einem Fußbodenmosaik im Dom von Siena, wie er einem Mann mit Turban ein Buch reicht. Allerdings unterscheidet sich die Hermetik von der christlichen Lehre in einigen Kernpunkten. Der Mensch wird nicht durch einen Gnadenakt Gottes erlöst, sondern das Göttliche ist schon in ihm angelegt: Seine Seele ist durch die himmlischen Sphären abgestiegen und auf der Erde in einem materiellen Körper wiedergeboren worden (diese Vorstellung geht unter anderem auf Platon zurück). Ein göttlicher Funke glimmt noch in ihm. Wenn er diesen Zustand erkennt und sich tugendhaft verhält, kann er die Fesseln der Materie wieder abstreifen und abermals ins Lichtreich aufsteigen. Dafür allerdings muss man in sich selbst gehen, nicht in die Kirche. Anders als im Christentum, wo die menschliche Seele in Gottes Reich aufgenommen wird wie ein Besucher, kommt es in der Hermetik am Ende zur Verschmelzung der Menschenseele mit dem Göttlichen. »Dies ist das selige Ziel für die, die Erkenntnis erlangt haben: vergöttlicht zu werden«, schreibt Hermes Trismegistos.

Wenn Esoterik-Anbieter ihre Hausaufgaben in Esoterik-Geschichte gemacht haben, dann sollte ihre Erlösungslehre so ähnlich klingen. Das ist aber noch nicht alles. Auch die Grundzüge von Astrologie, Alchemie und Magie sind bereits in der Hermetik angelegt, beispielsweise das Denken in Analogien und Entsprechungen, das auch die moderne Esoterik auszeichnet. Alle Elemente des Universums, wie Sterne, Planeten, Pflanzen, Menschen, Tiere, sind demnach symbolisch miteinander verbunden. »Wie oben, so unten« lautet die entsprechende Kurzformel. Das Geschehen im Kosmos spiegelt sich in der eigenen Person ebenso wider wie in der Gesellschaft und im Tier- und Pflanzenreich. Es funktioniert wie ein Hologramm: In jedem Teil des Bildes sind alle Informationen über das Gesamtbild enthalten. Deshalb korrespondieren beispielsweise Stern- und Planetenkonstellationen mit dem persönlichen Schicksal. Und deshalb kann man, ohne vor die Tür zu gehen, das Göttliche erkennen: allein durch Innenschau, Intuition, Meditation und Mediation, also durch die Vermittlung von Engeln, Meistern, Medien und Geistwesen.

Mit der Entstehung der modernen Wissenschaft nach dem Mittelalter gerieten okkultistische Methoden ins Hintertreffen. Die Natur ließ sich nun plötzlich mithilfe der Mathematik besser erklären als durch Seelenschau, auch wenn die neue Naturforschung Ideen und Weltdeutungen lieferte, die sich hervorragend für Spekulationen ausbeuten ließen.

»Überschneidungen zwischen Esoterik und Naturwissenschaft hat es immer dann gegeben, wenn es um holistische Entwürfe von Natur und Kosmos ging sowie um letztlich pantheistische oder auch animistische Beschreibungen der Natur als eines lebendigen Wesens«, sagt der Esoterik-Historiker Kocku von Stuckrad. Die Naturforscher konnten damit allerdings immer weniger anfangen. Sie beschrieben das Universum als Maschine. Die Zukunft sei durch die Bewegung und Kräfte der Atome bis in alle Ewigkeit vorherbestimmt, schrieb Pierre-Simon Laplace zu Beginn des 19. Jahrhunderts. Dies war das Paradigma des Determinismus. Der Philosoph Auguste Comte schwärmte von einer wissenschaftlich begründeten Gesellschaftsordnung: dem Positivismus. Die Welt wurde entzaubert. Wer sie verstehen wollte, musste sie beobachten, experimentell erforschen, mathematisch berechnen. Der Positivismus war empirisch, mechanistisch, deterministisch, materialistisch, reduktionistisch – und wurde zum Feindbild esoterischer Zirkel. Forscher mussten sich immer mehr spezialisieren, um die einzelnen Teile der Maschine zu verstehen.

Esoteriker verdammen nicht die Wissenschaft an sich. Sie neigen aber zum Spekulieren. Sie produzieren Erkenntnis nicht durch Experimente, sondern durch Eingebung. Sie postulieren verborgene Lebenskräfte, Energieströme, verstopfte Kanäle oder ätherähnliche Substanzen. Sie huldigen dem Vitalismus, der in der Natur nach dem Prinzip des Lebendigen, der Seele sucht. Parallel zum Aufstieg der Naturwissenschaften suchte die Esoterik nach einem Hohepriester, der sie in die Moderne führte. Dies war die Stunde der Helena Petrovna Blavatsky, die später als »Stammmutter der Esoterik« und »Sphinx des 19. Jahrhunderts« bezeichnet wurde. Blavatsky, oft auch nur HPB genannt, schuf das erste esoterische Glaubenssystem der Neuzeit. Sie schrieb so etwas wie eine Esoterikbibel – *Die Geheimlehre* – und gründete die Theosophische Gesellschaft, die zum Vorbild vieler Sekten und magischer Orden wurde.

Bis heute existieren weltweit mehrere verfeindete Theosophische Vereine, die unter anderem gegen Organspenden mobil machen, weil diese die Wiedergeburt störten. Blavatskys Ideen sind vor allem durch Rudolf Steiner präsent, den Begründer der Anthroposophie, der mehrere Jahre lang die deutsche Sektion der Theosophischen Gesellschaft leitete. Diese müsse man, schreibt der Esoterik-Forscher Kocku von Stuckrad, »als den wichtigsten ›Durchlauferhitzer‹ esoterischer Diskurse ins zwanzigste Jahrhundert bezeichnen«. Sie öffnete die westliche Esoterik der fernöstlichen Religiosität.

1831 als Tochter einer Schriftstellerin und eines Obersten der zaristischen Armee in der Ukraine geboren und bei ihren adligen Großeltern aufgewachsen, hielt es Blavatsky nicht lange in der Heimat aus. Mit 18 heiratete sie den mehr als doppelt so alten Vizegouverneur von Eriwan, den sie jedoch

99

schnell wieder verließ, um die Welt zu bereisen. Die folgenden zwei Jahrzehnte beschrieb sie später als esoterische Lehr- und Wanderjahre. In Indien lernte sie die Reinkarnationslehre und das Karma-Konzept kennen. In tibetischen Klöstern will sie geheime Dokumente gesehen haben – ob sie wirklich in Tibet war, ist umstritten –, in London traf sie ihren Meister, der ihr schon während ihrer Kindheit in ihren Träumen erschienen sein soll. Später kamen andere Meister dazu, deren Botschaften sie als Medium überbrachte. In Frankreich studierte sie den Mesmerismus, in Russland hielt sie spiritistische Sitzungen ab. Im Juli 1875, zwei Jahre nach ihrer Ankunft in New York, schrieb HPB in ihr Notizbuch: »Weisung direkt aus Indien erhalten, eine philosophisch-religiöse Gesellschaft zu gründen und einen Namen für sie auszusuchen.«

Am 7. September 1875 war es soweit. 17 Personen versammelten sich in ihrem Wohnzimmer am Irving Place 46, um die Theosophische Gesellschaft zu gründen. Der Name soll auf einer der ersten Sitzungen durch eher wahlloses Blättern in einem Lexikon entstanden sein, was den Erfolg des Projekts jedoch nicht minderte. Der Tag gilt heute als Geburtsdatum der modernen Esoterik.

Mit ihrem Bestseller *Die entschleierte Isis* (bis heute wurden etwa eine halbe Million Exemplare verkauft) und später der *Geheimlehre* schuf Blavatsky das Gründungsmanifest der Bewegung. Ihre Werke seien ihr aus dem Jenseits diktiert worden, erklärte sie. Historiker finden darin allerdings wenig, was sie nicht aus der damaligen Literatur hätte zusammenstellen können. Unverkennbar sind die Parallelen der »Geheimlehre« zur Hermetik. Band I, »Die Kosmogenesis«, skizziert eine Schöpfungsgeschichte, der zufolge die Erde sieben Entwicklungsstufen durchlaufe, vom Spirituellen zur Materie und wieder zurück. Mehr als den halben Weg hätten wir bereits zurückgelegt: »Wir haben die aufsteigende Runde abgeschlossen und kehren nun zur Gottheit zurück, sowohl die Welt an sich als auch die Menschheit, die sie bevölkert.« Band II, »Die Anthropogenesis«, erzählt eine Evolutionsgeschichte der Menschheit, der zufolge die Menschen »in einer zyklischen Pilgerschaft« sieben Stadien sogenannter »Wurzelrassen« durchlaufen würden, aus denen wiederum nach kosmischem Plan unterschiedliche »Unterrassen« hervorgingen. Die ersten Menschen seien »ätherisch-astrale« Wesen gewesen, vereint mit Gott in einem spirituellen Urzustand. Dann habe sich die Menschheit schrittweise materialisiert, männlich und weiblich seien getrennt worden, »bis ein bestimmter Tiefpunkt der Erniedrigung erreicht wurde«. Inzwischen sei die fünfte Stufe erreicht, die »arische Wurzelrasse«, und die Rückkehr ins Lichtreich stehe bevor.

Blavatskys Menschheitsgeschichte sei geprägt von antisemitischen und rassistischen Klischees, sagt die Esoterik-Forscherin Claudia Barth, Weiße würden als Vertreter höherentwickelter Menschheitsstufen dargestellt. Die Blavatsky-Biografin Ursula Keller findet solche Kritik ahistorisch. Zentraler Gedanke der Theosophie sei vielmehr die Bildung einer Menschengemeinschaft ohne Ansehen von Herkunft, Glaube, Geschlecht oder Hautfarbe. Sicher ist, dass die theosophische Schöpfungsgeschichte mit germanisch-völkischen Mythen zu einer braunen Esoterik verschmolz. Der österreichische Schriftsteller Guido List zum Beispiel vermengte sie um 1900 zu einer quasireligiösen Ideologie, deren Leitmotiv die Reinheit der Rasse war. Die Nationalsozialisten waren begeistert. Sie pflegten okkultistische und esoterische Ideen und Rituale und übernahmen die S-Runen aus Lists Phantasie-Alphabet als Abzeichen der SS. Dass das Symbol bei germanischen Stämmen für Sonne und nicht für Sieg stand, musste ja keiner wissen. Bis heute sind völkische Esoterik und Runenzauber die Religion der Rechtsextremen.

Die breite Masse hatte nach dem Zweiten Weltkrieg eine Verschnaufpause. Erst Ende der 1960er- und Anfang der 1970er-Jahre meldete sich die Esoterik kraftvoll zurück: als »New Age«. Im Musical *Hair* wurde das »Age of Aquarius« besungen, das »Zeitalter des Wassermanns«. Amerikanische Autoren wie David Spangler, Marylin Ferguson und Fritjof Capra prophezeiten in ihren Bestsellern eine von Liebe, Harmonie und Verbundenheit geprägte Epoche. »Zwar wusste niemand so recht, was man sich darunter vorzustellen habe«, sagt Kocku von Stuckrad, »doch viele Menschen waren von der Idee fasziniert, dass sich die Erde in einem Transformationsprozess befinde, der schon bald ein neues Bewusstsein der Menschen hervorbringen würde.«

Schon mehrmals in der Geschichte der Menschheit hatte die rationalistische Weltsicht Gegenbewegungen provoziert: Um 1800 propagierte Friedrich Schelling an der Universität Jena und in seiner *Zeitschrift für spekulative Physik* die Naturphilosophie eines belebten Kosmos, inklusive Weltseele. Er inspirierte damit die deutsche Romantik, die dem technisch-rationalen Blick auf die Welt einen sinnlich-ästhetischen Entwurf entgegensetzte. Ähnliches passierte knapp hundert Jahre später in der Lebensreformbewegung, die eine neue Naturverbundenheit predigte. Ihre Anhänger entwarfen Reformkleidung für Frauen (Hosenkostüme und korsettlose Mode) und bauten Kneipp-Becken, sie praktizierten Yoga und badeten gerne nackt. Beide Bewegungen, Romantik und Lebensreform, hielten zwar einige Intellektuelle auf Trab, flauten aber bald wieder ab. New Age dagegen »setzte einen dauerhaften kulturellen Wandel in Gang«, behaupten die Kulturwissenschaftler Franz Höllinger und Thomas Tripold, die sich auf holistische Strömungen spezialisiert haben. Der Holismus der Hippies war ansteckend.

Die Ideen des New Age gelangten in den Mainstream. Psychotherapeuten begannen sich für Yoga und ganzheitliche Praktiken zu interessieren. Die Grünen in den 1980er-Jahren verkörperten New Age als Politik. Homöopathie war New Age für den Körper, Selbsterfahrung New Age für den Geist, Channeling New Age für die Seele, LSD New Age als Droge.

New Age wurde aber auch zunehmend kommerzialisiert, schließlich konnte nicht jeder Prophet von den Tantiemen seiner Bücher leben. Esoterik war nun eine Dienstleistung. Man konnte gegen Bezahlung alle möglichen Selbsterfahrungstechniken erlernen. Channeling lief im Fernsehen. Die Vordenker von einst distanzierten sich von diesem Trend. Heute ist New Age oft ein Schimpfwort. Man solle lieber von moderner Esoterik sprechen, schlägt Kocku von Stuckrad vor.

Die Esoterik-Kunden

Die moderne Esoterik gleicht heute einem Supermarkt, in dem sowohl die Kunden als auch die Anbieter nach Belieben zugreifen. In der Abteilung für Spirituelles stößt man auf den Fundus der Weltreligionen: Engel, Heilige, Geister und Götter, außerdem auf die Astrologie und auf die Anthroposophie Rudolf Steiners. In der Abteilung für Pseudowissenschaft gibt es Felder, Energien, Kristalle und Quanten, beworben mit dem autoritätsstiftenden Vokabular der Naturwissenschaft. An der Theke für Paranormales: Tarotkarten, Telekinese, Levitation, verbogene Gabeln, Wünschelruten. In den Regalen für Heilmethoden: anthroposophische Medizin, homöopathische Globuli, Akupunktur, Traditionelle Chinesische Medizin, Chiropraktik. In der Ramsch-Ecke: Apparate zur Vitalisierung von Wasser, Anti-Elektrosmog-Technik, Magnetschmuck zum Ausbalancieren von Körperenergien. Alles versehen mit dem Etikett »Neu! Ganzheitlich! Spirituell!«– so zeitgemäß und marktgerecht tritt sie auf, die neue Esoterik.

Was aber suchen Menschen in diesem Supermarkt, das sie anderswo nicht finden? Die Zahlen zur Verbreitung der Esoterik geben darüber keine Auskunft. Man muss die Kunden befragen. Die Religionspsychologin Claudia Barth hat das getan. Auf Esoterikmessen und im Bekanntenkreis suchte sie nach esoterisch interessierten Männern und Frauen. Aus ihren Interviews wurde eine Doktorarbeit, die tiefe Einblicke in das esoterische Paralleluniversum bietet.

Da ist die 48-jährige Vertriebsleiterin Elektra aus einer süddeutschen Großstadt. Sie war ins obere Management ihrer Firma aufgestiegen, hatte aber vergebens um einen Posten im Vorstand gekämpft. Sie war frustriert – und wendete sich der Esoterik zu. Sie besuchte Seminare des oberbayerischen Zentrums für Individual- und Sozialtherapie, einem Treffpunkt der esoterischen Psychoszene. Außerdem nahm sie an Channeling-Sitzungen und an einer Geisteraustreibung sowie an einem Kurs in »Komtemplativer Kommunikation« teil. Schließlich fand sie eine Erklärung für das, was sie als Scheitern im Beruf erlebt hatte. »Sie war überzeugt, sie habe im Mittelalter als weises Kräuterweib gelebt und sei wegen ihres naturheilkundlichen Wissens von der Inquisition umgebracht worden«, sagt Claudia Barth. »Ihr Schluss war nun, dass sie immer, wenn sie kurz davor sei, groß herauszukommen, Angst habe, wieder verfolgt zu werden, wenn sie ihr ganzes Wissen, ihr ganzes Können zeige. Aus diesem Grunde ziehe sie sich intuitiv zurück.« Die Esoterik bot Elektra nicht nur eine Erklärung. Sie half ihr auch, die Situation anzunehmen, ohne dabei mit der Firma in Konflikt zu geraten. Die Managerin »hatte für sich selbst eine logische Erklärung für ihr Scheitern gefunden, an dem sie vielleicht sonst verzweifelt wäre. Und sie sah auch einen scheinbaren Ausweg: Sie musste ihren inneren Komplex auflösen, sich auf sich selbst konzentrieren und es noch einmal versuchen.«

Das ist der Unterschied zu den psychologischen Mechanismen, die bei Mitgliedern einer geschlossenen Sekte am Werke sind: Sekten lösen das Gefühl von Entfremdung auf, indem sie das Selbstbewusstsein vernichten. Die Seele wird vergemeinschaftet, das Ich geht in der Gruppe auf. Man ordnet sich dem Sektenführer unter und reiht sich in die Hierarchie ein. In der Individual-Esoterik dagegen begegnet man dem Gefühl der Entfremdung mit Wiedergeburts-, Karma- und Erlösungsphantasien. Man ändert seine persönliche Sicht auf die Dinge und bleibt Einzelkämpfer. »Aus dieser versuchten Verteidigung der Subjektivität rührt das Selbstbild des Revoluzzers, das esoterische Menschen immer wieder gerne von sich zeichnen«, schreibt Barth in ihrer Doktorarbeit.

Warum wählen so viel mehr Frauen als Männer diesen Weg? Dieses Rätsel bezeichnen Sozialforscher als das »New Age Gender Puzzle«. Sie geben darauf unterschiedliche Antworten: Die Rolle der Frauen in der Gesellschaft ändere sich stärker als die der Männer. Wegen der daraus resultierenden Belastung seien Frauen empfänglicher für esoterische Hilfe zur Selbstverwirklichung. Trotz des Rollenwandels, so eine andere These, sorgten sich Frauen nach wie vor stärker als Männer um Gesundheit, soziale Beziehungen und religiöse Dinge, um Bereiche also, die von der Esoterik bedient werden. Außerdem, so argumentieren die Esoterik-Forscher Franz Höllinger und Thomas Tripold, stünden Männer seit Jahrtausenden in der Hauptverantwortung für Produktion und technologische Entwicklung. Sie hätten dadurch stärker das Gefühl, den Lauf der Dinge dauerhaft steuern und kontrollieren zu können. »Auf Grund ihres rationaleren Zugangs zur Welt sind Männer daher weniger empfänglich für religiöse, magische und sonstige holistische Welterklärungen und Praktiken, die davon ausgehen, dass unser Leben von Kräften bestimmt ist, die wir nur zum Teil beeinflussen können.«

All das klingt plausibel, erklärt aber noch nicht, warum eine gebildete Abteilungsleiterin sich einreden lässt, früher als Hexe gelebt zu haben.

Außenstehende und Angehörige müssen oft hilflos miterleben, wie ihre Freunde oder Partner sich ein esoterisches Weltbild aufbauen. Hier zeigen sich die Gemeinsamkeiten von Sekten und Esoterik: Beide beherrschen die Kunst der Manipulation, manche bis hin zur Gehirnwäsche. Scientology beispielsweise verkabelt Anhänger mit dem pseudowissenschaftlichen »E-Meter«, einem Gerät zur Messung des Hautwiderstands, das angeblich Lügen erkennt. In sogenannten Auditings werden Einsteiger an das »E-Meter« angeschlossen und so lange suggestiv befragt, bis sie die Schöpfungsphantasie des Sektengründers und einstigen Science-Fiction-Autors L. Ron Hubbard nachbeten: Die Menschen wohnten einst in einer anderen Galaxie auf überbevölkerten Planeten. Dort seien sie von dem Herrscher Xenu eingefroren, in Raumschiffe verladen und dann zum Gefangenenplaneten Erde transportiert worden, wo man sie am Fuß von Vulkanen abgelegt und diese mit Wasserstoffbomben in die Luft gejagt habe.

Wie kann man einen solchen Science-Fiction-Bullshit ernst nehmen? »Manchen Leuten passiert das schon in der ersten Sitzung«, sagte der Pulitzer-Preisträger Lawrence Wright dem *Spiegel*. »Du glaubst auf einmal, du hast schon einmal gelebt – und Scientology hat geholfen, bei dir diese Erinnerung wachzurufen. Oft haben Menschen dabei die Erfahrung, dass sie ihren Körper verlassen und ihre Seele im Raum herumguckt oder auch auf einen anderen Planeten geht. Das ist wie ein Drogentrip, so mächtig, dass die Kritik an Scientology abprallt.« In seinem Buch *Im Gefängnis des*

Glaubens. Scientology, Hollywood und die Innenansicht einer modernen Kirche (München 2013) beschreibt Wright am Beispiel von Scientology, welche Macht der Glaube über die Psyche und unser Verhalten hat. Es sei »erschreckend leicht, Menschen falsche Erinnerungen einzupflanzen, die sie dann für real halten«. Die Anhänger der Sekte seien »Leute, die spirituelle Antworten suchen und sie in anderen Religionen nicht gefunden haben, Menschen mit persönlichen Problemen«.

Das Verhalten von Sekten- und Esoterikanhängern kennen Psychologen als »Coping«-Mechanismus (engl. *to cope*, »schaffen«, »zurechtkommen«, »bewältigen«): Die Betroffenen entwickeln mentale Strategien, um mit den Widersprüchen und Krisen in ihrem Leben klarzukommen. Sie bewältigen belastende Situationen, indem sie diese neu bewerten oder umdeuten. Religiosität ist eine solche Strategie: Elektra sieht sich heute als wiedergeborenes Kräuterweib.

Warum nicht, könnte man meinen, wenn es Esoterikern dadurch besser geht. Schließlich nutzen auch Psychotherapeuten »Coping«-Methoden, um ihren Patienten zu helfen. Die esoterische Lebenshilfe hat aber einen hohen Preis: Realitätsverleugnung und Selbsttäuschung. Die Welt erscheint nun etwa durch den Filter der Karma-Theorie, der zufolge schlechte und gute Taten sich im Karma niederschlagen und nach der Wiedergeburt wieder auf einen zurückkommen. Esoteriker begehren nicht auf, sie passen sich an. »So nah das eigene Karma ist, so fern ist das der anderen«, schreibt Claudia Barth. »Jeder muss mit seinen gestellten Aufgaben allein zurechtkommen.« Es komme zu einer völligen Entsolidarisierung. Gesellschaftliche Missstände »werden individualisiert, als persönliches Schicksal aufgefasst«.

Deshalb ist die Esoterik so affirmativ. Bei allem Gerede von einer neuen Weltordnung sucht sie keine Emanzipation und keinen Umsturz bestehender Verhältnisse. Esoteriker wollen zwar die Gesellschaft verändern, aber sie gründen dafür keine Bürgerinitiative. Sie gehen nicht auf die Barrikaden, sie gehen in sich selbst. Sie hoffen auf eine stille spirituelle Revolution. Wenn genügend Menschen dabei mitmachen, dann wird daraus vielleicht mal etwas Großes.

»Elektra hätte auf den Gedanken kommen können, ihre Opfererfahrung nicht zu spiritualisieren und mit sich selbst auszumachen«, sagt Claudia Barth, »sondern mit jenen Chefs, die ihr eine ›Falle‹ gebaut haben.« Doch die realen Arbeitsverhältnisse zu verändern, sei keine Option. Esoteriker »ziehen den Weg der Selbstoptimierung vor«.

Das Karma-Business

Zur Esoterik gehören nicht nur Suchende wie Elektra und Maria Wolters, sondern auch die Erleuchteten. Die esoterischen Lebensberater. Die Verkäufer. Tausende von ihnen bieten hierzulande ihre Dienste an. Wie schaffen sie es, ihre Kunden umzupolen? Auf welche psychologischen Tricks verstehen sie sich? Und sind sie gefährlich?

Der Guru ist eine Frau, eher klein, sie sitzt im Seminarraum auf einem Tisch, so kann man sie besser sehen. Sie heißt Sabine Müller und arbeitet, so sagt sie, mit Diamant-Einhorn-Energie. Sie bietet auch Jenseitskontakte an sowie Channeling, Wohnungsreinigungen mit hoch schwingenden Kristallen, Lesen aus der Hand, der Aura, den Chakren oder dem Kaffeesatz. Außerdem hat sie Rückenbegradigungen, Familienaufstellungen und Hellseherkurse im Programm. Fast jedes Wochenende gibt Müller irgendwo in Deutschland ein Seminar. In München besitzt sie den Esoterikladen »Pegasus«.

Nun also ein kostenloser Schnupperkurs. 25 Männer und Frauen wollen miterleben, wie Müller Schmerzen auflöst.

Viele Jahre habe sie als Notariatsfachangestellte gearbeitet, erklärt sie dem Publikum, heute empfange sie Botschaften von der »Lichtmeisterin Xendradine«. Sie öffnet die Arme und schließt die Augen, ihr Tonfall wird melodiös: »Ich bin Xendradine, Botschafterin des Glücks. Meine Lichtfrequenzen kommen aus der Urquelle allen Seins.« In jeder Ecke des Raums stehe nun ein unsichtbares Einhorn, das die »Lichtenergie« im Raum halte, erklärt Müller. Welcher der Anwesenden verspüre gerade Schmerzen? Fünf Frauen melden sich. Müller entscheidet sich, nach Rücksprache mit der »geistigen Welt«, für Tanja, blond, Bankkauffrau. Tanja nimmt vorne auf einem Stuhl Platz.

»Ich scanne dich jetzt ein«, sagt Sabine Müller und streicht mit der Hand durch die Luft. »Ich habe gespürt, dass dein rechter Fuß schwerer ist. Hast du was mit dem Fuß?« – »Nein«, sagt Tanja – »Mit Verstand funktioniert das nicht«, weist Müller sie zurecht. »Dein drittes Auge ist hier«, sie zeigt auf Tanjas Stirn, »aber blockiert! Du warst in einem früheren Leben Nonne. Du hast ein Metallkorsett hier«, sie zeigt auf Tanjas Brust, »und hier«, sie zeigt auf ihren Unterleib. Tanjas Freund guckt belustigt zur Seite. Tanja soll die Augen schließen.

Müller stellt sich mit ihrem Einhornstab vor Tanja hin und macht ruckartige Bewegungen, so als würde sie mit einem unsichtbaren Wesen ringen. Nach einer Weile darf die Bankkauffrau ihre Augen wieder öffnen. »Wie fühlt sich das an?« – »Besser.« Mission erfüllt.

Nach der Probestunde geht Sabine Müller zu ihrem Stand zurück. Was die kleinen Gummidrachen kosten, fragt eine Frau, sie brauche einen für ihren Sohn. Müller antwortet: »Das ist ein Wunscherfüllungsdrache, der energetisch aufgeladen ist, der kostet 125 Euro.« – »Uh«, sagt die Frau. – »Ist Ihr Sohn hellsichtig?«, fragt Müller. Die Frau holt das Portemonnaie aus der Jacke, zeigt ein Foto. »Ja, das würde passen«, behauptet die Handlungsreisende in Sachen Esoterik. Die beiden einigen sich auf einen Preis von 25 Euro. Messerabatt.

Viele Protagonisten der neuen Esoterik sind keine Gurus, sondern Dienstleister. Um das Jahr 2005 herum sei die Zahl der Anbieter sprunghaft angestiegen, hat die Okkultismus-Forscherin Doering-Manteuffel beobachtet. Ihre Erklärung: Viele Angestellte aus therapeutischen Berufen seien damals durch die Gesundheitsreform arbeitslos geworden, manche hätten sich als Geistheiler oder Heilpraktiker, andere als esoterische Lebensberater selbstständig gemacht. Aber auch Autodidakten wie Sabine Müller stiegen ins spirituelle Geschäft ein. Der Münchner Psychologe und Esoterikhasser Colin Goldner hält sie alle für Scharlatane. Dabei unterscheidet er zwei Gruppen: »Die einen sind überzeugt, im Besitz übernatürlicher Fähigkeiten zu sein. Die anderen wissen genau, dass sie nichts können. Die einen sind Fälle für die Psychiatrie, die anderen für den Staatsanwalt«, so Goldner in einer Talkshow.

Sabine Müller scheint zu denen zu gehören, die an ihre übernatürlichen Kräfte glauben. Oder sie blufft wirklich gut. Vielleicht haben wir es bei ihr auch mit jenem Phänomen zu tun, das der Philosoph Harry Frankfurt so beschreibt: »Wenn jemand sich exzessiv dem Bullshitten hingibt, also nur noch danach fragt, ob Behauptungen ihm in den Kram passen oder nicht, kann seine normale Wahrnehmung der Realität darunter leiden oder sogar verlorengehen.«

Ähnlich äußert sich der Philosoph Stephen Law in seiner Analyse mentaler Verführer. Schwarze Löcher des Geistes nennt Law jene Denkfallen, die uns für Bullshit anfällig machen. So wie Schwarze Löcher im Weltall jegliche Materie und sogar Lichtstrahlen anziehen, so lauern Schwarze Löcher, die unser Denken aufsaugen, auch in der »kulturellen Umgebung«. Dazu zählt Law unter anderem die Täuschungsmanöver von Esoterik-Anbietern.»Was die Anhänger von Astrologie, Feng Shui oder Christlicher Wissenschaft auszeichnet, ist der pseudowissenschaftliche Glanz, den sie ihren Grundüberzeugungen verleihen können. Sie kreieren die Illusion, dass das, was sie glauben, vernünftig ist, ohne zu merken, dass sie einer Täuschung aufsitzen. Meist bringen sie es nicht nur fertig, andere zum Narren zu halten, sondern auch sich selbst.«

Gerne würde man jetzt Gedanken lesen können. Glauben die Esoterik-Anbieter wirklich an das, was sie sagen? Zum Glück gibt es noch eine andere Quelle: Bianca Wagner arbeitete fünf Jahre lang als Kartenlegerin, Hellseherin und »Top-Beraterin« bei großen Internetportalen für esoterische Lebenshilfe. Dann stieg sie aus und verriet Insiderwissen: Ihr Buch *Ich geh jetzt in dein Karma rein. Die wunderbare Welt der Astro-Hotlines* (Köln 2013) ist eine Offenbarung ganz anderer Art.

Den Erstkontakt zur Esoterikszene hatte Wagner an einem Abend mit ihrer Freundin Anke, mit der sie sich seit Langem mal wieder zum Plaudern traf. Anke verscheuchte Geister mit Räucherstäbchen, gab Wagner »Edelsteinwasser« zu trinken und legte ihr die Karten. Dann schauten die beiden Frauen noch ein bisschen Astro-TV, und schon war Bianca mit dem Esoterikvirus infiziert: »Noch in der Nacht fasste ich den Entschluss, das Kartenlegen professionell zu erlernen.«

Sie besuchte einen eintägigen Kurs im Lenormand-Kartenlegen. Dass sie noch am selben Abend einer Freundin weissagte, deren verlorener Ring befände sich im eigenen Auto – symbolisiert durch die Schiffskarte –, wo er sich dann auch tatsächlich wiederfand, sprach sich im Bekanntenkreis schnell herum. Wagner, die tagsüber ihrem Bürojob nachging, legte bald auch im Fitness- und im Sonnenstudio die Karten. Zweifel ihrer Bekannten zerstreute sie mit dem wichtigsten Spruch der Wahrsager: »Die Karten lügen nicht.«

Mit der Kopie eines Gewerbescheins und einer Teilnahmebestätigung vom Kartenlegekurs meldete sich Wagner bei einem Esoterik-Internetportal an. Ohne Bewerbungsgespräch wurde sie akzeptiert. Sie konnte nun von zu Hause aus per Telefon beraten, als Preis legte sie zunächst 99 Cent pro Minute fest. Bald lernte sie auch einige ihrer Kolleginnen kennen.

Melanie Bauer alias Andromeda zum Beispiel hatte früher als Floristin gearbeitet und dann von Harz IV gelebt. Als TV-Orakel lebte sie nun in einer Wohnung mit Marmorboden und Designermöbeln, einer Küche von Villeroy & Boch und machte 25 000 Euro Umsatz im Monat. Bianca Wagner erzählte sie: »Ich hab das alles nach Gefühl gemacht. Ich habe zwar am Telefon Kartenbilder ausgelegt, aber, ehrlich gesagt, habe ich nie darauf geschaut.«

Eine gewisse Rita versuchte über ihre Dienste als »hellsichtiges Medium« einfach, den richtigen Mann kennenzulernen. Sie wurde oft von Männern angerufen, die eigentlich ihre Ex-Freundin wiederhaben wollten. Zuerst schmeichelte sie den Kunden, dann redete sie ihnen ein, sie hätten etwas Besseres verdient, und spielte die verständnisvolle Therapeutin. Oft kam es nach vielen Gesprächen zu einem Treffen.

Die 50-jährige geschiedene Hausfrau Gisela betrieb sogar parallel eine Esoterik- und eine Telefonsex-Hotline und traf sich ebenfalls persönlich mit manchem Kunden. Dies seien keine Extremfälle, sagt Wagner. Zahlreiche Beraterinnen seien früher selbst Kundinnen von Esoterik-Portalen gewesen. Bis sie erkannt hätten, dass sie auch auf der anderen Seite des Telefons permanent über Liebeskummer reden und dabei noch Geld verdienen konnten. »Der Astroberater präsentiert sich durch seine fiktive Vorbildrolle, an die er wenigs-

tens während seiner Beratungsgespräche fest glauben kann.«
Er tauscht das Gefühl der Ohnmacht gegen das der Macht.
Und die Kunden?

Estefania wollte von Bianca Wagner wissen, ob sie sich
bald eine Schönheits-OP leisten könne. Eine andere Kundin
glaubte nach Rücksprache mit einem Medium, ihr Kater
Bruno sei eine Reinkarnation von Adolf Hitler. Die Bordell-
Betreiberin Katharina erkundigte sich, ob die neuen Mädchen aus Osteuropa den Kunden gefallen würden. Die
33-jährige Sängerin Nathalie bat mehrmals am Tag um Rat,
welches Kleid sie tragen, welche Wohnung sie mieten oder
welche Freunde sie treffen sollte, bis sie eines Tages pleite
war, weil sie täglich 500 Euro vertelefoniert hatte. Axel, be-
trunken, wollte seine Ex-Freundin und deren neuen Lover
mit dem Baseballschläger verprügeln, schlief aber während
des Gesprächs mit Bianca Wagner ein. Fritz brauchte Rat, ob
er in der Nähe von Görlitz eine Halle kaufen und ein Boot
bauen sollte, um seine Ex-Frau zu retten, wenn der Weltuntergang kommt.

»Es wurde nie langweilig«, sagt Wagner. »Von der Hausfrau bis zum Rentner, vom Arbeitslosen bis zum Millionär.
Da ist jede Kategorie Mensch vertreten.« Oft geht es um die
unerfüllte Liebe. Was macht die Esoterik-Beraterin in so
einem Fall? Sie holt das Karma zu Hilfe. »Gerade bei un-
glücklich verliebten Ratsuchenden wird gerne von einer kar-
mischen Beziehung geredet, um den Anrufer bei der Stange
zu halten.« Man erkläre dem Anrufer, er und seine Angebe-
tete seien füreinander bestimmt. »Gerne fordern Berater ihre
Kunden in diesem Rahmen dazu auf, an ihrem Selbstwert-
gefühl zu arbeiten«, verrät Wagner. »Schon hat der Lebensberater weitere Anrufe gesichert, denn der Karma-Kunde
braucht ›professionelles Coaching‹.«

Die dilettantische esoterische Lebensberatung bewirkt
ungefähr das Gegenteil einer gelungenen Psychotherapie.

Sie fördert Abhängigkeit statt Autonomie. Sie verstärkt Schuldgefühle. Sie macht die Kunden arm und die Anbieter reich.

Bianca Wagner wurde eines Tages vom Portalbetreiber gebeten, ihren Kunden nur noch positives Feedback zu geben, weil man gerne das Portal mit den besten Kundenbewertungen werden wolle. Außerdem wurde sie für den TV-Sender des Konzerns gecastet. Doch nach fünf Jahren im Esoterik-Geschäft war sie es schließlich leid, jeden Tag nach ihrem Bürojob noch vier bis sechs Stunden lang Karten zu legen. Als sie dem Sender absagte, wurde sie von dem Esoterik-Portal gekündigt. Schicksal, sagt sie, und empfiehlt heute jedem, der sich die Karten legen lassen möchte, für das Geld lieber ins Kino oder Essen zu gehen.

Wie ernüchternd. Vom ambitionierten Aufbau esoterischer Gedankengebäude vor 2000 Jahren ist nicht mehr viel übrig geblieben. Hermes Trismegistos ist Legende. Heute hat man es mit Kartenlegerinnen zu tun, die ihr Esoterik-Angebot zur Partnersuche nutzen; mit Hobby-Gurus, die sich nach Feierabend mit Horoskop-Floskeln ein paar Euro dazuverdienen; mit mittelständischen Unternehmen, die mit Esoterik-Produkten ihre Bilanz aufbessern. Das ist die Banalität des Bullshit.

Die Sektenambulanz

An einem Mittwoch im Oktober sitzt Uwe Hoffmann in einem Beratungszimmer des Sekten-Info Nordrhein-Westfalen e.V. in Essen und erzählt die Geschichte seiner verlorenen Tochter. Der Verein hat sich als Ambulanz für Esoterikgeschädigte einen Namen gemacht. Wer einen Tag lang die Arbeit der fünf Angestellten verfolgt, lernt die dunklen Seiten der Esoterik kennen, die Risiken und Nebenwirkungen von Esoterik-Bullshit – aber auch die Möglichkeiten, mit denen man Betroffene aus der Esoterikfalle befreien kann. Für diesen Mittwoch haben drei Klienten Termine vereinbart. Hoffmann ist der erste.

Am liebsten, sagt Hoffmann, hätte er seine erwachsene Tochter geschüttelt und gerufen: Werd endlich wach. Aber Martina war schon weg, abgehauen ins bayerische Inzell zu Gottfried Bresink, einem älteren Mann, der seine Briefe mit »Gott-Vater« unterschreibt. Ihre drei Kinder und ihren Mann hatte sie verlassen, sie wohnte nun in Bresinks Haus und meditierte unter dessen Anleitung in einer Gruppe. Ab und zu rief sie vom Handy aus an. Sie habe jetzt einen anderen Glauben, erklärte sie ihrem Vater. Uwe Hoffmann starrt schweigend aus dem Fenster, nachdem er von dem Anruf seines Enkels erzählt hat: »Opa, mit der Mama stimmt was nicht«, hatte der gesagt. Die Mama hatte die Kinder vom Kindergarten abgemeldet und die Koffer gepackt. Opa Hoffmann fuhr sofort los und holte die Kinder zu sich. Sabine Riede, die Leiterin des Sekten-Info, sitzt Hoffmann gegenüber, sie sagt: »Als Sie bei uns anriefen, waren wir sofort alarmiert.« Riede kannte die Esoterikgruppe in Inzell von anderen Fällen und aus dem Fernsehen. Da waren weinende Mitglieder während der Meditation zu sehen, ein junger Mann meinte anschließend, er habe Jesus am Kreuz mit einem Speer durchbohrt. »Absolut dilettantisch«, urteilt Riede, »das ist eine Methode, vor der man Kinder fernhalten muss.« Das Familiengericht folgte ihrer Einschätzung, entzog der Mutter das Aufenthaltsbestimmungsrecht und stellte dem Vater eine Tagesmutter zur Seite.

Dann lud Riede Vater und Großvater zur Beratung ein und sprach mit ihnen darüber, was schief gelaufen sein könnte. Der Ehemann ist leitender Angestellter in einem großen Unternehmen und viel unterwegs. Abends wollte er ausspannen. Die Frau kümmerte sich um das große Haus, den Haushalt und die Kinder. Abends brauchte sie Verständnis. Riede empfahl den Männern zunächst eine Art Erste-Hilfe-Programm, um die Ehefrau und Tochter zu retten.

Erster Schritt: Das gemeinsame Konto sperren und nur den Unterhalt überweisen, damit die Betroffenen keine größeren Summen für den Guru abheben können. Zweitens: Kontakt halten durch Anrufe und Briefe. Die Betroffenen dürfen nicht das Gefühl bekommen, dass ihre Angehörigen sie verstoßen. Drittens: Nicht die Esoterik angreifen. Kritische Gespräche können später in der Sektenberatungsstelle stattfinden.

Martina kam zurück, als eines ihrer Kinder vorübergehend im Krankenhaus lag. Das Ehepaar begann eine Therapie und versöhnte sich, es stellte eine Haushaltshilfe ein. Das vergangene Jahr sei ruhig gewesen, sagt Martinas Vater. Aber über Bresink reden sie nicht. Auf ihn lässt Martina nichts kommen. Uwe Hoffmann versteht das nicht, er wundert sich, »dass das kritische Denken bei normalen Menschen mit Abitur« derart aussetzen kann.

Wenn Esoterik in Schachteln verkauft würde, müsste man Warnhinweise darauf drucken: Achtung, dieses Angebot kann Sie abhängig machen und in den Selbstmord treiben. Eine Frau aus Bresinks Gruppe sprang von einer Brücke in den Tod, ihr Ehemann hat darüber ein Buch geschrieben und betreibt heute die Webseite einweghinterslicht.de für Aussteiger. Bresink praktiziert, unbehelligt von Behörden und Gewerbeaufsicht, weiter – und weist jede Verantwortung von sich. Den Gurus ist schwer das Handwerk zu legen, solange sie ihre Kunden nicht gegen deren Willen anketten.

Die nächste Klientin ist eine schmale Frau mit rauer Haut und rötlicher Mundpartie – Angelika Krüger hat Neurodermitis. Sie ist mit Uta Bange verabredet, der Psychologin des Sekten-Info. Krüger wollte sich zur Heilerin ausbilden lassen, sie dachte, sie könnte dann ihren Körper besser verstehen und sich vielleicht selbst helfen, ohne Cortison. Sie buchte einen Heilerkurs, sieben Wochenenden für 1600 Euro, aber nach drei Terminen fing die Leiterin an, vom Weltuntergang zu reden. Und als die Schüler versuchten, sich gegenseitig mit Pendeln in die Seelen zu schauen, sagte ein Mitschüler zu Angelika Krüger, sie sei früher vom Vater missbraucht worden, und die Kursleiterin fand das nicht abwegig. Krüger sagt: »Da habe ich gemerkt, hier läuft doch was falsch.« Sie meldete sich beim Sekten-Info – und will nun wissen, was seriös ist und was nicht. Handauflegen macht sie ja selber, ihren Mann habe sie dadurch von seinen Hämorrhoiden befreit. Sie möchte so gerne heilen, aber was soll sie auf ihre Visitenkarte schreiben?

»Was wäre denn passend«, fragt Uta Bange. »Bioenergetik?«, sagt Krüger. Bange schlägt »Entspannungsübungen« vor. Wenn das Handauflegen ihr und anderen gut tue, solle sie ruhig dabei bleiben. Aber die Leute auch zum Arzt schicken.

Es sei eine Gratwanderung, sagt Bange, nachdem die Frau gegangen ist. Leute wie Angelika Krüger trügen dazu bei, die Esoterik zu verbreiten. »Aber wenn sie Freundinnen die Hand auflegt, ist das in Ordnung. Wir sind nicht dazu da, den Glauben zu hinterfragen. Wir wollen Schaden abwenden.«

Die Frauen, die an diesem Tag den Verein Sekten-Info aufsuchen, repräsentieren typische Esoterik-Fälle: Sehr häufig kommen Anfragen zum Sorgerecht, meistens rufen verzweifelte Väter an, deren Frauen in die Esoterik abdriften; dann gibt es diejenigen, die Lebensberatung brauchen und an zweifelhafte Anbieter geraten sind. Und schließlich sind da noch die Geldangelegenheiten.

»Abzocke hoch sieben«, sagt Monika Schiffer, die letzte Klientin an diesem Tag, sie hat eine Flasche Wein und vier Tafeln Schokolade mitgebracht, als Dankeschön für Anja Gollan, die Juristin im Sekten-Info. Monika Schiffer ist 68, sieht aber viel jünger aus, sie ist sorgfältig frisiert, hat früher mal eine Ausbildung zur Sterbebegleiterin gemacht, dann im Hospiz gearbeitet. Ihre beiden Kinder sind tot, drei ihrer Freundinnen sind an Krebs erkrankt, sie selbst hat Schmerzen an der Hüfte und Angst vor einer Operation. Menschen wie sie sind leichte Beute für Esoterik-Anbieter.

Mit einer Freundin fuhr sie zum »Love Peace Harmony Institut« nach Frankfurt, von dessen Meister Dr. Zhi Gang Sha man sich Wundersames erzählt. Schiffer saß mit einigen Dutzend anderen in einem Saal. Wer Schmerzen hatte, sollte sich melden. Drei seien auf die Bühne gebeten worden, erzählt sie. Eine Frau mit Hirntumor, sie selbst und noch eine. Der Heiler hieß David und war ein Schüler von Dr. Sha. Er vollführte eine Art Schattenboxen und murmelte etwas von Transformation, dann sangen alle zusammen »Happy Birthday«. Und tatsächlich, die Schmerzen waren weg.

Aber am nächsten Tag kamen sie wieder. Monika Schiffer rief in Frankfurt an. Sie sollte nun 290 Euro zahlen für das »Rainbow Schutzpaket«, einen geistigen »Schutzwall«, der in wenigen Minuten per Telefon installiert wurde. Als das nichts half, wurde ihr drei Wochen später eine »Heilperle« per Fernübertragung in die Hüfte gesetzt, 500 Euro kostete das, half aber auch nichts. Sie habe in einem früheren Leben Tiere gequält, sagte man ihr nun. Die »High Level Fluchbeseitigung« kostete noch einmal 500 Euro, und Schiffer sollte ab sofort jeden Abend vier Stunden lang spirituelle Lieder singen. Sie leistete eine Anzahlung und reduzierte den Singsang auf eine Stunde, mehr schaffte sie nicht, ihr Mann war ja auch noch da. Die Schmerzen kamen wieder. Nun ließ sich Monika Schiffer ein künstliches Hüftgelenk einsetzen – und rief beim Sekten-Info an, den Tipp hatte sie vom Pastor. Dort setzte Anja Gollan einen Brief auf, forderte das Geld zurück – und drohte mit einer Strafanzeige wegen Betrugs. Zwei Wochen später hatte Schiffer das Geld wieder auf ihrem Konto.

Die Rechtsprechung in Sachen Esoterik ist allerdings für Nichtjuristen manchmal schwer zu durchschauen. Ein verzweifelter Unternehmer aus dem Raum Stuttgart zahlte mehr als 35 000 Euro an eine Kartenlegerin, die ihm durch Kartenlegen, Energietransfer und Kerzenrituale seine Ex-Freundin wieder zuführen sollte. Als die Freundin nicht kam und der Manager sich weigerte, weitere Rechnungen über insgesamt 6723,50 Euro zu begleichen, zog die Kartenlegerin vor Gericht. Der Fall ging vor das Oberlandesgericht und von dort bis vor den Bundesgerichtshof. Man durfte gespannt sein: Wie würden Deutschlands oberste Juristen über Esoterik-Bullshit urteilen?

Schon in früheren Prozessen hatten Richter magische Tätigkeiten wie Kartenlegen als »objektiv unmögliche Leistung« gewertet. Trotzdem können mündliche oder schriftliche Verträge über solche Leistungen gültig sein, wenn beide Parteien sich darüber im Klaren sind. Selbst Schuld, wer an Humbug glaubt?

Im Prinzip ja. Der Bundesgerichtshof machte jedoch eine Einschränkung: Esoterische Dienstleistungen würden oft von Menschen in Anspruch genommen, die sich »in einer schwierigen Lebenssituation befinden« oder bei denen es sich »um leichtgläubige, unerfahrene oder psychisch labile Personen handelt«. Und in solchen Fällen könne der Vertrag sittenwidrig sein. Die obersten Richter verwiesen den Fall zurück an das Oberlandesgericht Stuttgart. Dort sollte geklärt werden, ob die Voraussetzungen der Sittenwidrigkeit erfüllt waren. Doch dann einigten sich der Manager und die Kartenlegerin auf einen Vergleich, sodass weiter offen ist, ob die Richter den Vertrag als sittenwidrig anerkannt hätten. Kleiner Trost für andere Esoterik-Opfer: Das Urteil des BGH (Aktenzeichen III ZR 87/10) wird in ähnlichen Fällen eine Rolle spielen.

Wie man esoterischen Humbug erkennt

Richter und Verbraucherschutzorganisationen können dabei helfen, die Machenschaften der Humbug-Industrie aufzudecken. Sie können Abzocke und Betrug verhindern und die Esoterisierung der Gesellschaft bremsen. Sie können aber nicht jene Bedürfnisse befriedigen, die hinter der Hinwendung zur Esoterik stecken. Der Bundesgerichtshof kann nicht über den Sinn des Lebens urteilen. Und keine EU-Richtlinie vermag das Leben nach dem Tod zu regulieren. Das konnten die Kirchen lange Zeit besser. Und die Esoterik schafft es offensichtlich auch, sonst hätte sie nicht so viel Zulauf. Vieles davon ist nicht verwerflich. Aber wenn esoterischer Bullshit den Alltag durchdringt, wenn Menschen durch Esoterik-Anbieter ausgenutzt oder psychisch geschädigt werden, wenn Esoterik zur Gehirnwäsche wird, dann darf man auch mal sagen: Jetzt reicht's. Schluss mit dem Bullshit. Die folgenden Kriterien sind Indizien für ein erhöhtes Bullshit-Risiko:

1. Die reden so komisch
Esoteriker haben einen eigenen Code. Die Schlüsselwörter sind: Licht, Felder, Energie, Aura, Karma, Chakren, aufgestiegene Meister, Engel, Seelenarbeit, Neue Zeit, feinstofflich, ganzheitlich, spirituell. Dazu kommt rituelles Klimbim im Seminar: Zupfen auf dem Fingerklavier, Versprühen von Auraspray, Räucherwerk. Und salbungsvolles Gehabe.

2. Garantiert mit Quantenphysik
Die Naturwissenschaft wird einerseits als kalt und mechanistisch geschmäht, andererseits aber fleißig ausgeschlachtet. Die Esoterik eifert der Naturwissenschaft rhetorisch

nach, meist mit wissenschaftlich klingenden Vokabeln: Radiästhesie, Kinesiologie, morphische Felder, Emotional Freedom Technique. Besonders beliebt sind Bezüge zur Quantenphysik, weil ihr zufolge angeblich alles mit allem zusammenhängt. Stimmt leider nicht.

3. Weltraumforschung
Vorsicht vor allen Produkten, die angeblich von der NASA oder von Geheimagenten entwickelt wurden.

4. Zwei Euro pro Minute
Esoterik hat immer einen Preis, und der ist oft ziemlich hoch, in der Abteilung für Heilkunst meist in Form von Seminarkosten. In der esoterischen Telefonberatung wird im Minutentakt abgerechnet. Der Erstkontakt ist oft gratis – aber dann wird zugelangt. Im spirituellen Sektor investiert man in Kristalle, Edelsteine, Geburtshoroskope, Schreine, Bücher, Heilsteine. Wer für Esoterik Tausende Euro ausgibt und sich dafür verschuldet, braucht Hilfe.

5. Wer zweifelt, fliegt raus
Kritik ist unerwünscht. Wer die Theorien des Seminarleiters hinterfragt, ist nicht feinfühlig genug und muss noch an sich arbeiten. Basta.

6. Der Einzelne ist immer selbst Schuld
Krankheiten werden nicht durch Veranlagung, Bakterien oder Viren ausgelöst, sondern etwa durch Verstrickungen in früheren Leben oder durch negative Gedanken. Nur wer seine vermeintlichen Blockaden mithilfe des Heilers lösen kann, sodass die mysteriöse Lebensenergie wieder fließt, wird gesund. Wer an Krebs stirbt, hat sich nicht genug angestrengt. Pech gehabt.

7. Das Diesseits ist blöd

Wir leben in einer Ellenbogengesellschaft. Alle sind so konsumgeil. Die Welt ist materialistisch. Esoteriker schauen auf den Rest der Gesellschaft herab. Sie hoffen, dass eines Tages eine kritische Masse von Andersdenkenden erreicht ist. Das Lichtreich kommt bestimmt.

8. Für dumm verkauft

Je abstruser die Behauptung, desto ernster wird sie vorgetragen. In diesem Raum stehen gerade vier Einhörner. Der Plastikchip neutralisiert Elektrosmog, der Magnet vitalisiert Wasser. Zweifelt da jemand? Dann zitieren Esoteriker gerne Shakespeare: »Es gibt mehr Ding' im Himmel und auf Erden, als Eure Schulweisheit sich träumt, Horatio« (*Hamlet* I,5). Das ist nicht falsch, aber noch kein Beweis für die Wirksamkeit.

9. Esoterik-Bullshit ist banal

In Channeling-Sitzungen reihen sich die immer gleichen Phrasen zu Endlosschleifen. Kurzfassung: »Hier spricht Erzengel XY. Ihr seid verunsichert und stellt euch viele Fragen. Ich nehme sie in meinem Licht auf. Die wahre Liebe ist in dir. Wir unterstützen dich, sie zu erkennen. Ihr tretet bald in eine magische Zeit ein.« Viel mehr fällt den Channeling-Medien nicht ein. Theodor W. Adorno schrieb 1951: »Seit den frühen Tagen des Spiritismus hat das Jenseits nichts Erheblicheres kundgetan als Grüße der verstorbenen Großmutter nebst der Prophezeiung, eine Reise stünde bevor.«

Schabernack mit der Seele

Freud oder Familienaufstellung: Wie unterscheidet man eine wirksame Therapie von Hokuspokus?

Das Feld lügt nie

Können wir den Verstand für ein paar Stunden ausschalten? Nur in uns hineinhorchen? Alle Vorurteile über Bullshit und Nicht-Bullshit ablegen? An einem Samstag im Spätsommer versuchen wir es. An diesem Tag machen wir Therapie.

Es ist kurz nach zehn, und bis auf Karsten und Monika sitzen alle anderen Teilnehmer des Psychokurses auf dicken Kissen im Seminarraum. Karsten darf auf einem Stuhl sitzen, er leidet an Parkinson und sein rechter Arm zittert. Monika huscht über den Laminatboden und versprüht noch drei Stöße Auraessenz. Sie ist die Mutter von Bekannten, eine Heilpraktikerin, und leitet das Seminar.

In einer ruhigen Seitenstraße in Berlin Charlottenburg betreibt Monika eine »Praxis für Psychotherapie HPG«. HPG steht für Heilpraktikergesetz. Nachdem wir ihr von unserer Buchrecherche erzählt hatten, lud sie uns ein, an einer Familienaufstellung teilzunehmen. Dabei werde uns ein wissendes Feld lenken, hatte sie gesagt: »Das Feld lügt nie.« Monika bietet diverse esoterische Techniken an, darunter Kryonschule, Chakren-Heilung, Engeltherapie, Raftan-Aktivierung, Intuitionstraining und Familienstellen nach Bert

Hellinger. Die Familienaufstellung kostet 140 Euro für Teilnehmer, die ihre eigenen Probleme aufstellen lassen, 40 Euro für die anderen, sogenannte Stellvertreter, die als Statisten mitspielen. Wir dürfen kostenlos teilnehmen.

Vorstellungsrunde. Jens, Mitte 40, verheiratet und eher ein stiller Typ, hat eine Geliebte und weiß nicht, ob er sich wegen ihr von seiner Familie trennen soll. Sabine, Single und voller Selbstzweifel, übt einen kreativen Beruf aus und gerät dauernd mit ihren Bürokollegen aneinander. Karsten ist der älteste in der Runde. Er möchte heute das Verhältnis zu seinem Nazi-Vater klären und braucht Entscheidungshilfe: Soll er sich einen Hirnschrittmacher implantieren lassen, um die Parkinson-Symptome zu lindern? Monika stellt sich mit ihrem Seelennamen Ashu'ana vor, man dürfe aber auch Monika zu ihr sagen. Dann sind da noch drei Frauen, deren Krisen heute nicht dran sind. Und wir.

Die Familienaufstellung nach Hellinger gehört zu den am weitesten verbreiteten Methoden der Alternativpsychologie. Sie hat weltweit Zehntausende Klienten angelockt und auch Fachleute fasziniert. Hunderte Heilpraktiker, Psychologen und Ärzte bieten sie heute an, Hellingers Grundprinzipien werden inzwischen auch im Coaching von Firmen verwendet. Doch wenn man eine solche Familienaufstellung erlebt und mit Experten darüber gesprochen hat, wird schnell klar: Diese Methode steht unter dringendem Bullshit-Verdacht. Und so zeigt die Erfolgsgeschichte Hellingers beispielhaft, warum fragwürdige Psychotechniken mitunter wie seriöse Therapien daherkommen. Das Gute daran: Wer den Psycho-Bullshit in der Hellinger-Technik erkennt, wird auch andere Pseudotherapien besser durchschauen.

Die Grundidee der Familienaufstellung ist durchaus plausibel und weit älter als Hellingers Methode. Sie liegt der wissenschaftlich anerkannten Systemischen Therapie zugrunde: Psychische Krankheiten können demnach mit gestörten Beziehungs- und Kommunikationsmustern des Systems Familie einhergehen. Um den Ursachen auf den Grund zu gehen, werden Klienten in der Systemischen Therapie häufig gebeten, ihre Familie in Form eines Standbildes oder einer Familienskulptur darzustellen – mit Playmobilfiguren, Puppen, Stühlen oder auch anderen Teilnehmern in einer Gruppe. Diese Technik ist in der Systemischen Therapie aber nur ein Hilfsmittel, um soziale Beziehungen und emotionale Bindungen der Familienmitglieder zu veranschaulichen und Lösungsansätze durchzuspielen. Die Therapie umfasst noch andere Gesprächs- und Fragetechniken und dauert in der Regel zehn bis dreißig Stunden, manchmal auch länger. Seit 2008 ist die Systemische Therapie in Deutschland durch ein Expertengremium – den wissenschaftlichen Beirat Psychotherapie – anerkannt, unter anderem zur Behandlung von Depressionen, Essstörungen, Abhängigkeiten und Missbrauch. Bert Hellinger dagegen machte aus der Familienaufstellung ein metaphysisches Bühnenspektakel.

Bert Hellinger, geboren 1925, ist auch im hohen Alter noch ein einflussreicher Psycho-Guru. Er kämpfte als Soldat im Zweiten Weltkrieg und geriet in Belgien in Kriegsgefangenschaft. Nach dem Krieg lebte er als katholischer Priester und Missionar bei den Zulu in Südafrika. In den 1970er-Jahren beschäftigte er sich mit Gruppendynamik, Urschreitherapie und diversen anderen Psychotechniken und entwickelte später seinen eigenen Werkzeugkasten für Lebenshilfe. Konflikte, Krisen und selbst Krankheiten werden Hellingers Theorie zufolge dadurch verursacht, dass jemand gegen die Rangordnung der Sippe verstößt. Und die Rangordnung ist bei Hellinger streng patriarchalisch: Die Frau muss sich dem Mann unterordnen, der Erstgeborene steht in der Familienhierarchie über den anderen Geschwistern. Zu seinen öffentlichen Familienaufstellungen, in denen die Rangordnung der Familie mithilfe von Stellvertretern wiederhergestellt werden soll, pilgerten bald mehrere hundert Zuschauer. Pro Tag.

Hellinger stellte kühne Thesen auf. Brustkrebs sei »manchmal Sühne für Unrecht, das einem Mann angetan wurde«, erklärte er einer an Brustkrebs erkrankten und operierten Frau während einer Aufstellung. Den Fall dokumentierte er 1995 in einem Lehrbuch (*Ordnungen der Liebe. Ein Kursbuch*, Heidelberg 1995). »In Hellingers Seminaren finden sich viele Menschen mit körperlichen Beschwerden«, sagt die Psychologin und Autorin Heike Dierbach, die für ihr Buch *Die Seelenpfuscher* ausführlich in der Szene der Familienaufsteller recherchiert hat. »Gerade krebskranke Frauen müssen sich dort oft anhören, ihre Krankheit selbst verursacht zu haben – meist, weil sie angeblich ungerecht zu einem Mann waren.«

Es gibt auch eine Theorie, warum die Familienaufstellung angeblich funktioniert: Die Stellvertreter seien über das »wissende Feld« mit weit entfernten oder auch verstorbenen Familienmitgliedern verbunden. Familienaufstellungen »bestätigen und ergänzen naturwissenschaftliche Feldbegriffe wie die morphogenetischen Felder durch die Erfahrungen eines geistigen Informationsfeldes mit hochwirksamen Heilungspotenzen«, heißt es auf Hellingers Website. Das »wissende Feld« ist eine Art Matrix, die alles und jeden miteinander verbindet, nur ohne Stecker.

Einige Klienten nahmen sich das Leben, nachdem sie von Hellinger auf der Bühne gedemütigt worden waren. Das TV-Magazin *Kulturzeit* nannte Hellinger einen »Rattenfänger«, dessen Ideologie »oft direkt an die faschistische Gedankenwelt« anknüpfe. Tatsächlich fiel Hellinger immer wieder durch krude Theorien zur deutschen Vergangenheit auf. In seinem Buch *Gottesgedanken*, erschienen 2004, richtet er einen inneren Monolog direkt an Hitler: »Manche betrachten dich als einen Unmenschen, als ob es je jemanden gegeben hätte, den man so nennen darf. Ich schaue auf dich als einen Menschen wie mich: mit Vater und Mutter und einem besonderen Schicksal.« Hellinger betrachtet Nazi-Diktatur und Kommunismus als göttliches Schicksal. Die Täter seien »die ärmsten Opfer«, sagte er in einer Familienaufstellung, in der es um einen Großvater bei der Waffen-SS ging. »Sie haben es am Ende am schwersten.« Eine Zeitlang lebte Hellinger in der »kleinen Reichskanzlei«, einem Hof bei Berchtesgaden, von dem aus Hitler einst die Regierungsgeschäfte geführt und Gäste empfangen hatte. Die taz und andere Medien berichteten darüber, und schließlich distanzierten sich auch Psychotherapeuten von ihm, die bis dahin mit seinen Ideen sympathisiert hatten.

Zu spät. Hellingers Familienaufstellung wird ihren Schöpfer überleben. Die Deutsche Gesellschaft für Systemaufstellungen (DGfS), leicht zu verwechseln mit der Deutschen Gesellschaft für Systemische Therapie und Familientherapie (DGSF), trommelt für ihre Verbreitung. In der Datenbank der DGfS werben 280 Aufsteller mit ihren Diensten.

Im Hamburger Westen meldet sich Sabine zum Schluss der Vorstellungsrunde. »Gibt es am Ende immer eine Lösung?«, fragt sie. »Ja«, sagt Monika, »es gibt immer eine Lösung.« Dann ist Karsten dran. Er soll erzählen, warum er an diesem Samstag gekommen ist.

Durch seine Parkinson-Erkrankung fühle er sich wie ein offenes Buch, sagt Karsten. Jeder könne sofort sehen, wenn ihn etwas ärgert oder emotional berührt, denn dann zittere sein Arm besonders stark. Bei der Arbeit trägt er jetzt immer eine Sonnenbrille, er mag nicht, dass die anderen in ihm lesen. Das Zittern sei im Laufe der vergangenen Jahren immer stärker geworden, trotz der Tabletten, und der Arzt habe ihm erklärt, man könne die Symptome mit einem Hirnimplantat verringern. Tabletten oder Hirnimplantat, vor dieser Entscheidung steht Karsten, und er glaubt, dass ihm die Familienaufstellung helfen kann. Da draußen erzähle er niemandem, dass er zur Familienaufstellung geht, er wisse, dass Hellingers Methode umstritten sei. Karsten war schon einmal bei Monika zur Aufstellung, rund zehn Jahre ist das her. Damals war seine Tochter von zu Hause abgehauen, mit 14. Und Karsten musste die Beziehung zu seinem Vater aufarbeiten, der bei den Nazis gewesen war. Seine Tochter habe sich dann irgendwo eine Schule gesucht und ein Einser-Abi gemacht. Das hat Karsten von der Methode überzeugt.

Er darf zunächst sitzen bleiben, und Monika bittet fünf Teilnehmer, sich im Raum zu bewegen und in sich hineinzuspüren, wo sie stehen möchten. Das sind die Stellvertreter für Karsten und seine Familie. Als die vier schließlich ihren Platz gefunden haben, berührt Monika sie nacheinander mit einer bedeutungsvollen Geste. »Ich benenne euch jetzt.« Jens, du bist Karsten. Sabine, du bist Karstens Mutter. Christine, du bist der Vater, Tanja, du die Tochter. Und Maren, du bist der Parkinson. Die Stellvertreter seien jetzt verbunden mit dem »wissenden Feld«, erklärt Monika ihnen. »Wie geht es dir, Christine?« Sie fühle sich schummrig, sagt Christine. Für sie ist das hier Routine, sie hat schon viele Aufstellungen mitgemacht. Sie solle sich auf die Matte legen, sagt Monika. Karstens Vater alias Christine, man errät es schnell, liegt also jetzt im Grab. Auch die anderen sollen nun ihre Gefühle äußern, wobei sich herausstellt, dass der Parkinson alias Maren gerade ziemlich gut drauf ist. Nach einer Weile wendet sich Monika an Karsten. »Bist du bereit, deinen Platz einzunehmen?« Karsten soll sich anstelle von Jens neben seinen Vater legen und dessen Hand halten. »Schau ihn an.« Karsten beginnt zu weinen, erst leise, dann kommt ein tiefes Schluchzen, sein rechter Arm zittert heftig. Monika legt ihm die Hand auf die Brust. »Lass es zu. Sprich mir nach: Ich bin dein Sohn, du bist mein Vater.« Karsten spricht nach, unterbrochen von Schluchzern. »Du bist der Große, ich bin der Kleine. Du hast es mir schwer gemacht. Du warst oft hart zu mir und konntest deine Gefühle nicht zeigen.«

Es geht noch eine Weile um das gestörte Verhältnis der beiden, dann ist Karstens Vater alias Christine an der Reihe. »Du bist mein Sohn und ich bin dein Vater. In unserer Familie haben wir Männer keine großen Gefühle gezeigt. Aber tief in mir habe ich dich geliebt. Du hast noch viele, viele Jahre vor dir. Du wirst noch ein schönes Leben haben. Ich nehme das göttliche Licht aus meinem Inneren und gebe es weiter an deine Seele. Du kannst jetzt gehen.« Christine soll ihre Hand an Karstens Kopf legen, der sich nun etwas beruhigt.

Karsten spricht nach: »Ich weiß, dass du mich tief im Inneren geliebt hast. Dafür danke ich dir. Ich stehe jetzt auf eigenen Beinen. Ich brauche deine Unterstützung nicht mehr. Ich gehe jetzt meinen eigenen Weg.« Dann lacht er über sich selbst: »Ich mache jetzt schon so lange Aufstellung, dass die Stellvertreter auf Matratzen liegen.«

Monika zu Maren: »Wie geht's dem Parkinson jetzt?« Auch Maren hat schon oft beim Aufstellen mitgemacht. Während Nazi-Vater und Sohn sich aussöhnen, hat sie etwas Abstand von der Szene genommen und steht nun hinten im Raum. Wird sie wirklich vom »wissenden Feld« gelenkt? Oder weiß sie einfach, was von ihr erwartet wird? Der Parkinson fühle sich nicht mehr so aggressiv an wie vorhin, teilt sie jedenfalls mit.

Nach einer Dreiviertelstunde ist die Aufstellung vorbei, Karsten wirkt erschöpft. Was mit dem Hirnimplantat sei? Er könne die Entscheidung jetzt nicht treffen, sagt er. Er erinnert sich noch an die letzte Familienaufstellung: »Nach 24 bis 48 Stunden hat sich eine Schicht darübergelegt, über die Erlebnisse.« Aber irgendetwas bleibe immer hängen. Seine Frau halte übrigens gar nichts von der Hellinger-Methode, erzählt Karsten noch. Sie hat einen leiblichen Vater und einen Adoptiv-Vater, und in einer Aufstellung nach Hellinger wurde ihr erklärt, dass der leibliche Vater sie angeblich gar nicht liebt.

So etwas hält uns heute nicht auf. Weiter geht's mit der Krisenbewältigung im Stundentakt. Jens stellt seine Ehe-probleme auf. Sabine ihre Konflikte bei der Arbeit. Wir um-armen einander und sprechen nach. Stellvertreter-Eltern ver-söhnen sich mit Stellvertreter-Kindern. Lebende sprechen mit Toten. Es macht sogar Spaß, vor allem, wenn es nicht um die eigenen Probleme geht. Wie im Improvisationsthea-ter kann man hier Liebesgeschichten nachspielen und kleine Dramen aufführen, mal in die Rolle des Liebhabers, mal in die der Ehefrau schlüpfen. Sie habe sich wie im Kino gefühlt, berichtete eine Frau nach einer öffentlichen Aufstellung durch Hellinger höchstpersönlich. »Menschliches Leid in all seinen Facetten, familiäre Dramen, Geschichten von Schuld und Sühne wecken die Neugierde und stimulieren eine Art Scheinmitgefühl«, schreibt der Familientherapeut Werner Haas. »Mancher Aufstellungstourist holt sich auf diesem Wege seinen Schlüsselloch-Kick.« An diesem Sommertag in Hamburg wird Jens im Rollenspiel von Sabine und Christine geneckt: Er soll etwas mehr Leidenschaft in der Ehe zeigen. Es wird getröstet und auch einmal gelacht, zwischen den Teilnehmern stellt sich eine Vertrautheit ein. Wir merken auch, was Monika von uns erwartet. Wenn eine Verstrickung aufgelöst ist, darf man sich umarmen. Lass es zu, sagt Mo-nika dann. Nur das »wissende Feld« spüren wir nicht.

Karl Popper gegen Sigmund Freud

Um Psychotherapien von Pseudotherapien zu unterscheiden, helfen zwei Fragen weiter: Beruht die Therapie auf einer plausiblen Theorie? Und wirkt sie?

Für Betroffene ist natürlich die Wirksamkeit relevant, weniger die wissenschaftliche Theorie dahinter. Wer an einer Depression oder an einer Posttraumatischen Belastungsstörung leidet, braucht eine Therapie, die die Symptome lindert oder die Krankheit heilt. Mehr nicht, aber auch nicht weniger. Wenn ein halbes Dutzend Heilpraktiker in Deutschland behaupten, sie könnten diese Leiden durch schamanische Energiereisen oder Therapeutic Touch (Handauflegen) heilen, hat das weniger Gewicht als ein halbes Dutzend klinischer Studien mit Hunderten von Teilnehmern. Wer beurteilt die Qualität solcher Studien? Diesen Job erledigen in Deutschland 14 Ärzte, Psychologen und Psychiater der Bundesärztekammer und der Bundespsychotherapeutenkammer; sie bilden den wissenschaftlichen Beirat Psychotherapie. Von ihrem Urteil hängt ab, welche Psychotherapien die Krankenkassen bezahlen.

Der Beirat fordert nicht nur empirische Belege für die Wirksamkeit einer Therapie ein. Er verlangt auch eine Erklärung, warum eine Therapie hilft. »Ein zur Krankenbehandlung geeignetes Psychotherapie-Verfahren ist gekennzeichnet durch eine umfassende Theorie der Entstehung und Aufrechterhaltung von Krankheiten und ihrer Behandlung«, erklären die Experten auf der Website des Beirats, wbpsychotherapie.de. Gute Therapien beruhen auf plausiblen Annahmen über die Wirkungsweise, das ist in der Psychotherapie nicht anders als in der Medizin. Wenn Ärzte ein Antibiotikum gegen eine eitrige Mandelentzündung verschreiben, dann steckt dahinter die Theorie, dass das Antibiotikum etwa die Zellwände der Bakterien durchdringt und diese dadurch abtötet. Wenn dagegen eine ostfriesische Heilerin Warzen bespricht, damit diese verschwinden, dann fehlt ein plausibles Erklärungsmodell. Vielleicht verschwindet die Warze, aber man würde die Warzenbesprechung deshalb noch nicht als wirksame Methode anerkennen.

Zwei psychotherapeutische Verfahren sind derzeit in Deutschland anerkannt und werden von den gesetzlichen Krankenkassen finanziert: die psychodynamische Psychotherapie – eine Weiterentwicklung der Psychoanalyse – und die Verhaltenstherapie. Beide verfügen über ein breites Repertoire an Behandlungsmethoden für die unterschiedlichsten psychischen Störungen. Und sie haben tatsächlich mehr mit einer Antibiotika-Behandlung gemein als mit Warzenbesprechen. Zum Beispiel eine Verhaltenstherapie gegen Spinnenphobie, die auf der Annahme beruht, dass die Angst vor Spinnen abnimmt, wenn der Klient allmählich mit den Tieren konfrontiert wird, zuerst mit fotografierten, später mit echten Tieren. Das Erklärungsmodell der Psychologen: Wenn auf den Angstreiz keine Panikattacke folgt, wird das übliche Reaktionsmuster im Gehirn der Betroffenen quasi gelöscht. Der Klient erlebt den Reiz nicht mehr als bedrohlich und kann in Zukunft anders, ohne Angst reagieren. Studien belegen die Wirksamkeit dieser Konfrontationsmethode für unterschiedliche Phobien.

Oder eine psychodynamische Therapie gegen Essstörungen. Sie beruht auf dem Erklärungsmodell, dass negative Erfahrungen, die jemand im Kindesalter oder in der Jugend macht, oft verdrängt werden. Traumatische Erfahrungen, wie Vernachlässigung oder Gewalt, werden ins Unbewusste verschoben, beeinflussen aber im Erwachsenenalter trotzdem noch unser Handeln, Denken und Fühlen. Der Therapeut versucht in Einzelsitzungen mit dem Klienten, an diese verdrängten Erfahrungen heranzukommen. Welche inneren Konflikte verursachen sie? Welche Lebenserfahrung versucht der Klient durch sein Essverhalten zu verarbeiten? Auf der Basis dieser Erkenntnisse soll er alternative Lösungsstrategien entwickeln. Eine solche Behandlung kann 100 bis 300 Stunden dauern.

Beim Vergleich unterschiedlicher Psychotherapien stößt

man allerdings auf ein Problem: Psychologische Erklärungen zur menschlichen Natur sind schwammiger als Theorien über Antibiotika oder Knochenbrüche. Das beginnt mit Sigmund Freud, der als erster eine umfassende Theorie des Unbewussten formulierte. Freud teilte die Psyche in drei Instanzen ein: das Es als Ursprung von Bedürfnissen und Trieben; das Über-Ich als inneren moralischen Kompass, geprägt durch Erziehung und Kultur; und das Ich als Vermittler zwischen dem Es und dem Über-Ich. Das Über-Ich entsteht Freud zufolge mit der Auflösung des Ödipus-Konflikts: Das Kind fühlt sich im Alter von drei bis fünf Jahren zum gegengeschlechtlichen Elternteil hingezogen und betrachtet den anderen Elternteil als Rivalen. Schuldgefühle, Neid und Eifersucht sind die Folge, sie werden ins Unbewusste verdrängt. Im sechsten Lebensjahr wird aus dem Rivalen ein Vorbild. Jungen identifizieren sich mit dem Vater, Mädchen mit der Mutter. Sie übernehmen die Werte und Normen des Vorbilds: Das Über-Ich entsteht.

Ist das Wissenschaft? Oder Humbug? Der Philosoph Karl Popper jedenfalls kritisierte die Psychoanalyse als unwissenschaftlich. Er verglich vier Theorien miteinander: Einsteins Relativitätstheorie, Marx' Geschichtstheorie sowie die Psychoanalyse Freuds und die Individualpsychologie Alfred Adlers. Er habe das Gefühl, schrieb Popper, dass die Theorien von Freud, Marx und Adler, »obwohl sie vorgaben, wissenschaftlich zu sein, in Wirklichkeit mehr mit primitiven Mythen gemeinsam hatten als mit der Naturwissenschaft, dass sie der Astrologie näherstanden als der Astronomie. Denn diese Theorien schienen fähig zu sein, alles zu erklären, was in ihren Anwendungsbereich fiel.« Popper gab dafür ein etwas makabres Beispiel: Ein Mann schubst ein Kind ins Wasser, damit es ertrinkt. Ein anderer Mann riskiert sein Leben, um das Kind zu retten. »Beide Fälle können leicht ebenso in Freuds wie auch in Adlers Terminologie erklärt werden.« Der erste Mann habe Freud zufolge in der ödipalen Phase Erfahrungen verdrängt, der zweite habe diese Erfahrungen durch Sublimierung erfolgreich bewältigt. Adler wiederum, der Freuds Triebtheorie ablehnte, würde sagen: Der erste Mann leidet unter Minderwertigkeitskomplexen, die er dadurch kompensieren muss, dass er ein Verbrechen begeht; der zweite Mann hat ähnliche Probleme, die er aber dadurch kompensiert, dass er den Helden spielt. »Ich kann mir kein menschliches Verhalten vorstellen«, schrieb Popper, »das nicht mit diesen beiden Theorien erklärt werden könnte. Sie passten auf alles, sie wurden dauernd bestätigt. Mir schwante, dass diese vermeintliche Stärke in Wirklichkeit ihre Schwäche war.«

Popper zog daraus einen Schluss, der ihn berühmt machte: »Eine Theorie, die durch kein denkbares Ereignis widerlegt werden kann, ist unwissenschaftlich.« Eine wissenschaftliche Theorie muss falsifizierbar sein. Glaubt man dem wissenschaftlichen Beirat Psychotherapie, so haben die Psychologen daraus gelernt. »Manche Theorien wurden durch die Forschung widerlegt, andere als unbeweisbar beiseite gelegt und wiederum andere bestätigt«, schreiben die Experten heute (wbpsychotherapie.de).

Warum wirken Psychotherapien?

Karl Poppers Analyse hilft noch heute, den Sinn für Psycho-Bullshit zu schärfen, gerade im Bereich der esoterischen Heilmethoden. Denn diese können scheinbar alles erklären. Wenn Teilnehmer von Erfolgen berichten, gilt dies als Bestätigung. Wenn sie enttäuscht sind, gibt es immer eine Ausrede: Der Klient war nicht feinfühlig genug. Er hat sich innerlich gesperrt. Die Methode war noch nicht richtig auf ihn abgestimmt. Es gab störende Felder. Die Energie konnte nicht fließen.

Was bedeutet dies für die Familienaufstellung nach Hellinger? Für ihre Wirksamkeit sprechen Erfahrungsberichte von Teilnehmern. Gegen ihre Wirksamkeit sprechen Erfahrungsberichte von Geschädigten. Und die Berichte von Sekteninformationsstellen. Gegen ihre Wirksamkeit sprechen aber auch ein paar andere Argumente, die Experten zusammengetragen haben. Der Familientherapeut Werner Haas reiht in seinem Buch *Das Hellinger-Virus* das Familienstellen in die Tradition des Hellsehens und der Wahrsagepraktiken ein: »Analog dem Deuten von Sternenkonstellationen (Astrologie), des Vogelflugs (Ornithomantie), von Karten (Tarot) usw. glauben auch Familiensteller, auf wunderbare Weise Einsicht in Verborgenes zu gewinnen. Eine in der therapeutischen Profession übliche Anamnese, also eine ausführliche Befragung nach psychologisch oder medizinisch relevanten Daten, wird explizit abgelehnt. Das führt unweigerlich dazu, dass ein von dieser Ideologie infizierter Therapeut seine Klienten bei Aufstellungen dirigiert, manipuliert, sie in Konstellationskonstrukte hineinbugsiert, ihnen – nicht selten unter Drohungen – ›Lösungen‹ aufschwätzt oder ihnen die Hoffnung auf wirkliche Lösungen nimmt.« Die Religionspsychologin Claudia Barth hält Hellingers vermeintliche Lebenshilfe für »gefährlich, da Hilfesuchende nicht lernen, sich aus schädigenden Abhängigkeitsverhältnissen zu lösen und eigene Fähigkeiten zu entwickeln. Sie müssen sich der autoritären Führung eines Therapeuten unterwerfen, der ihnen die Fähigkeit abspricht, ihre Lebensverhältnisse selbst erklären zu können. Damit werden Ohnmacht und Unselbständigkeit der Hilfesuchenden verstärkt.«

An der Universität Heidelberg nahmen sich fünf Psychologen mit Unterstützung der Deutschen Forschungsgemeinschaft vor, Hellingers Kurzzeittherapie systematisch zu untersuchen. Man wolle die Methode einem Stress-Test unterziehen und die Diskussion darüber versachlichen, schrieben die Forscher. Sie teilten rund 200 Freiwillige nach dem Zufallsprinzip in zwei Gruppen ein. Die eine Gruppe nahm an einem Wochenendseminar mit Familienaufstellungen teil, jede Aufstellung dauerte 30 bis 60 Minuten. Vor dem Seminar sowie zwei Wochen und vier Monate danach füllten die Teilnehmer Fragebögen zu ihrem Wohlbefinden und ihren psychischen Problemen aus. Die andere Gruppe kam auf die Warteliste für solch ein Seminar. Die Seminare wurden von zwei ausgebildeten Psychotherapeuten geleitet, beide Hellinger-Anhänger.

Ergebnis nach drei Jahren Forschung: Wer an einer Aufstellung teilgenommen hatte, fühlte sich zwei Wochen und auch vier Monate später besser als vorher und besser als etwa 70 Prozent der Kontrollgruppe. Die gemessenen Effekte waren mittel bis klein und vergleichbar mit anderen Kurzzeit-Gruppentherapien, allerdings nicht so groß wie bei einer anerkannten Psychotherapie. Ist die umstrittene Methode damit rehabilitiert? Nein. Denn die Heidelberger Studie hat Schwächen: Die Teilnehmer repräsentierten keine typischen Klienten, sondern waren zu 80 Prozent weiblich, psychisch relativ gesund, kamen aus psychosozialen Berufen und hatten bereits Erfahrung mit Aufstellungen. Sie waren über einen Flyer auf das Seminar aufmerksam geworden und hatten sich daraufhin gemeldet, waren also vielleicht von vornherein von der Methode überzeugt. Es könne nicht ausgeschlossen werden, dass die positiven Effekte auf eine entsprechende Erwartungshaltung zurückzuführen sind, sagen denn auch die Forscher. Außerdem waren die Aufsteller ausgebildete Psychotherapeuten, keine Heilpraktiker und auch nicht Hellinger persönlich. Fazit: Das Ergebnis ist interessant, aber es wäre Unsinn, die Hellinger-Technik aufgrund dieser Studie als wirksam zu bezeichnen.

Und dann ist da noch die Theorie des »wissenden« oder »morphogenetischen« Feldes, die Idee also, dass alle irgendwie miteinander verbunden sind. Die Erfindung des »wissenden Feldes«, kritisiert Heike Dierbach in ihrem Ratgeber *Die Seelenpfuscher*, gebe dem Aufsteller und den Stellvertretern »eine nahezu absolute Macht über den Patienten. Gleichzeitig kann der Aufsteller jede eigene Verantwortung für den Ausgang der Behandlung leugnen: Er spreche ja nur aus, was das Feld ihm zeige.« Aber vielleicht gibt es das ominöse Feld ja wirklich. Angeblich spüren die Stellvertreter das Feld auf wundersame Weise. Mit Hokuspokus habe das nichts zu tun, beteuert der Coach Gordon Müller-Eschenbach im Interview mit *Zeit Online* vom 10. Januar 2013. Der gelernte Betriebswirt ist Unternehmensberater und als Heilpraktiker zugelassen, er macht Aufstellungsarbeit in Firmen. Dass die Stellvertreter so fühlen wie die realen Akteure, lasse sich wissenschaftlich erklären, sagt er: »Die Quantenphysiker gehen davon aus, dass alle Teilchen in einem Quantenfeld miteinander verbunden bleiben – Verschränkung wird das genannt. Auch wenn man ein Teilchen in Quanten trennt, reagieren die Quanten gleich, obwohl sie an verschiedenen Orten im Raum sind. Viele Quantenphysiker halten es deshalb für möglich, dass wir Menschen über unsere Empathie spüren können, wie sich andere fühlen. So lässt sich das auch neurologisch erklären. Sogenannte Spiegelneuronen im Hirn sind für unser Empathieempfinden verantwortlich. Sie ermöglichen, dass wir auch mit völlig Fremden mitfühlen können. Die Biologen wiederum sprechen vom sogenannten morphologischen Feld, über das alle Lebewesen miteinander verbunden sind.«

Man kann schon ins Grübeln kommen, wenn man so etwas hört. Die Biologen. Die Quantenphysiker. Die Spiegelneuronen. Das morphogenetische Feld. Müller-Eschenbach war persönlicher Assistent von Roland Berger und Director bei Boston Consulting, das schaffen nur kluge Leute. Stimmt das, was er sagt, tatsächlich? Oder ist es Bullshit auf hohem Niveau? Wahrscheinlich Letzteres. Die Theorie des morphogenetischen Feldes wird nicht durch »die Quantenphysiker« und »die Biologen« vertreten, vielmehr postulieren der Außenseiter Rupert Sheldrake (siehe Kapitel »Wissenschaft«) und einige Privatgelehrte dessen Existenz, ohne überzeugende Belege dafür zu haben. Das morphogenetische Feld ist pseudowissenschaftlicher Bullshit.

Es gibt einfachere Erklärungen, warum die Stellvertreter in einer Familienaufstellung eine Verbundenheit mit den Toten oder Lebenden empfinden, die sie vertreten. »Ihre oft kolportierten, angeblich so erstaunlichen und stimmigen Reaktionen können mühelos auf bekannte psychologische Mechanismen wie Erwartungshaltung, Einfühlungsvermögen, Suggestion, Illusion und Manipulation zurückgeführt werden«, schreibt der Familientherapeut und Hellinger-Kritiker Werner Haas. »Die Äußerungen, Symptome und psychophysischen Zustände, von denen die Stellvertreter heimgesucht zu werden scheinen, geben der Wissenschaft keinerlei Rätsel auf. Rätselhaft ist nur, wie mitunter sogar Menschen, die an einer deutschen Universität eine wissenschaftliche Ausbildung genossen haben, dem sinistren Charme dieses Hokuspokus erliegen können.«

Diese Frage stellen sich viele anerkannte Psychotherapeuten: Warum gehen Patienten mitunter lieber zum Schamanen oder Esoterik-Kurs statt zum Psychotherapeuten? Ein häufiger Grund ist, dass esoterische Angebote bequemer sind. Bei ihnen geben die Klienten Verantwortung ab. Nach dem Motto: Der Meister wird's schon richten. Außerdem versprechen die Anbieter meist eine schnelle Lösung. Und sie haben für alles eine Erklärung. In einer echten Psychotherapie dagegen müssen Patienten an sich arbeiten. Sie lernen, Verantwortung zu übernehmen. Sie müssen sich auf

einen anstrengenden Prozess der Selbsterforschung ein-
lassen, der auch für sie Schmerzliches zu Tage fördert. Die
eigentliche Arbeit macht der Patient – nicht weil der Therapeut faul ist, sondern weil es nicht anders geht. Und die
Therapie gelingt nicht immer.

Dennoch gibt es immer wieder Patienten, denen auch
eine Pseudotherapie zu helfen scheint. Zumindest sagen sie
anschließend: Mir geht es besser. Der 2005 verstorbene Psychologieprofessor Klaus Grawe hat Hunderte Studien zur
Wirksamkeit von Psychotherapien gesichtet. Er wollte empirisch begründen, warum so unterschiedliche Therapien
wie die Verhaltenstherapie oder die Psychoanalyse helfen
können. Er identifizierte fünf Wirkfaktoren erfolgreicher
Therapien. Sie sind unter Psychologen heute weitgehend anerkannt.

- *Ressourcenaktivierung.* Die Stärken und Fähigkeiten eines
  Patienten werden genutzt. Ist er ein rationaler Typ, funktioniert die Therapie eher über seinen Intellekt, weniger
  über die Emotionen. Und umgekehrt. Auch die Unterstützung durch Verwandte und Partner zählt zu den Ressourcen.
- *Problemaktualisierung.* Der Patient erlebt seine Probleme
  in einer kontrollierten Umgebung. Beispiele: Spinnen-
  phobiker werden behutsam mit Spinnen konfrontiert.
  Missbrauchsopfer schildern traumatisierende Erlebnisse
  im Gespräch mit dem Analytiker. Schmerzpatienten lernen Achtsamkeitsmeditation, um ihre Schmerzen besser
  zu verorten.
- *Problembewältigung.* Durch therapeutische Maßnahmen
  macht der Patient positive Erfahrungen im Umgang mit
  seinen Problemen. Die Werkzeuge der Psychotherapeuten reichen von Rollenspielen über Gesprächstechniken
  bis zum Kissenboxen. Wichtig sei, sagte Grawe, dass der

Patient »nicht hinter dem Problem irgendwelche ganz anderen, geheimen Bedeutungen sieht, sondern das Problem nimmt, wie es ist, als eine Schwierigkeit, als ein Nicht-anders-Können«.

- *Klärung.* Der Patient erkennt in der Therapie den Ursprung seiner Probleme. Und er versteht, dass er sein Leben in Zukunft anders gestalten kann.
- *Die therapeutische Beziehung.* Eine gute Arbeitsbeziehung zwischen Patient und Therapeut trägt zum Erfolg der Behandlung bei.

Zweifellos können auch einfühlsame Heilpraktiker eine gute therapeutische Beziehung zu ihren Klienten aufbauen. Ihnen fehlt aber das methodische Rüstzeug echter Psychotherapeuten. Und ihnen fehlt die Zeit. Es wäre schön, wenn psychische Krankheiten sich in Wochenendseminaren behandeln ließen, doch das ist ein falsches Versprechen. Pseudotherapeuten sind wie Hobbypiloten im Cockpit eines Jumbojets. Gut möglich, dass der eine oder andere das Flugzeug in der Luft hält. Trotzdem fliegt man besser mit einem professionellen Piloten, der die entsprechende Ausbildung besitzt.

Bullshit-Therapien wie die Familienaufstellung nach Hellinger beruhen auf Bluff und Selbsttäuschung. Im Laufe der Sitzung ergeben sich vieldeutige Konstellationen, die der Klient irgendwie auf sich und seine Krise beziehen kann. Psychologen sprechen vom Barnum-Effekt, benannt nach dem amerikanischen Zirkusdirektor Phineas Taylor Barnum, der Mitte des 19. Jahrhunderts in seinem New Yorker Museum allerlei gefälschte Sensationen präsentierte, darunter eine vermeintliche Affe-Fisch-Chimäre sowie einen Afroamerikaner mit fliehender Stirn als angebliches »missing link« zwischen Affe und Mensch. Er biete »ein kleines Etwas für Jedermann«, sagte er über sein Kuriositätenkabinett.

Und so enthalten auch wirkungslose Therapien immer wieder Elemente, die den Klienten vertraut vorkommen. Sie glauben dann, der Pseudotherapeut habe ihre Seele erkannt. Eine Täuschung. Auch Horoskope nutzen den Barnum-Effekt: Sie sind so vage formuliert, dass für jeden Leser etwas dabei ist. Man fühlt sich verstanden. Barnum nannte sich selbst den »Prince of Humbug«. Schade, dass er die Geburt der Quantenphysik nicht mehr erlebt hat.

Alles Quanten oder was?

Das »wissende Feld«, in dem alle irgendwie mit allen zusammenhängen, ist nur ein Ausläufer eines Phänomens, das wir Quantenhumbug nennen: windige Theorien, die durch die Berufung auf die Quantenphysik einen soliden Anstrich bekommen. Es gibt Unmengen davon. Das Engelwesen Kryon, gechannelt durch den amerikanischen Geschäftsmann Lee Carroll und dessen Jünger, berät Klienten gerne mithilfe der Quantenphysik. »Die Quantenphysik muss man nicht tief studieren, um anzunehmen, dass jegliche Realität dann entsteht, wenn du den Fokus darauf setzt«, heißt es vom deutschen Kryon-Coach Barbara Bessen. Ähnlich argumentiert Rhonda Byrne in ihrem Weltbestseller *The Secret – Das Geheimnis*. Wünsche könnten sich materialisieren, wenn man fest genug an sie glaube, behauptet die australische Fernsehproduzentin. Auch Krankheiten und Armut würden durch die eigenen Gedanken verursacht. Wie kann das sein? Byrne: »Quantenphysikern zufolge ist das gesamte Universum aus Gedanken hervorgegangen.« Und: »Ihr Geist ist tatsächlich der Gestalter dessen, was Sie umgibt. Die erstaunliche Arbeit und die Entdeckungen der Quantenphysiker in den vergangenen achtzig Jahren haben uns zu einem tieferen Verständnis der unauslotbaren schöpferischen Macht der

Gedanken geführt.« Wer glaubt denn an so was? Ein paar Millionen Buchkäufer. *The Secret* rangiert seit seinem Erscheinen ununterbrochen auf der *Spiegel*-Bestseller-Liste unter den Top 50. Man muss dieses Werk nicht kennen, aber auch dann gibt es kein Entkommen. Es ist normal geworden, dass in der Nachbarschaft plötzlich ein Quantenheiler seine Praxis eröffnet. Was ist da los?

Die Theoretische Physik zu Beginn des 20. Jahrhunderts war wie ein Ventil, mit dessen Hilfe Esoteriker ihren über 300 Jahre angestauten Frust ablassen konnten. Frust über den Erfolg mechanistischer Welterklärungen nach Galileo Galilei und Isaac Newton. Die Esoterik hatte der Wissenschaft stets nachgeeifert wie der kleine Bruder der großen Schwester, fand aber mit spekulativen Konzepten wie der Alchemie, der Astrologie, dem Mesmerismus oder der Homöopathie kein Gehör an den Universitäten. Dort folgten die Naturwissenschaftler stur dem Forschungsprogramm des Reduktionismus: Zerlege die Natur in Einzelteile, um sie zu verstehen. Auch Psychologen hatten nicht viel übrig für spirituelle und religiöse Kategorien. Zwar hatten Franz Anton Mesmer und später die Romantiker sich ausgiebig mit Trancezuständen, Hypnose und der »Nachtseite der Seele« (Novalis) befasst. Aber Sigmund Freud und seine Schüler brauchten kein Konzept einer Seele, um das Denken und Fühlen der Menschen zu deuten.

Nun jedoch, Anfang des 20. Jahrhunderts lieferten die Quantenphysik und Einsteins Relativitätstheorie neuen Stoff für ein holistisches Gegenprogramm und die Wiederverzauberung der Welt. Der niederländische Esoterik-Forscher Wouter Hanegraaff beobachtet »einen bemerkenswerten Konsens in der modernen und zeitgenössischen Esoterik, dass Wissenschaft und Spiritualität – nicht die Religion – zu einer Art höheren Einheit verschmelzen sollen. Ganz nach dem Motto: Die alte positivistische Weltsicht ist tot, hoch leben avantgardistische Theorien wie die Relativitätstheorie, die Quantenmechanik und die Stringtheorie (und, wenn man ehrlich ist, jeder wissenschaftliche Ansatz, der neu und sexy daherkommt).«

Laut Relativitätstheorie kann sich Energie in Materie umwandeln und umgekehrt. Ist die Trennung von Körper und Geist damit hinfällig? Und laut Quantentheorie können weit entfernte Atome oder Lichtteilchen miteinander in Verbindung stehen. Ist das ein Hinweis auf die alles umfassende Weltseele? Es schien, als würden die kühnsten Träume von Esoterikern und Alchemisten endlich wahr. »Diese Theorien schienen nicht nur mit dem Glauben an spirituelle Realitäten im Einklang zu stehen, sondern taugten womöglich sogar als Basis der neuen Einheit von Spiritualität und Wissenschaft«, sagt Hanegraaff.

Einer der Wegbereiter dieser Symbiose war Carl Gustav Jung. Der Schweizer Psychiater und vorübergehende Weggefährte Freuds hatte um 1900 seine Archetypenlehre entwickelt, der zufolge Menschen in allen Kulturen von ähnlichen Motiven träumen, etwa von weisen alten Männern, jungen Mädchen, von Helden, Schlangen und Dämonen, wie sie auch in Märchen und Mythologien auftauchen. Diese Motive verkörperten Urbilder (griech.: Archetypen) aus dem kollektiven Unbewussten der Menschheit, behauptete Jung. Sie waren also Ausdruck einer Art Weltseele. Doch wie sollte diese Weltseele entstanden sein? Die Entdeckung der Quantenphysik beflügelte Jungs Phantasie. Vielleicht konnte diese Theorie ja außergewöhnliche, bedeutungsvolle Zufälle erklären. Eine seiner Patientinnen hatte ihm einmal davon berichtet, dass ihr im Traum ein golden schimmernder Mistkäfer erschienen sei – das Tier wurde als »heiliger Pillendreher« im Alten Ägypten verehrt. Just in diesem Moment war ein ähnlich aussehender Käfer gegen die Fensterscheibe und, nachdem Jung das Fenster geöffnet hatte, ins Praxiszimmer geflogen. »Synchronizität« nannte Jung das Phänomen solcher Zufälle, die nicht durch eine kausale Kette miteinander verknüpft schienen, aber offenbar doch irgendwie von Bedeutung waren. Konnte die Quantenphysik etwas damit zu tun haben? Oder die Relativität von Raum und Zeit? Welch ein Glück, dass der zeitweilig depressive Quantenphysiker und spätere Nobelpreisträger Wolfgang Pauli einst bei Jungs Praktikantin Erna Rosenbaum in Behandlung gewesen war. Pauli und Jung wurden Brieffreunde. »Unser gestriges Gespräch über die ›Synchronizität‹ von Träumen und äußeren Ereignissen war mir eine große Hilfe«, schreibt Pauli im Jahr 1948 an den älteren Psychologieprofessor und schildert gleich noch einen eigenen Traum, der vielleicht in diesem Sinne gedeutet werden könne.

Pauli blieb nicht der einzige Physiker, der mit esoterischen Ideen sympathisierte. Fritjof Capra brachte rund 30 Jahre später die moderne Physik mit fernöstlichen Philosophien in Verbindung, seine Bücher *Tao der Physik* (1975) und *Wendezeit* (1982) wurden zu Programmschriften der New-Age-Bewegung. »Quanten-Mystizismus« nennt Hanegraaff die Verbindung von moderner Physik und Esoterik. Denn: »All das hat wenig mit der wirklichen Praxis der Naturwissenschaften und viel mit der verbreiteten Sehnsucht nach irgendeiner Art von neuer Naturphilosophie zu tun, die die Kluft zwischen Geist und Materie überbrücken soll.«

Dem österreichischen Quantenphysiker Anton Zeilinger ist diese Sehnsucht sehr vertraut. Er hat in populären Experimenten immer wieder gezeigt, wie die Quantenphysik unsere Intuition austrickst. Einmal verschlüsselte Zeilinger ein Foto der Venus von Willendorf, einer großbusigen Steinzeitfigur, mit Tricks aus der Quantenphysik digital und schickte das Ergebnis wie eine geheime Nachricht durch ein 360 Meter langes Glasfaserkabel – um das Prinzip der »Quantenkryptografie« zu demonstrieren; ein andermal übertrug er die Eigenschaften eines Lichtteilchens wie von Geisterhand auf ein anderes, dafür wurde er »Mr. Beam« (von »beamen«) getauft. Und er führte den Dalai Lama durch sein Labor. Kein Wunder, dass er Esoteriker anzieht wie das Licht die Motten. Quantenheiler oder Quantenmediziner berufen sich auf ihn. »Es tut mir leid«, sagt Zeilinger, »ich kann nichts dagegen tun.« Esoteriker seien naiv, sagt er. »Es ist ihnen nicht klar, wie knallhart mathematisch unsere Aussagen sind.«

Es ist zwar richtig, dass laut Quantenphysik zwei weit voneinander entfernte Materie- oder Lichtteilchen miteinander in Verbindung stehen können. Albert Einstein konnte sich mit dieser Vorhersage der Quantenphysik nicht anfreunden, er sprach von einer »geisterhaften Fernwirkung«. Heute zeigen Experimente wie jene von Zeilinger, dass solche Quantenzustände tatsächlich existieren. Allerdings nur unter streng kontrollierten Laborbedingungen. Kleinste Temperaturschwankungen, Erschütterungen oder Zusammenstöße mit Luftmolekülen lassen die fragilen Quantenzustände zerbrechen. Dass Menschen oder Lebewesen durch Quantenfelder miteinander Kontakt haben, ist abwegig. Oder?

An einem Wochenende im September wollten wir selbst Heilen lernen. Wir hatten uns die Königsdisziplin ausgesucht: Geistheilen. Das funktioniert berührungslos und selbst dann, wenn Heiler und Klient Tausende Kilometer voneinander entfernt sind. Das Geheimnis heißt »Prana-Energie«.

Chakrenreinigung und bioplasmatische Mülleimer

An einem Sonntagvormittag um elf Uhr stehen wir mit acht Männern und Frauen sowie einer Ärztin auf einem Waldweg in Hamburg und scannen uns gegenseitig aus einigen Metern Entfernung mit den Händen ab. Das ist eine Vorübung. Am Nachmittag werden wir fernheilen, aber nun sollen wir zunächst die äußere Aura der anderen fühlen. Kasimir steht 20 Meter entfernt. Wenn er die Zunge an den Gaumen lege und tief in den Bauch atme, vergrößere sich seine äußere Aura, erklärt Petra, die Ärztin, die den Kurs leitet. Ihre Hand fährt durch die Waldluft, bis sie auf eine unsichtbare Mauer zu stoßen scheint. »Hier ist sie!«, ruft Petra. Die Aura von Kasimir.

Ein Radfahrer nähert sich, durchquert die Aura, als sei da nur Luft, ruft: »Guten Morgen, Frau Doktor.« Petra sagt: »Die kennen mich hier schon.« Ihr rot geklinkertes Einfamilienhaus steht gleich nebenan. In der vorderen Hälfte betreibt sie eine Arztpraxis. Als Hausärztin verschreibt sie Antibiotika und impft gegen Grippe. Im Souterrain bildet sie Prana-Heiler aus. Ihre Zertifikate: Certified Pranic Healer, Associate Pranic Healer, Esoteric Feng Shui Course, Spiritual Business Manager. Als Heilerin reinigt sie Chakren und überträgt Energie zur Stärkung der Selbstheilungskräfte. Grippeschutzimpfung und Geistheilen, für Petra geht das zusammen wie Yin und Yang.

Im Fernsehen sieht man in faszinierenden Auslandsreportagen manchmal Medizinmänner und Voodoo-Rituale. Das ist geheimnisvoll und wirkt sehr authentisch. Aber man muss gar nicht so weit fahren. Etwas Ähnliches gibt es auch in Hamburg-Wandsbek.

An unserem Kurs nehmen Vera und Maria teil, zwei slowenischstämmige Frauen, die bei Petra in Behandlung sind. Sie hätten psychische Probleme, sagten beide in der Vorstellungsrunde. Dann ist da Klaus, ein früherer Pharmareferent mit tiefer Falte zwischen den Augenbrauen. Seine Netzhaut löst sich ab, auf dem einen Auge ist er schon fast blind, seine Brille hat sehr dicke Gläser. Außerdem Eva, eine ehemalige Heilpraktikerin, mit ihrem italienischen Ehemann. Und Kasimir, zuständig für die 150 Prana-Lehrer in Deutschland. Er hat uns eingeladen, weil wir einen kritischen Artikel über Esoterik geschrieben haben. Kasimir ist ein freundlicher Mann mit grauen Haaren und fliehender Stirn, er arbeitete früher als Verfahrenstechniker in der Arzneimittelherstellung eines großen Pharmakonzerns. Seit er in Rente ist, widmet er sich stärker seinen spirituellen Interessen. Er wolle die Methode bekannt machen, da er von ihrer Wirksamkeit überzeugt sei, schrieb er. Man müsse das einfach mal selbst erlebt haben. Wir bräuchten nichts zu bezahlen.

Am Vortag standen wir in Petras Garten und blinzelten in den Himmel. Wenn man mal länger in die Wolken schaut, driften irgendwann kleine Punkte durch das Blickfeld. Das seien die Atome des Luft-Pranas, erklärte Petra. »Prana« bedeutet so viel wie Lebensenergie, andere sagen »Qi« dazu. Dann stellte sich ihre Assistentin im Seminarraum vor eine weiß tapezierte Wand. Ob jeder den weißen Rand sehe, das sei die innere Aura, eine zehn bis 15 Zentimeter breite Hülle um den Körper. Allgemeines Kopfnicken. Ende der Beweisführung.

Erfunden wurde die Prana-Theorie in den 1980er-Jahren von Grandmaster Choa Kok Sui – kurz GCKS. Er arbeitete unter dem bürgerlichen Namen Samson Lim Choachuy als Ingenieur und Manager auf den Philippinen, bevor er sich dem spirituellen Geschäft zuwandte. Seine Heilbehandlung, verkündete er, sei die Essenz aus zahlreichen esoterischen und spirituellen Systemen. Doch während die anderen nur die Kunst des Heilens beherrschten, habe er daraus eine Wissenschaft gemacht. Elf Hauptchakren sind dieser Theorie zufolge über den Körper verteilt, Vertiefungen in der Aura, die mit Organen in Verbindung stehen und durch positive und negative Energie beeinflusst werden. Woher weiß man das alles? Von Leuten, die es gesehen haben, sagt Petra.

Prana ist aber nicht nur ein Glaubenssystem, sondern auch ein Geschäftsmodell. Prana Germany schreibt: »Bei einer Prana-Anwendung fließt Energie zum Klienten. Im Interesse des Klienten sollte ein Ausgleich in umgekehrter Richtung stattfinden. Dieser Energieausgleich kann in Form eines Honorars erfolgen.« Zertifizierte Lehrer unterrichten nach einem Franchise-Modell und zahlen Lizenzgebühren. Die Familie des Meisters hat Prana als Markenzeichen registriert. Der Grundkurs bei Petra kostet 300 Euro, Geringverdiener bekommen einen Zuschuss. Wer vier Wochenendseminare für insgesamt rund 900 Euro absolviert und außerdem mindestens 25 Behandlungen dokumentiert, kann als Heiler zertifiziert werden.

An diesem Sonntag im Wald fährt Kasimir mit einer Hand an den Zweigen vorbei. Er könne das Baum-Prana spüren, sagt er. Als er das erste Mal in die Aura eines Baums trat, sei das wie eine Offenbarung gewesen. Petra hat Prana noch vom Meister persönlich erlernt. 2007 starb GCKS im Alter von 54 Jahren an den Folgen einer Lungenentzündung, ziemlich jung für einen Heiler, aber das wird ihm nicht nachgetragen. »Er hat seinen Körper verlassen«, sagt Petra. Sein Geist sei noch da.

Petra wirkt ausgeglichen. Nur wenn Klaus, der ehemalige Pharmavertreter, auf Politiker schimpft, wird sie für einen Moment unwirsch. Zu viel negative Energie. Negative Energie kann sich auf dem Laminat sammeln und durch die Fußsohlen in den Körper gelangen. Deshalb stehen im Seminarraum auch Plastikschalen mit Salzwasser, in die werden wir später beim Chakrenreinigen negative Energie werfen. »Bioplasmatische Mülleimer« heißen diese Behälter.

Petra hat anfangs sehr korrekt auf ein paar Regeln verwiesen, die man seinen Klienten – Patienten soll man nicht sagen – mitteilen soll: Prana-Anwendung sei keine Therapie im medizinischen Sinne und könne eine solche auch nicht ersetzen; der Geistheiler dürfe keine medizinischen Diagnosen stellen; er verpflichte sich, dem Klienten zum Besuch beim Arzt oder Heilpraktiker zu raten. Es scheint aber nicht immer einfach zu sein, das konsequent durchzuziehen. Sai Kolleti, der Prana-Meister für Deutschland, sagt in einem Video: Ein gebrochener Knochen heile mit Schulmedizin in sechs Wochen, aber »wenn Sie zu einem Prana-Anwender gehen, sparen Sie mindestens drei bis vier Wochen«. Auf dem Ärztebewertungsportal Jameda bekommt Petra von vier anonymen Patienten gute Noten, aber 2010 klagte ein fünfter: »Bei Beschwerden wurde mir und meiner Familie jedes mal zuerst dazu geraten, an einem ihrer Prana-Kurse teilzunehmen.«

Nach zwei Tagen haben wir die elf Hauptchakren und zahlreiche Nebenchakren kennengelernt, außerdem das Kämmen von Gesundheitsstrahlen und das Scannen der Aura. Wir haben zur Übung imaginäre Atemwegserkrankungen durch Reinigen und Energetisieren bestimmter Chakren behandelt. Am Sonntag um fünf ist es soweit. Fernheilung. Die Hälfte der Teilnehmer geht ins Erdgeschoss. Die anderen bleiben im Souterrain und starten die Behandlung.

Wir sollen uns den anderen nur vorstellen, sagt Petra, am besten kleiner als in Wirklichkeit, dann ginge die Behandlung auch schneller. Wir kämmen die Aura und reinigen die Milz- und die Fußsohlen-Chakren von negativer Energie. Dann kurz energetisieren, zum Abschluss stabilisieren. Die Prana-Sprache lernt man schnell.

Als die anderen wieder nach unten kommen, müssen sie

berichten. Was habt ihr gespürt? »Kopf«, sagt der Italiener. Und Hals. Ganz intensiv. Er ist fest davon überzeugt, dass wir an den oberen Chakren dran waren. Stimmt leider nicht.

Müsste man jetzt nicht kritisch sein, mal fragen: Kann das wirklich sein? Zweifeln? Ist nicht der Zweifel eine Tugend, die auch glücklich machen kann? Man könnte doch auch sagen: Das hier ist Glauben. Und Glauben kann helfen. Das andere ist Wissen. Aber das passiert nicht. Petra hat eine andere Erklärung: Es gebe Blockaden. Und dann werde die Energie umgeleitet. So ist das in der Geistheilung. Und so ist das auch in der Alternativmedizin. Und in der Psychotechnik. Geht nicht, gibt's nicht. Es gibt immer eine Erklärung. Petra spricht noch ein Gebet und dankt dem Grandmaster. Dann ist die Vorstellung zu Ende.

Immer noch besser Heilpraktiker als Geistheiler

Es ist nicht verkehrt, zu einem Geistheiler zu gehen, wenn man sich mies fühlt, in einer Lebenskrise steckt oder einfach neugierig ist. Es ist auch nicht verkehrt, einen Heilpraktiker aufzusuchen. Aber man sollte mit realistischen Erwartungen hingehen. Gute Heiler erkennen immerhin, wenn jemand ein ernstes psychisches Problem hat und zu einem echten Therapeuten gehen sollte. Heilpraktiker sind etwas besser ausgebildet als Geistheiler. Aber auch sie sind in der Regel nicht in der Lage, ernsthafte psychische Krankheiten wirksam zu behandeln. Hier sind die wichtigsten Faustregeln, wie man Bullshit-Therapien von wirksamen Therapien unterscheiden kann:

1. Vorsicht bei Online-Recherchen
Im Internet sind Pseudotherapien von Psychotherapien schwer zu unterscheiden. Über Psychotherapeuten in der Nähe informiert der Suchdienst psych-info.de der Psychotherapeutenkammern. Vorsicht vor Internetportalen wie psychologe.de, wo »Therapeuten für Psychotherapie« Lebensberatung anbieten und im Minutentakt abrechnen. Der adviqo-Konzern, der diverse esoterische Portale sowie Astro TV besitzt, schreibt im Geschäftsbericht 2012: »Mit dem Aufbau von Lebensberatungs-Plattformen in nicht-esoterischen Bereichen, wie psychologe.de, sieht die adviqo-Gruppe mittelfristig weiteres Potenzial für Kundengewinnung und Wachstum.«

2. Ob jemand wegen psychischer Probleme einen Spezialisten aufsuchen sollte, kann in der Regel der Hausarzt beurteilen
Auch psychosoziale Beratungsstellen von Städten und Gemeinden sind eine gute Anlaufstelle. Für eine grobe Selbsteinschätzung hilft die Broschüre der Bundespsychotherapeutenkammer unter bit.ly/psychoRat.

3. Titel genau lesen
Psychologischer Psychotherapeut darf sich nennen, wer nach dem Psychologiestudium noch eine mehrjährige Zusatzausbildung absolviert hat. *Ärztliche Psychotherapeuten* haben zuvor Medizin studiert, *Kinder- und Jugendlichenpsychotherapeuten* Pädagogik oder Psychologie. Ein *Facharzt für Psychiatrie und Psychotherapie* darf auch Medikamente verschreiben. *Heilpraktiker für Psychotherapie* wird man viel schneller: Es genügen ein Hauptschulabschluss und eine Prüfung beim Gesundheitsamt. Den Stoff lernt man in Kursen, die zum Beispiel fünf Wochenenden dauern, auch ein Selbststudium ist möglich. Oft nennen sich diese Leute auch »Therapeut für Psychotherapie«, oder sie eröffnen eine »Praxis für Psychothera-

pie«, um die gesetzlich geschützte Berufsbezeichnung »Psychotherapeut« zu umgehen. Und dann gibt es noch Heiler oder Geistheiler. So darf sich jeder nennen.

4. Welche Therapie ist für welche psychische Störung wirksam?
Das beurteilen Experten im wissenschaftlichen Beirat Psychotherapie. Dieses Gremium sichtet die Anträge von Fachgesellschaften und bewertet die entsprechenden Studien. Fünf Verfahren wurden von diesem Beirat bislang wissenschaftlich anerkannt: tiefenpsychologisch fundierte Psychotherapie und Psychoanalyse (beide werden auch als Psychodynamische Psychotherapie zusammengefasst), Verhaltenstherapie, Gesprächspsychotherapie und Systemische Therapie, außerdem noch ein paar andere Methoden und Techniken zur Behandlung ausgewählter psychischer Störungen (Einzelheiten unter wbpsychotherapie.de).

5. Welche Therapie im Einzelfall sinnvoll ist, berät man mit dem Therapeuten
Am sichersten ist eine von den gesetzlichen Krankenkassen bezahlte Therapie. Das sind derzeit nur die tiefenpsychologisch fundierte Psychotherapie, die Psychoanalyse und die Verhaltenstherapie. Sie haben alle Hürden der Gesundheitsbürokratie genommen. Manche Kassen zahlen auch noch weitere Verfahren, und manche Therapeuten kombinieren mehrere Methoden. Wichtig ist, dass die Beziehung zum Therapeuten stimmt. Die Kassen erstatten vor der eigentlichen Behandlung den Besuch unterschiedlicher Therapeuten.

6. Daran erkennt man Bullshitter
Sie klären nicht über ihre eigene Methode und alternative Therapieverfahren auf, wie vom Patientenrechtegesetz vorgeschrieben. Sie versprechen Heilung in kürzester Zeit. Sie

praktizieren in entlegenen oder angemieteten Tagungs-räumen. Sie füllen Stadthallen und heilen auf der Bühne. Sie werben mit wundersamen Erfolgsgeschichten. Sie bieten Fernheilung an. Sie wecken Schuldgefühle, wenn eine Behandlung keinen Erfolg hat. Sie reden über ihre eigenen Probleme. Sie schildern ihren Werdegang als Erweckungsgeschichte.

MEDIZIN

Die Heilkraft des Humbugs

Alternativmediziner waren einmal auf dem Weg, die wahren Heilkünstler zu werden. Dann kamen ihnen die Fakten in die Quere.

Die Spiritualisierung der Medizin

Zu den selten erwähnten Nebenwirkungen der Alternativmedizin zählt ihre zersetzende Wirkung auf soziale Beziehungen: Sie zerstört Freundschaften. Das erlebte die Schriftstellerin Amelie Fried, als sie auf Facebook bekannte, sie glaube nicht an die Homöopathie. Eine Freundin fand das gar nicht gut, erinnerte sich Fried: »Homöopathie habe nichts mit Glauben zu tun, fauchte sie – und kündigte mir die Freundschaft. Ich kenne sie seit 30 Jahren.«

Als Homöopathie-Kritikerin fühlte sich Amelie Fried wie im Heiligen Krieg. »Wenn man früher eine Party aufmischen wollte«, schrieb sie im Magazin *Cicero*, »musste man sagen, dass man Terroristen versteckt oder seine Kinder schlägt. Heute genügt es, die Wirksamkeit der weißen Zuckerkügelchen anzuzweifeln, schon wird man von Anhängern der Hahnemann'schen Heilslehre verfolgt, als habe man eine Mohammed-Karikatur aufs Papstgewand gepinkelt.« Anhänger der Homöopathie nannte sie »Homöopathie-Dschihadisten« und fragte: »Haben wir das Zeitalter der Aufklärung verlassen?«

Wenn Anhänger und Gegner der Alternativmedizin aufeinandertreffen, dann fliegen die Fetzen. »Sie sollten sich schämen, so einen irreführenden und zutiefst diffamierenden Stil und Inhalt in Ihrem Magazin zu dulden«, schrieb ein Cicero-Leser an den Chefredakteur. Eine Leserin verwünschte Amelie Fried nach Nordkorea: »Dann bleiben uns solche Texte zukünftig erspart.« Berichten deutsche Medien über Homöopathie, dann stehen nach wenigen Tagen schon mal mehr als 500 Kommentare unter den Artikeln. Pro: »Unsere Kinder behandeln wir seit zehn Jahren ausschließlich mit Homöopathie, sie haben in ihrem Leben noch keine Schulmedizin zu sich genommen und sind kerngesund.« Contra: »Unfug muss man Unfug nennen. Und Homöopathie ist Unfug.« Und so geht das hin und her, nicht nur beim Thema Homöopathie. Ähnliches gilt für Reiki, Ayurveda, Akupunktur, Chiropraktik, Osteopathie, Bachblüten.

Der Streit ist vordergründig eine Debatte um die richtige Therapie. Was wirkt? Was wirkt nicht? Was schadet? In Wahrheit jedoch geht es um mehr. Von einem Religionskrieg zu sprechen, wie Amelie Fried das tat, ist nicht ganz abwegig. Schließlich prallen bei dem Thema Weltanschauungen aufeinander. Auf der einen Seite stehen die Freunde von Logik und Vernunft. Sie halten Wissenschaft für eine der größten Errungenschaften der Menschheit und Alternativmedizin für unwissenschaftlich. Als letzte Instanz gelten ihnen die Naturgesetze. Sie zitieren gerne Immanuel Kant: »Habe Muth, dich deines eigenen Verstandes zu bedienen!« Auf der anderen Seite stehen die Anhänger der holistischen Weltsicht. Sie verachten das Spezialistentum der Ärzteschaft und die »Apparatemedizin«, und sie halten Wissenschaft nur für einen von mehreren Wegen, die Welt zu erkennen. Sie vermissen den Blick für das Ganze und zitieren gerne Hamlet: »Es gibt mehr Dinge im Himmel und auf Erden, Horazio, als in unserer Philosophie geträumt werden.«

Heilung ist die neue Offenbarung. Für Menschen, die sich

als spirituell bezeichnen, gehören alternative Heilmethoden wie Reiki, Shiatsu, Akupunktur oder eben Homöopathie zum Gesamtpaket dazu. Schließlich kommen die Therapien meist mit einer ganzheitlichen Lehre daher, die auch für Laien verständlich klingt: Der Körper wird von Lebensenergien durchströmt; wenn die aus dem Gleichgewicht geraten, wird er krank; das Bewusstsein hat einen großen Einfluss auf körperliches Wohlbefinden.

Dieses Denken kommt in Wellen. Im 18. Jahrhundert beförderten Anhänger des deutschen Arztes Franz Anton Mesmer die Alternativmedizin, im 19. Jahrhundert die Romantiker, Anfang des 20. Jahrhunderts die Lebensreformbewegung, später die New-Age-Szene. Heute passt die Alternativmedizin zur Postmoderne. Alles geht. Wer heilt, hat recht. Ist das die Zukunft?

Der 2013 verstorbene Soziologe Trutz von Trotha klang irritiert, als er den Boom alternativer Heilmethoden analysierte: »Es ist noch nicht klar, ob wir es hier mit einer Säkularisierung und Kommerzialisierung der Esoterik zu tun haben oder mit einer Spiritualisierung des medizinischen Wissens und des Gesundheitssystems«, schrieb er in einem Sammelband. »Angesichts der vielfältigen Bezüge zwischen Spiritualität und Gesundheit stimmt wahrscheinlich beides.« Andere Sozialwissenschaftler sehen in den Anhängern der Alternativmedizin bereits eine soziale Bewegung, vergleichbar der einstigen Umweltbewegung. Von Homöopathie, Bachblütentherapie und ähnlichen Heilmethoden halten 41 Prozent der Bevölkerung »viel«. 31 Prozent halten »etwas« davon, 16 Prozent »gar nichts«. Das ergab die Allgemeine Bevölkerungsumfrage der Sozialwissenschaften (Allbus) im Jahr 2012, eine der größten repräsentativen Studien zu dieser Thematik. Wer die Magie des Humbugs besser verstehen möchte, der kommt um den Boom alternativer Heilmethoden nicht herum.

Die Theorien der Alternativmedizin stehen oft im Widerspruch zur Wissenschaft; sie lassen sich weder belegen noch widerlegen, ihre Anbieter scheren sich nicht um wahr oder falsch, ihre Verkäufer reden heiße Luft. Wer den Bullshit in der Alternativmedizin erkennt, kann vielleicht davon profitieren. Wer ihn verleugnet, kann im schlimmsten Fall daran sterben. Das größere Problem aber ist, dass die Alternativmedizin die Standards seriöser wissenschaftlicher Forschung aufweicht, nämlich den Anspruch, dass die eigenen Behauptungen belegbar sein müssen.

Humbug fängt mit der Sprache an. Wenn Alternativmediziner von *Schulmedizin* reden, schwingt dabei stets die dogmatische, borniert, intolerante, an medizinischen Schulen orientierte Apparatemedizin mit. In Wirklichkeit jedoch ist die Alternativmedizin die eigentliche Schulmedizin. Sie basiert auf den Denkschulen von charismatischen Lehrmeistern wie Franz Anton Mesmer (Handauflegen, Heilmagnetismus), Samuel Hahnemann (Homöopathie), Rudolf Steiner (anthroposophische Medizin), Daniel Palmer (Chiropraktik) oder der Autorität vorgeblich jahrtausendealten Wissens (Traditionelle Chinesische Medizin, kurz TCM). Die Meister werden wie Heilige verehrt, ihre Schriften und Vorträge gelten als Urwissen, das von ihren Schülern weitergetragen wird.

Alternativmedizin wiederum ist ein Begriff, den inzwischen auch Alternativmediziner nicht mehr gerne verwenden. Viele reden lieber von Komplementärmedizin oder integrativer Medizin, um zu betonen, dass sie ihre Arzneien komplementär, also ergänzend zu konventionellen Medikamenten einsetzen, wie etwa eine Misteltherapie parallel zu einer Chemotherapie. Das Ganze erinnert ein wenig an die Atomdebatte: Die Rhetorik verrät die ideologische Heimat des Sprechers. Wer von Kernenergie redet, ist dafür, wer das Wort Atomkraft verwendet, ist dagegen. Wir werden im Folgenden statt von Schulmedizin meistens von konventioneller, wissenschaftlicher oder evidenzbasierter Medizin (EBM) sprechen. Und wenn wir Alternativmedizin schreiben, meinen wir damit auch die Komplementärmedizin.

Welche Therapien zählen zur Alternativmedizin? Homöopathie, TCM und Akupunktur, Chiropraktik und Osteopathie, Shiatsu, Kinesiologie, anthroposophische und ayurvedische Medizin, Bachblütentherapie, Geistheilung und Ähnliches, Heilmethoden also, die vom medizinischen Mainstream nicht anerkannt werden, weil ihre vermeintlichen Wirkmechanismen den Naturgesetzen widersprechen oder weil sie auf rein spekulativen Ideen beruhen.

Allerdings sind die Grenzen zwischen Alternativmedizin und konventioneller Medizin manchmal unscharf, zum Beispiel in der Naturheilkunde. Dazu zählen Pflanzenheilkunde, Ernährungsmedizin und Fasten, Bewegungs-, Atem- und Entspannungstherapie, Massagen, Güsse, Wickel, Packungen. Sie werden oft in Kuren eingesetzt, um chronische oder allgemeine Beschwerden zu behandeln. Dass vieles davon den Patienten gut tut, ist unbestritten. Ebenso unstrittig ist, dass Pflanzen eine pharmakologische Wirkung auf den menschlichen Organismus haben können. Viele Wirkstoffe der Pharmaindustrie wurden nach dem Vorbild pflanzlicher Substanzen synthetisiert. Wenn sogenannte Mykotherapeuten allerdings Vitalpilze zur Stärkung des Leber-Qi empfehlen, gehen sie zu weit: Lebensenergie (Qi) in der Leber ist keine Wissenschaft, sondern im besten Fall eine Metapher, im schlimmsten Fall Geschwafel.

Im Streit um alternative Heilmethoden fällt irgendwann meist der Satz: Wer heilt, hat recht! Aber das ist Bullshit. Diese rhetorische Leerformel soll Kritik im Keim ersticken. Dabei wird stillschweigend vorausgesetzt, was erst zu beweisen wäre: dass jemand tatsächlich geheilt hat. War es wirklich der Arzt oder Heiler? Oder waren es schlicht die Selbstheilungskräfte des Körpers? Wäre der Patient also auch ohne Kügelchen, Wässerchen, Pillen oder Tröpfchen genesen? *Medicus curat, natura sanat*, sagte Hippokrates: Der Arzt behandelt, die Natur heilt. Wer behauptet, er könne heilen, der muss zeigen, dass er besser ist als die Natur. Deshalb testen seriöse klinische Studien einen Wirkstoff nicht nur im Vergleich zu einem Placebo, sondern auch im Vergleich zur Nichtbehandlung. Auch wer behauptet, seine Arznei könne die Selbstheilungskräfte stärken, sollte dies in Tests belegen können. Andernfalls sind es nur wohlklingende Worte ohne Wahrheitsgehalt.

Heilen mit Magneten

Die Auseinandersetzung zwischen wissenschaftlicher und alternativer Medizin ist eine Geschichte voller Missverständnisse. Die Streithähne reden aneinander vorbei, weil ihre Grundannahmen über die Welt nicht kompatibel sind. Beide Seiten reden von Heilung, meinen aber unterschiedliche Dinge. Diesen Grundkonflikt kann man bis in die Zeit vor der Französischen Revolution zurückverfolgen, genauer: bis zu einem Tag im Mai 1784.

An jenem Tag hatten sich mehrere Männer auf dem weitläufigen Anwesen von Benjamin Franklin, dem amerikanischen Botschafter in Frankreich, am Rande von Paris versammelt, darunter Franklin selbst, der Chemiker Antoine Lavoisier und weitere Mitglieder der Akademie der Wissenschaften sowie Charles Deslon, der Leibarzt des Bruders von Ludwig XVI. Nachdem Deslon einen von fünf Bäumen im Garten nach eigenen Angaben »magnetisiert« hatte, indem er mehrmals mit einem Stock darauf zugegangen war, wurde ein zwölfjähriger Junge, dem man die Augen verbunden hatte, in den Garten geführt. Deslon hatte den Jungen mitgebracht.

Dieser sollte nun die Bäume für jeweils zwei Minuten umarmen. Er spüre ein zunehmendes Taubheitsgefühl, berichtete der Junge bei den ersten drei Bäumen. Nachdem er den vierten Baum umarmt hatte, fiel er in einen tranceartigen Zustand. Auf den Rasen gelegt, krampfte er einige Male und kam dann wieder zu sich.

Die seltsame Szene war keine Voodoo-Zeremonie, sondern eine der ersten Blindstudien der Geschichte. Das Ziel: zu erforschen, ob der »animalische Magnetismus« wirklich existiere. Deslons Lehrmeister, der deutsche Arzt Franz Anton Mesmer, geboren 1734 in Iznang in der Nähe von Radolfzell am Bodensee, sorgte damit in Frankreich für Aufsehen. Sechs Jahre zuvor war Mesmer von Wien nach Paris übergesiedelt und hatte in einer Wohnung an der Place Vendôme eine Praxis eröffnet, die sich bald großen Zulaufs erfreute und landesweit für Schlagzeilen sorgte. Mesmers Heilmethode war außergewöhnlich: Die Patienten saßen gemeinsam mit Gesunden um einen mit Eisenspänen und Sand gefüllten Holzzuber, in dem »mesmerisierte« Wasserflaschen wie Speichen eines Rades angeordnet waren. Die Anwesenden waren durch ein Seil miteinander verbunden und hielten Eisenstäbe in das Gefäß. Auf diese Weise werde der tierische oder animalische Magnetismus von den Gesunden auf die Kranken übergeleitet, behauptete Mesmer. Gekleidet in eine lila Taftrobe, schritt der Arzt bei Dämmerlicht durch die Reihen und berührte schmerzende Körperteile mit seinem langen Eisenstab. Oft fielen Patienten in Trance oder wurden von Krampfanfällen geschüttelt. Ein Helfer brachte sie dann ins Nachbarzimmer, wo er sie auf eine Matratze legte. Mesmers Séancen waren ein Spektakel.

Auch das gemeine Volk suchte seine Praxis auf. Zeitungen diskutierten den Mesmerismus, Patienten berichteten über die wundersame Heilung aller möglichen Leiden, und sogar am königlichen Hof in Versailles waren seine Dienste gefragt. Königin Marie Antoinette, eine gebürtige Wienerin, erhielt regelmäßig Privatbehandlungen. »Das französische Volk«, schrieb Alexandre Dumas, »wurde auf eine unwiderstehliche Weise durch das seltsame Geheimniß des Mesmerischen Fluidums hingerissen, das nach der Behauptung der Ärzte den Kranken Gesundheit, den Narren Geist und den Weisen Narrheit verlieh.« Im ganzen Land wurde Mesmers Therapie von der Société de L'Harmonie angeboten.

Dem Mesmerismus lag ein Schlüsselerlebnis zugrunde, das der junge Arzt in Wien während der Behandlung einer Patientin hatte, die er zur Ader ließ. Der Blutfluss schien davon abzuhängen, wie weit Mesmer sich von der Frau entfernte. Schnell war er davon überzeugt, dass vom Körper magnetische Kräfte ausgehen. In den 1770er-Jahren formulierte Mesmer seine Theorie des animalischen Magnetismus. Er behauptete, der Kosmos werde von einem unsichtbaren magnetischen Fluid durchströmt. Dieses verursache die gegenseitige Anziehung der Planeten und verbinde jeden einzelnen Menschen »mit der Gesamtheit des Universums«. Außerdem bringe es die Körpersäfte ähnlich in Bewegung wie Ebbe und Flut. Krankheiten seien die Folge eines gestörten magnetischen Flusses. Gemeinsam mit einem jesuitischen Astronomen eröffnete Mesmer in Wien eine »magnetische Klinik«, in der er seine Magnetkuren anbot – zum Entsetzen der etablierten Ärzteschaft. Er behandelte seine Patienten nun mit Hufeisenmagneten oder den bloßen Händen. Mozart verewigte den Mesmerismus in seiner Oper *Cosi fan tutte*. Darin tritt ein als Arzt verkleidetes Dienstmädchen mit Hufeisenmagneten auf.

Man muss Mesmer zugute halten, dass seine neuartige Methode in der Regel ungefährlicher war als die damals weit verbreitete Praxis, Patienten die Adern aufzuschneiden und Blut abzulassen. Als er sich jedoch anschickte, die blinde Pianistin Maria Theresia Paradis wieder sehend zu machen, hatte er sich zu viel vorgenommen. Eine von der österreichischen Erzherzogin Maria Theresia eingesetzte wissenschaftliche Kommission bezichtigte den deutschen Arzt des Betrugs. Er musste seine Klinik schließen und ging nach Paris.

Im Streit um den Mesmerismus tauchen jene Überzeugungen und Argumente auf, die bis heute die Alternativmedizin begleiten. Mesmers Lehre ist der Prototyp einer nach heutigen Maßstäben esoterischen Heilmethode. Da ist ein charismatischer Meister mit einer spekulativen Heilslehre; eine holistische Weltanschauung; da sind Begriffe und Ideen aus der etablierten Wissenschaft – Magnetismus, Kraft, Energie –, erweitert durch den Vitalismus, also Theorien über Lebensgeister und die beseelte Natur. Und da sind zahlreiche Laientherapeuten und Patienten, die von der Wirksamkeit der Methode felsenfest überzeugt sind, während Wissenschaftler das alles für Unfug halten. Noch heute gibt es Heilpraktiker, die mit Heilmagneten arbeiten. Aber hier hören die Parallelen auf.

Immerhin gab es damals noch gute Gründe, an Mesmers Theorie zu glauben. Der tierische Magnetismus ging zwar weit über den Stand der Forschung hinaus, Mesmer befand sich mit seiner Theorie aber in guter Gesellschaft. In Italien erforschte Luigi Galvani mit Froschschenkeln die »tierische Elektrizität«. Alexander von Humboldt glaubte, der Mond strahle eine magnetische Kraft aus. In Paris experimentierte Antoine Lavoisier mit Sauerstoff und anderen Elementen. Dass in der Natur unsichtbare Kräfte existierten, gehörte zum Allgemeinwissen. Und hatte nicht sogar Newton über einen »höchst subtilen Geist, der alle groben Körper durchdringt«, spekuliert?

Das Publikum war »berauscht von der Macht der Wissenschaft«, schreibt der Historiker Robert Darnton in seiner Studie *Der Mesmerismus und das Ende der Aufklärung in Frankreich*, »und es war verwirrt von den wirklichen und eingebildeten

Kräften, mit denen die Wissenschaftler das Universum bevölkerten. Weil das Publikum nicht zwischen dem Realen und dem Imaginären unterscheiden konnte, griff es nach allen unsichtbaren Fluida, jeder wissenschaftlich klingenden Hypothese, die versprach, die Naturwunder zu erklären«. Humbug oder nicht Humbug, das war schwer zu unterscheiden zu einer Zeit, als die Wissenschaft Schlag auf Schlag neues Terrain eroberte. Newton hatte mit einer einzigen Theorie die Gezeiten und die Flugbahnen der Kanonenkugeln erklärt. Warum also sollten magnetische Kräfte keine heilende Wirkung haben?

Die Gelehrten versuchten, die gerade erst mühsam erarbeiteten Maßstäbe der empirischen Wissenschaft zu verteidigen. Sie warfen Mesmer Aberglauben und Volksverdummung vor. Charles Deslon wurde aus der medizinischen Fakultät der Pariser Universität ausgeschlossen, nachdem er sich zum Mesmerismus bekannt hatte. Wurde halb Frankreich etwa von ein paar Scharlatanen zum Narren gehalten? Der König setzte zwei Kommissionen ein, um die Sache zu klären. So kam es, dass die Herren eines Tages bei Benjamin Franklin im Garten standen und beobachteten, wie ein Zwölfjähriger die Bäume umarmte. Der Baum, vor dem der Junge in Ohnmacht fiel, war allerdings nicht der mesmerisierte Baum.

Die Wissenschaftler besuchten außerdem Deslons Vorlesungen über Mesmerismus – Mesmer selbst verweigerte die Zusammenarbeit – und unterzogen sich einer Magnetkur, deren Wirkung allerdings ausblieb. Und sie stellten mit unterschiedlichen Patientinnen Blindversuche an. Eine Patientin durchzuckten Krämpfe, nachdem man ihr fälschlicherweise suggeriert hatte, sie sei durch eine Tür hindurch mesmerisiert worden. Eine andere reagierte hingegen überhaupt nicht, obwohl man ihr heimlich mesmerisiertes Wasser gereicht hatte.

Schließlich fällte die Kommission ihr Urteil, höflich im Tonfall, ernüchternd im Ergebnis. Man sei zu dem Schluss gekommen, »dass die Existenz dieses [tierischen] Magnetismus durch nichts bewiesen werden kann; dass dieses Flüssige, da es nicht existieret, auch folglich ohne Nutzen ist, und daß die heftigen Wirkungen, die man bey den öffentlichen Behandlungen bemerkt hat, bloß dem Berühren, der in Bewegung gesetzten Einbildungskraft und jener zur Natur gewordenen Nachahmung zuzuschreiben ist, die uns das, was in unsere Sinnen fällt, zu wiederholen gleichsam anmahnet«.

Die Mesmeristen kämpften mit Flugschriften gegen den Bericht, aber die Französische Revolution kam dazwischen. Nach internen Streitereien spaltete sich die Bewegung, und sie verlor ihre Protagonisten. Charles Deslon fiel tot um, während er mesmerisiert wurde. Mesmer verließ Paris und reiste durch England, Italien, Österreich, die Schweiz und Deutschland, ohne an seine Pariser Erfolge anknüpfen zu können. Er starb 1815 in der Nähe seines Geburtsortes. Der Meister war tot. Aber seine Weltanschauung überlebte ihn. Im Englischen sagt man noch heute, man sei »mesmerized«, wenn man von etwas gebannt ist.

Goethe verteidigt die Homöopathie

Die Philosophen der Romantik, Schelling, Schlegel und Fichte, huldigten dem animalischen Magnetismus. Und die Geschichte der Homöopathie beginnt ebenfalls mit einer Verbeugung vor der umstrittenen Lehre: Samuel Hahnemann, der Erfinder der Homöopathie, pries den animalischen Magnetismus in seinem *Organon der Heilkunst* als »wundersames, unschätzbares, dem Menschen verliehenes Geschenk Gottes«. Diese »oft thörichter Weise, während eines ganzen Jahrhunderts geleugnete oder geschmähte Heilkraft« könne sogar Scheintote zum Leben erwecken. Als Magnetiseur sei dafür am besten ein Mann geeignet, der in voller Lebenskraft stehe, aber »einen sehr geringen oder gar keinen Begattungs-Trieb« besitze, weil bei so einem Mann die magnetischen Kräfte nicht für die Samenproduktion aufgezehrt würden. Goethe klagte im Frühjahr 1820: »Hierzulande spielt man ein kurioses Spiel mit Ablehnen und Abdämmen der Neuerungen jeder Art. Z. B. durch Magnetismus – Mesmer! Zu kurieren ist verboten. (...) Auch nach der Hahnemannschen Methode darf niemand praktizieren«. In den habsburgischen Ländern war die Homöopathie auf Betreiben des kaiserlichen Leibarztes 1819 offiziell verboten worden.

Bald darauf schrieb Goethe über Hahnemann: »Ich glaube jetzt eifriger als je an die Lehre des wundersamen Arztes, seitdem ich die Wirkung einer allkleinsten Gabe so lebhaft gefühlt und immer wieder empfinde.« Der Medizinhistoriker Robert Jütte vermutet, dass Goethe sich damals selbst mit homöopathischen Mitteln therapierte.

Wenn heute die Anhänger und Gegner der Homöopathie im Netz aufeinander eindreschen, dann ist das die Fortsetzung des 200 Jahre alten Streits zwischen romantischer und empiristischer Weltanschauung. Die deutsche Romantik schwärmte vom Geheimnisvollen und beklagte den Vormarsch der empirischen Naturwissenschaft. In der Romantik lebte die Vorstellung von der Natur als Organismus wieder auf. Das mechanistische Weltbild lehnten die Romantiker ab. Die Natur sei kein Uhrwerk. Statt Franz Anton Mesmer gegen Benjamin Franklin und Goethe gegen Kant heißt es heute Alternativmedizin gegen wissenschaftliche Medizin.

Dabei geht es im Kern um die Frage, wie der Mensch zu Erkenntnissen über die Natur gelangen soll. Galileo Galilei und der britische Gelehrte Francis Bacon waren Pioniere der experimentellen Methode. Galileo ließ Kugeln eine Schräge hinabrollen, um den Fallgesetzen auf die Spur zu kommen. Francis Bacon bezahlte seine Experimentierlust angeblich sogar mit dem Leben. Er starb im Alter von 65 Jahren an den Folgen einer Lungenentzündung, die er sich mutmaßlich bei Experimenten im Schnee zugezogen hatte. Gemeinsam mit dem Leibarzt des britischen Königs hatte er untersucht, ob Hühnerfleisch in der Kälte länger hält.

Die Romantiker dagegen fanden diesen Empirismus armselig. Die Natur verstumme auf der Folterbank des Experiments, schrieb Goethe 1820 in *Maximen und Reflexionen XVI.* und schwärmte: »Der Mensch an sich selbst, insofern er sich seiner gesunden Sinne bedient, ist der größte und genaueste physikalische Apparat, den es geben kann.« Und die neuere Physik mit ihren vom Menschen abgekoppelten Instrumenten sei »das größte Unheil«. Goethe versuchte sich selbst als Naturforscher. Seine Farbenlehre und seine Theorie einer Ur-Pflanze erwiesen sich allerdings als Sackgassen, während die empirische Medizin wirkliche Fortschritte machte. Durch verbesserte Hygiene ging die Säuglingssterblichkeit drastisch zurück, die Lebenserwartung stieg.

Und die Medizin spezialisierte sich. Es gab nun Orthopäden, Hautärzte, Nierenspezialisten, Internisten. »Der ›ganze‹ Mensch war dabei, aus dem Blick der Ärzte zu geraten«, schreibt der Historiker Helmut Zander in seiner Rudolf-Steiner-Biografie, »die Expertise der Fachleute entmachtete den Patienten im Heilungsprozess. Und hier schlug die Stunde der Alternativmedizin, besonders im bildungsbürgerlichen Milieu«. Die Bildungsbürger hatten genug Geld und Muße, um alternative Verfahren in Anspruch zu nehmen. Das war damals nicht anders als heute.

Rudolf Steiner entwarf in Kursen und Vorträgen die Vision einer anthroposophischen Medizin, die ebenso wie die Homöopathie in einer romantischen Denkungsart wurzelt.

Nach Steiners Verständnis ist der Mensch ein Gleich-
gewichtssystem, und wenn er erkrankt, ist dieses Gleichgewicht gestört. Neu war in diesem Denken eine Prise fern-
östlicher Philosophie, die Steiner von den Theosophen
mitgebracht hatte (siehe auch das Kapitel »Esoterik«).
»Krankheit war für Steiner immer auch karmisches Schicksal, dessen Bewältigung den Patienten und den Ärzten
als Chance gegeben war oder das man als Strafe erleiden
musste«, schreibt Zander.

Samuel Hahnemann, Rudolf Steiner, Sebastian Kneipp,
Max Oskar Bircher-Benner (der Erfinder des Müslis) – sie
alle waren die neuen Anführer alternativer Heilslehren. Für
die Verbreitung dieser Lehren sorgte ein wachsendes Heer
von Laienärzten. Hatte es in den 1870er-Jahren auf dem Gebiet der späteren Weimarer Republik laut Helmut Zanders
Schätzung erst einige hundert Laienbehandler gegeben, so
zählte die Naturheilbewegung im Jahr 1914 bereits 200 000
Mitglieder in 900 Vereinen.

Noch heute tragen medizinische Laien zur Verbreitung
der Alternativmedizin bei: die Heilpraktiker. Mehr als 30 000
von ihnen praktizieren in Deutschland. Und noch heute
haben sie den Aderlass im Programm. Mehrere Dutzend
bieten auch den Heilmagnetismus nach Mesmer an und verleihen einen »Heilmagnetismus Award« an besonders flei-
ßige Therapeuten. Aber auch ein Teil der Ärzteschaft wendet
die Alternativmedizin an, einige aus Überzeugung, andere aus
Opportunismus: Die Patienten verlangten danach. 20 000
der 350 000 niedergelassenen Ärzte in Deutschland führen
laut Bundesärztekammer die Zusatzbezeichnung »Manuelle
Therapie/Chirotherapie«, 16 000 werben mit »Naturheilverfahren«, 13 500 mit Akupunktur und 7000 mit Homöopathie.
Allerdings ist die Alternativmedizin weiter verbreitet, als diese
Zahlen nahelegen, denn um eine Alternativtherapie anzubieten, muss man nicht immer eine entsprechende Fortbildung

absolviert haben. Laut einer nicht repräsentativen Umfrage unter rund 1500 Hausärzten empfehlen 31 Prozent von ihnen ihren Patienten häufig Akupunktur, 15 Prozent Homöopathie und 15 Prozent Chiropraktik.

Und die Patienten? Ihre Perspektive hat die Gesellschaft für Konsumforschung im Auftrag der Bertelsmann-Stiftung und der Barmer Ersatzkasse untersucht. Die Forscher fragten rund 1800 Personen, welche alternativen Therapien sie in den vorangegangenen zwölf Monaten in Anspruch genommen hätten. Das im *Gesundheitsmonitor* 2012 veröffentlichte Ergebnis: Ein Drittel nutzte die Alternativmedizin gar nicht, ein Drittel hatte im Vorjahr ein bis zwei Alternativmethoden genutzt, und ein weiteres Drittel zählte zu den Vielnutzern, darunter überproportional viele Frauen zwischen 40 und 59 Jahren mit höherer Bildung und überdurchschnittlich hohem Einkommen: Sie hatten drei oder mehr Verfahren genutzt. Am häufigsten mit Alternativmedizin behandelt wurden Erkältungskrankheiten, gefolgt von Schmerzen, psychischen Problemen, Allergien und Kopfschmerzen oder Migräne.

Seit Franz Anton Mesmer in Wien seine Magnetkuren erfand, sind 250 Jahre vergangen, aber das Paradox der Alternativmedizin besteht immer noch: Einerseits geben je nach Therapie 40 bis 60 Prozent der Patienten an, die Alternativmedizin habe ihnen gut geholfen. Andererseits gibt es meist nur pseudowissenschaftliche Erklärungen für deren Wirkmechanismen, etwa die Akupunktur-Lehre von den Körpermeridianen, die »energetischen Schwingungen« von Bachblüten, die Subluxationsthese der Chiropraktik (Verschiebung der Rückenwirbel als Ursache zahlreicher Krankheiten). Dass man nicht weiß, wie das eigene Heilverfahren funktioniert, geben die Interessenverbände offen zu. »Was genau bei einer Akupunktur im Körper abläuft, ist wissenschaftlich noch nicht restlos aufgeklärt«, schreibt die Deutsche Ärztegesellschaft für Akupunktur. Die Vorsitzende des Zentralverbands homöopathischer Ärzte, Cornelia Bajic, sagt im Interview mit der eigenen Verbandszeitschrift *Homöopathische Nachrichten*: »Wir Ärzte, die wir die Homöopathie in unseren Praxen tagtäglich erfolgreich anwenden, wissen, dass sie funktioniert, aber wie, das können auch wir bis heute nicht erklären.«

Playing the mystery card nennt der Philosoph Steven Law diese Argumentation: Man behauptet, »dass die sichtbare, wissenschaftlich erforschbare Welt nicht alles sei, da existiere noch eine weitere, geheimnisvolle Realität, die hinter einem Schleier verborgen sei«. Law findet das verlogen: »Je mehr wir uns auf das Mysteriöse beziehen, um uns von intellektuellen Kalamitäten fernzuhalten«, schreibt er in *Glauben Sie nicht jeden Bullshit*, »desto mehr werden wir dieses als einen Teppich benützen, unter den wir lästige Tatsachen oder Entdeckungen kehren, desto anfälliger werden wir für Betrügereien, und zwar beider Arten: jener von anderen und jener von uns selbst.«

Die Alternativmedizin verzaubert die Welt. Der Preis dafür ist mehr Bullshit. Die wissenschaftliche Medizin verzapft weniger Bullshit. Dafür entzaubert sie die Welt. Heilungserfolge der Alternativmedizin klingen aus wissenschaftlicher Perspektive banal. Durchfall, Milchstau, blaue Flecken oder Schnupfen heilen von selbst, ob man Naturheilmittel einnimmt oder nicht. Chronische Leiden wie Migräne und Neurodermitis kommen und gehen. Meist sucht man auf dem Höhepunkt des Leidens einen Arzt auf, aber danach wird es ohnehin besser, ob mit oder ohne Medizin oder Kräutertee. Regression zur Mitte heißt dieses Phänomen in der Statistik. Und dann sind da noch der Placebo-Effekt, die Zuwendung des Arztes, die Rituale. Auch sie können helfen.

Andererseits: Die Wissenschaft weiß nicht alles. Es wäre töricht, ein Heilverfahren nur deshalb zu schmähen, weil man die molekularen Mechanismen nicht versteht. Dann aber stellt sich die Frage: Wie unterscheidet man gute Alternativmedizin von Scharlatanerie? Wie stellt man fest, ob die Alternative wirklich besser ist als die konventionelle Behandlung? Und wäre es nicht auch wünschenswert herauszufinden, ob die Wirkung einer Alternativmedizin allein auf der Kraft der Einbildung beruht, also auf dem Placebo-Effekt, oder ob mehr dahintersteckt?

Um solche Fragen zu klären, richtete die University of Exeter 1993 den ersten Lehrstuhl für Komplementär- und Alternativmedizin an einer europäischen Universität ein. In der Berufungskommission, die einen geeigneten Kandidaten für die Professur auswählen sollte, saß der Homöopath der Königin. Die Wahl fiel auf Edzard Ernst, einen Forscher aus Deutschland. Ernst hat die wissenschaftliche Erforschung der Alternativmedizin einen großen Schritt vorangebracht. Und sich dabei viele Feinde gemacht.

Der Professor und der Prinz

Wir treffen Edzard Ernst im Herbst 2011 in London. Es ist schon Mittag, aber noch ruhig. Keine Hass-Mails von Homöopathen, keine Briefe von Anwälten, kein Ärger mit Prinz Charles. Aber das kann ja noch kommen. Edzard Ernst sitzt im Restaurant der Royal Society of Medicine in London und bestellt ein Wasser, keinen Wein, er muss später am Tag noch Vorträge halten. Mit Lesebrille, Schnauzbart und Doppelkinn sieht er sehr britisch aus, aber vielleicht ist das Einbildung, jedenfalls ist Ernst, geboren 1948 in Wiesbaden, seit zwölf Jahren britischer Staatsbürger. Er liebe dieses Land, sagt er: »Man wird hier nicht nach der Größe des Autos beurteilt.« Nur die Sache mit dem Königshaus, die könne man sich als Deutscher nicht vorstellen.

Prinz Charles könnte der nächste König von Großbritannien werden, er ist ein Anhänger der Homöopathie und besitzt eine Firma, die ein Mittel auf Artischockenbasis zur vermeintlichen Entgiftung des Körpers auf den Markt gebracht hat. Edzard Ernst hat die Artischockentropfen als Quacksalberei bezeichnet und den Prinzen einen Schlangenöl-Verkäufer genannt. Es war der Höhepunkt einer Fehde, zu der Prinz Charles sich nie öffentlich geäußert hat. Glaubt man Ernst, setzte Charles jedoch alles daran, den Professor zum Schweigen zu bringen.

Als Edzard Ernst 1993 nach Exeter berufen wurde, freuten sich Alternativmediziner, dass ihre Heilmethoden nun endlich systematisch erforscht werden sollten. Und war Ernst nicht der perfekte Kandidat? Der neue Professor hatte einige Monate im Münchner Krankenhaus für Naturheilweisen gearbeitet, wo er auch homöopathische Mittel verabreichte. Anschließend machte er sich als Grundlagenforscher einen Namen und wurde dann als Abteilungsleiter an die Universitätsklinik Wien berufen, wo ihm 100 Mitarbeiter und Pensionsansprüche rückwirkend bis zum 18. Lebensjahr zustanden. Diesen Posten gab er auf, um als Professor für Komplementär- und Alternativmedizin in die englische Provinz zu gehen. Doch es dauerte nicht lange, da waren die Alternativmediziner irritiert. Statt Beweise für die Heilkraft von Globuli und Akupunkturnadeln zu liefern, berichtete Ernsts Forschungsgruppe über Risiken und Nebenwirkungen und hinterfragte die Weisheiten der Alternativszene.

Einige Chiropraktiker etwa behandeln selbst Asthma, ADHS (Aufmerksamkeitsdefizit-/Hyperaktivitätsstörung) und Migräne durch Drücken und Schieben von Wirbeln. Doch je mehr Fachartikel Ernst und seine Mitarbeiter unter die Lupe nahmen, desto fragwürdiger erschienen die vermeintlichen Therapieerfolge. Im Lindern von Rückenschmerzen, so ihr Fazit, sei das Knochenrichten mäßig erfolgreich, aber auch nicht besser als eine konventionelle Behandlung. Und dafür, dass die Chiropraktik gegen Asthma oder Migräne hilft, gebe es keine stichhaltigen Belege. Wohl aber für gefährliche Nebenwirkungen: Vor allem Arterien könnten durch das Rückendrücken und Nackenrecken beschädigt werden. Ernst zählte rund 500 gravierende Fälle, inklusive Schlaganfall und Querschnittslähmung, außerdem Todesfälle »in der Größenordnung von 100«, und dies, sagt er, »ist wohl nur die Spitze des Eisbergs«. Chiropraktik sei von allen alternativen Therapieformen die gefährlichste.

Der Journalist Simon Singh, der gemeinsam mit Edzard Ernst das Buch *Gesund ohne Pillen – Was kann die Alternativmedizin?* geschrieben hat, wurde vom Verband der britischen Chiropraktiker wegen ähnlicher Äußerungen verklagt: Er hatte behauptet, der Verband propagiere »Lügentherapien«. Ein Berufungsgericht wies die Klage ab.

Er sei kein Gegner der Alternativmedizin, beteuert Ernst. Tatsächlich finden sich in den mehr als 1000 Veröffentlichungen seiner früheren Forschungsgruppe einige über positive Wirkungen alternativer Arzneien, vor allem von Kräutern. Johanniskraut zum Beispiel wirke besser als ein Placebo gegen schwache bis mittelschwere Depression. Ernsts wahre Mission aber war eine andere: Er hat gezeigt, dass sich die Alternativmedizin mit wissenschaftlichen Methoden erforschen lässt, selbst eine so individualisierte und bizarre Behandlungsmethode wie die Homöopathie.

Homöopathen verordnen zwei Patienten mit denselben Symptomen oft unterschiedliche Mittel. Die Individualisierung gehört zum Prinzip. Aber wie sollte man dies in einer klinischen Studie mit vielen Patienten berücksichtigen? Außerdem ist in den stark verdünnten Arzneien oft kein einziges Molekül des Wirkstoffs mehr vorhanden; angeblich wird beim Verdünnen Information übertragen. Wie kann eine unwissenschaftliche Therapie wissenschaftlich getestet werden? Ernst zeigte, dass es geht.

Er rekrutierte drei Homöopathen, um Kinder mit Asthma zu behandeln. 96 Kinder wurden in zwei Gruppen aufgeteilt. Die eine Gruppe sollte ein Placebo bekommen, die andere homöopathische Globuli. Weder die Kinder noch die Eltern oder die Homöopathen wussten, welcher Gruppe ein Kind angehörte. Die Homöopathen verschrieben jedem Kind das Mittel ihrer Wahl, dann faxten sie das Rezept an eine Londoner Apotheke, die Apotheke schickte Globuli und Placebo (nur mit »A« und »B« gekennzeichnet) an den Notar, und dieser händigte – nach Abgleich mit der Liste – eines von beiden den Eltern aus.

Die Studie erfüllte den höchsten Standard der evidenzbasierten Medizin: Sie war »randomisiert«, weil die Kinder per Zufallsgenerator ausgewählt wurden, »placebokontrolliert«, weil sie die Arznei mit der Wirkung eines Placebos verglich, und sie war »doppelblind«, weil weder die Homöopathen noch die Kinder wussten, wer das Placebo und wer die mutmaßliche Medizin schluckte. Das Ergebnis war ernüchternd: Die Globuli wirkten nicht besser als das Placebo.

Aber machen nicht immer wieder Studien Schlagzeilen, die der Homöopathie einen Nutzen bescheinigen? Ja. Aber man sollte sich diese Studien genauer ansehen. In einer sechsjährigen Studie der Universität Bristol mit 6500 Patienten stellten Homöopathen fest, dass 70 Prozent der Patienten über eine Verbesserung chronischer Krankheiten berichteten. Die Autorin Timandra Harkness verglich die Untersuchung mit folgendem Experiment: Man gebe Kindern Käse und messe deren Körpergröße. Nach einem Jahr misst man wieder. Die Kinder sind gewachsen. Fazit: Käse wirkt!

Die methodische Schwäche liegt darin, dass es keine Vergleichsgruppe gibt, also Kinder, die keinen Käse essen. Der Vergleich hätte gezeigt, dass auch diese Kinder größer werden. Und so war es auch in Bristol: Die Homöopathen hatten schlicht keinen Vergleich. Weder mit Patienten, die gar keine Behandlung bekamen. Noch mit solchen, denen der Arzt Placebos verordnete.

Was aber ist mit den unzähligen Patienten, die auf homöopathische Mittel schwören? Irren die sich alle? »Anekdoten führen uns in der Medizin nicht weiter«, sagt Ernst. Er meint Einzelfälle, die von keiner Statistik erfasst werden. »Wir haben in der Medizin Fortschritte gemacht, als wir vor 150 Jahren aufgehört haben, uns an Anekdoten zu orientieren.«

Piling the anecdotes nennt Steven Law diese Strategie der Anhänger der Alternativmedizin: das Anhäufen von Einzelfall-Geschichten. Das Kind der Bekannten eines Bekannten hat von einer Impfung einen furchtbaren Ausschlag bekommen. Aber dank der richtigen Globuli geht es dem Kleinen wieder besser.

Solche Geschichten haben eine große Wirkung, wie wir nach jeder Naturkatastrophe aufs Neue erleben. Hunderte oder Tausende Erdbebentote lassen Unbeteiligte kalt, aber die Geschichte des Paares, dass Arm in Arm tot unter den Trümmern gefunden wird, rührt uns zu Tränen, vor allem, wenn es ein Foto von den beiden gibt. Menschen lieben Geschichten über Menschen. Nur können Geschichten in der Medizin auf die falsche Fährte führen, wenn man sie unkritisch verallgemeinert. Schließlich gibt es ja auch Geschichten wie die des vierjährigen Luca. Im Oktober 2011 wurde er ins Krankenhaus der italienischen Kleinstadt Tricase gebracht. Der Junge hatte hohes Fieber und war ausgemergelt. Sein Vater Luigi Marcello Monsellato hatte sich als Alternativmediziner einen Namen gemacht. Der gelernte Orthopäde praktizierte seit mehr als 20 Jahren Akupunktur und Homöopathie und hatte eine Methode namens »Homöosynergetik« erfunden. Er und seine Frau hatten die vermeintliche Erkältung ihres Sohnes mit Fencheltee behandelt. Ein paar Stunden nach seiner Einlieferung war der kleine Luca tot, gestorben an den Folgen einer Lungenentzündung. Ein Beweis, dass Homöopathen ihre Kinder umbringen? Wohl kaum.

Helmut Schmidt ist über 90 und Kettenraucher. Niemand würde deshalb behaupten, Rauchen sei gesund. Erst wenn man 1000 Kettenraucher mit 1000 Nichtrauchern vergleicht und andere Risikofaktoren ausschließt, kommt man der Wahrheit näher. Doch damit tut die Alternativmedizin sich schwer. Das beklagte selbst der Geschäftsführer der Carstens-Stiftung zur Förderung der »Komplementärmedizin« und damit einer der ranghöchsten Homöopathie-Lobbyisten: »Warum ist es partout nicht umsetzbar«, schrieb Henning Albrecht 2013, »in jeder komplementärmedizinischen Praxis auch nur Strichlisten zu führen, welche Methoden zu einer Besserung des Gesundheitszustands von Patienten geführt haben und welche nicht?«

Immerhin sind in der Homöopathie bis heute rund 200 hochwertige Studien erschienen. In der Gesamtschau, sagt Edzard Ernst, »zeigen sie, dass die Homöopathie für keine Indikation besser ist als ein Placebo«. Das Kapitel Homöopathie ist für ihn abgeschlossen. Nur seine Frau, eine Französin, sagt noch manchmal, er sehe aus wie Samuel Hahnemann, der Vater der Homöopathie. Damit will sie ihn ärgern.

Wenn Worte Medizin wären

Ganz so schnell sollte man die Homöopathie und andere alternative Heilverfahren aber nicht abschreiben. Sie wirken zwar nicht besser als Placebos. Aber Placebos wirken ja. Und das führt zu der nächsten Streitfrage: Dürfen und sollen Ärzte die Alternativmedizin als Placebo verschreiben? Die Therapien kosten wenig, schaden selten und bewirken trotzdem etwas. Außerdem gehen viele Menschen wegen Kleinigkeiten, die auch von allein heilen würden, zum Arzt. Zum Beispiel mit einem grippalen Infekt, ausgelöst durch Viren. Und sie möchten die Praxis mit einem Rezept wieder verlassen. Die Ärzte verschreiben dann oft ein Antibiotikum, obwohl es gegen Viren gar nicht wirkt. Das ist gefährlich, weil es die Entwicklung resistenter Keime begünstigt. Wäre den Patienten und der Allgemeinheit nicht mehr geholfen, wenn man ihnen stattdessen Bachblütentropfen oder Globuli verordnen würde? Einige Krankenkassen zahlen heute schon freiwillig alternativmedizinische Behandlungen. Ist das nun Verrat an der wissenschaftlichen Medizin, oder liegt es im Interesse der Allgemeinheit?

Um diese Fragen zu beantworten, muss man zunächst die tatsächliche Wirkung von Placebos kennen. Ein medizinisches Lexikon von 1803 definiert Placebo als »Name für eine Medizin, die mehr dazu bestimmt ist, dem Patienten gefällig zu sein als ihm zu nützen« (lat. *placebo*, »Ich werde gefallen«). Im Zweiten Weltkrieg entdeckte die moderne Medizin den Placebo-Effekt. Der Anästhesist Henry Beecher stellte in einem Militärkrankenhaus fest, dass verwundete Soldaten auch dann weniger über Schmerzen klagten, wenn sie statt Morphium nur eine Spritze mit Kochsalzlösung bekommen hatten. Beecher war kein skrupelloser Arzt, sondern handelte aus der Not heraus, weil die Morphium-Vorräte knapp waren.

Inzwischen wird der Placebo-Effekt systematisch erforscht. Der Turiner Neurowissenschaftler Fabrizio Benedetti hat sich damit einen Namen gemacht. In einer seiner bekanntesten Studien erhielten Patienten nach einer Operation drei Tage lang Infusionen mit pharmakologisch wirkungsloser Kochsalzlösung. Außerdem durften sie zusätzlich nach Schmerzmitteln verlangen. Die Forscher losten die

Patienten unterschiedlichen Gruppen zu. Den einen erklärten sie, es handle sich bei den Infusionen um ein sehr starkes Schmerzmittel. Prompt verlangten diese Patienten im Durchschnitt 34 Prozent weniger zusätzliche Schmerzmittel als die Vergleichsgruppe, der man nichts über eine vermeintlich schmerzstillende Wirkung der Infusionen gesagt hatte.

Weitere mehr oder weniger verblüffende Effekte sind bekannt: Placebo-Pillen wirken am besten, wenn sie von Chefärzten verabreicht werden, gefolgt von Ärzten im weißen Kittel, Ärzten im T-Shirt und schließlich dem Pflegepersonal. Bei Kindern wirken sie besonders gut, und auch bei Sportpferden, Hunden und Ratten wurden Placebo-Effekte nachgewiesen. Sie wirken umso besser, je mehr der Patient oder der Arzt von deren Wirkung überzeugt ist. Gegen Schmerzen halfen mittelgroße weiße Placebo-Pillen besonders gut, gegen Depressionen erzielten rosa Tabletten die beste Wirkung. Spritzen bewirken stärkere Placebo-Effekte als Pillen, vermutlich, weil sich das medizinische Personal dabei dem Patienten stärker zuwendet. Denn auch das psychosoziale Umfeld einer Behandlung hat eine Placebo-Wirkung, sogar der Geruch des Krankenhauses oder die Äußerungen des Personals. Es macht einen Unterschied, ob eine Ärztin im Vorbeigehen raunt: »Herr Müller, Ihr Blutbild gefällt mir gar nicht.« Oder ob sie sich ans Krankenbett setzt, die Hand des Patienten nimmt und sagt: »Lieber Herr Müller, Sie haben zurzeit wenig weiße Blutkörperchen, weil die Medikamente das Immunsystem schwächen. Aber das kriegen wir wieder hin.« Hoffnungen, Erwartungen und Vertrauen des Patienten können seine Genesung beschleunigen.

Allmählich kommen Forscher auch den neurobiologischen Vorgängen im Körper auf die Spur, die dabei eine Rolle spielen. Bei der Placebo-Behandlung von Schmerzen werden dieselben Nervennetzwerke im Rückenmark und Gehirn aktiviert, die auch bei der Gabe von echten Arzneien die Schmerzwahrnehmung hemmen. Und wenn der Arzt dem Patienten Hoffnung macht, werden bestimmte Botenstoffe im Gehirn ausgeschüttet, die den Erfolg der Therapie beschleunigen können. Strahlen Ärzte dagegen Pessimismus aus, wird die Ausschüttung von Dopamin im Gehirn des Patienten gehemmt, und die Schmerzen werden stärker wahrgenommen. Das ist der Nocebo-Effekt (lat. *nocebo*, »Ich werde schaden«). »Worte und Medikamente können über dieselben Mechanismen und biochemischen Signalwege wirken«, sagt Fabrizio Benedetti. »Diese soziale Interaktion kann mitunter so mächtig sein wie die Wirkung eines pharmakologischen Wirkstoffes.«

Placebo-Pillen und Scheinbehandlungen sind aber keine Wundermittel. Sie zerstören keine Tumore und vernichten keine Bakterien. Wogegen sie am besten wirken, zeigte eine Übersichtsarbeit Anfang 2013. Epidemiologen der Universität Oxford hatten darin 152 klinische Studien mit insgesamt rund 25 000 Patienten ausgewertet, in denen die Patienten jeweils in drei Gruppen eingeteilt worden waren: Eine Gruppe erhielt die Placebo-Behandlung, die zweite Gruppe eine echte, also pharmakologisch wirksame Therapie, und die Patienten der dritten Gruppe wurden gar nicht behandelt. Ergebnis: Bei der Behandlung von Schmerzen, Depressionen und Schlafstörungen (Insomnie) war die Wirkung der Placebos vergleichbar mit der von echten Medikamenten.

Die Placebo-Forschung ordnet die Alternativmedizin wieder in das mechanistische Weltbild ein. Statt von jahrhundertealten Weisheiten, Lebensenergie oder holistischen Körper-Geist-Konzepten ist nun doch wieder von molekularen Wirkprinzipien die Rede. Das Ergebnis ist eine evidenzbasierte Voodoo-Medizin, bullshitreduziert, aber ziemlich unromantisch.

Für die Alternativmedizin sind solche Erkenntnisse Fluch und Segen zugleich. Ein Segen, weil die Wirkung der Alternativmedizin für spezielle Leiden wissenschaftlich belegt wird, wenn auch nur die Placebo-Wirkung. Ein Fluch, weil der Alternativmedizin ihr metaphysischer Überbau abhanden kommt. Handauflegen, Homöopathie, Akupunktur und Chiropraktik helfen demnach bei bestimmten Leiden nicht aufgrund rätselhafter Wirkmechanismen, sondern dank der Neurobiologie der Suggestion. Mancher Hokuspokus wäre damit überflüssig: Angestellte von Homöopathika-Herstellern schlagen stundenlang Fläschchen auf Lederpolster, um die Substanzen zu verdünnen; Akupunktur-Schüler büffeln wochenlang die Grundlagen des Meridiansystems und die chinesische Organtherapie Zang Fu; angehende Heilpraktiker zahlen Hunderte Euro für ihre Ausbildung zum Reiki-Meister. Auf diesen Klimbim könnte die Branche verzichten. Oder? Ginge mit dem Klimbim auch der Placebo-Effekt flöten?

Vielen Ärzten und Patienten ist das nicht so wichtig. Auf die Wirkung kommt es an. Ärzte wollen heilen, Patienten gesund werden. Ideologische Debatten sind für sie zweitrangig. Und damit sind wir bei der Ausgangsfrage: Spricht etwas dagegen, Alternativmedizin als Scheinmedikament zu verordnen, wenn die Wissenschaft eine entsprechende Wirkung nachgewiesen hat?

Fabrizio Benedetti gruselt es bei diesem Gedanken. Nachdem er 2011 gezeigt hatte, wie Placebos die Schmerzwahrnehmung beeinflussen, wurde er nach eigenen Angaben überhäuft »mit Anfragen und Vorschlägen für bizarre Prozeduren, Gebräue, Talismänner und Maskottchen, die angeblich Hoffnungen, Erwartungen und Vertrauen verstärken können«. Er sah sich im Internet die Seiten von Alternativmedizinern und Wunderheilern an, und was er fand, ließ ihn schwindeln. »Die biologischen Effekte der Placebos werden von vielen Anbietern als Rechtfertigung für allerlei seltsame therapeutische Rituale missbraucht. Viele Heiler meinen, dass es keinen Unterschied zwischen einer Zuckerpille und einem Glücksbringer gebe, wenn man einen Patienten nur optimistisch stimmen möchte«, sagt Benedetti. Es sei zwar richtig, dass Placebo-Verfahren letzten Endes auf Täuschung beruhen und dass es keinen Unterschied macht, ob die Täuschung von einem Arzt, einem Quacksalber oder einem Schamanen ausgeht. »Aber ist deshalb jede Prozedur gerechtfertigt, wenn sie nur positive Erwartungen weckt? Was ist mit Patienten, die einen Glücksbringer akzeptieren, aber Pillen oder Spritzen ablehnen?« Benedetti warnt: »Paradoxerweise können die Fortschritte der Neurobiologie die Medizin zurückwerfen in eine Zeit, in der schrullige und merkwürdige Therapien die Regel waren.«

Edzard Ernst lehnt aus ähnlichen Überlegungen die Verschreibung von Placebos ab. Wenn der Arzt behaupte, das Mittel werde dem Patienten helfen, dann lüge er entweder oder ignoriere die wissenschaftliche Evidenz, sagt Ernst. »Das wäre unethisch.« Stattdessen solle man lieber ein pharmakologisch wirksames Medikament verordnen und obendrein den Placebo-Effekt ausnutzen, den ja auch eine echte Behandlung hat.

Aber Ernst hat leicht reden, er ist kein praktizierender Arzt. Wie sollen Ärzte handeln, deren Patienten Alternativmittel verlangen oder sich diese gleich auf eigene Faust in der Apotheke besorgen? Sollen sie davor warnen – und damit die Patienten erst recht in die Hände von Heilern treiben? In Deutschland versucht man inzwischen, einen Kompromiss zu finden, und zwar ausgerechnet bei der Therapie einer oft tödlichen Krankheit: Krebs.

Hilft Misteltherapie gegen Krebs?

Mehrere deutsche Universitätskliniken bieten neuerdings eine komplementärmedizinische Beratung für Krebspatienten an, teilweise unterstützt von der Deutschen Krebshilfe. 2,5 Millionen Euro hat die Organisation spendiert, um Beratungsstandards zu entwickeln und die Komplementär- und Alternativmedizin wissenschaftlich zu bewerten. Das Vorhaben ist umstritten. Wenn es schlecht läuft, werden an den Universitäten zu Ärzten ausgebildete Alternativmediziner auf diesem Weg fragwürdige Therapien ins Gesundheitssystem einschleusen. Noch mehr Bullshit beim Arzt oder Apotheker. Wenn es gut läuft, dann ist dies der Anfang einer Medizin, die sich der Alternativmedizin öffnet, wo diese wirklich etwas nutzt, die sich Zeit nimmt für die psychologischen und sozialen Bedürfnisse der Krebspatienten.

Die Alternativmedizin propagiert Dutzende Kräuter und Therapien für die Behandlung von Krebs. Manchmal werden sie als Alternative zu konventionellen Medikamenten empfohlen, meistens jedoch sollen sie Nebenwirkungen einer Chemo- oder Strahlentherapie lindern, also begleitend (komplementär) zu einer Standardtherapie angewendet werden.

Der Kulturkampf zwischen Anhängern und Gegnern der Alternativmedizin hat damit ein neues Level erreicht. Wer eine Erkältung mit dem weitgehend wirkungslosen Echinacea behandelt, wird daran nicht sterben. Wer dagegen einen Tumor mit Vitalpilzen oder Globuli zu bekämpfen versucht, schiebt vielleicht eine lebensverlängernde Chemo- oder Strahlentherapie zu lange hinaus. Apple-Gründer Steve Jobs experimentierte monatelang mit alternativen Heilmethoden, um seinen Bauchspeicheldrüsenkrebs zu kurieren. »Wir haben sehr viel darüber gesprochen«, sagte sein

Biograf Walter Isaacson nach Jobs Tod. »Er wollte darüber reden, wie sehr er es bereute. Er hatte das Gefühl, er hätte sich früher operieren lassen sollen.« Als Jobs schließlich einer OP zustimmte, hatten sich Metastasen im Körper ausgebreitet.

Die Deutsche Krebshilfe will mit der komplementärmedizinischen Beratung unter anderem dafür sorgen, dass Krebspatienten nicht Scharlatanen in die Hände fallen. Kokon heißt das Pilotprojekt, eine Abkürzung für »Kompetenznetz Komplementärmedizin«. Kliniken aus ganz Deutschland sind daran beteiligt, Nürnberger Ärzte leiten das Vorhaben.

Rund jeder zweite Krebspatient in Deutschland nutzt zusätzlich zur konventionellen Behandlung ein oder mehrere alternative Heilmittel, Tendenz steigend. Das ergab eine Auswertung von 15 Studien aus dem Zeitraum 1985 bis 2005. Patienten mit einem Hirntumor nehmen am häufigsten homöopathische Mittel, gefolgt von Nahrungsergänzungsmitteln und Weihrauchextrakt. Von den Brustkrebspatientinnen spritzen sich rund 40 Prozent Mistelextrakte unter die Haut. Die Misteltherapie gehört zu den beliebtesten, am besten erforschten und zugleich umstrittensten Naturheilmethoden für Krebspatienten. An ihr zeigt sich exemplarisch, warum die neue Allianz mit der Komplementärmedizin heikel ist und trotzdem nutzen kann.

Krebs mit Mistelextrakt zu bekämpfen, war eine Idee von Rudolf Steiner. Der Begründer der Anthroposophie sah eine Analogie zwischen Misteln im Baum und Tumoren im Körper. 1920 leitete er daraus die Forderung ab, die Mistelmedizin müsse das »Chirurgenmesser« ersetzen. Eine Firma, die mit anthroposophischen Arzneimitteln knapp 100 Millionen Euro Jahresumsatz macht, behauptet, die Therapie könne die Metastasenbildung erschweren. Die Gesellschaft anthroposophischer Ärzte raunt auf ihrer Mistel-Informationsseite: »Die Lebensgeister regen sich wieder. Möglicherweise lässt sich auch das Krebswachstum bremsen.«

Aus wissenschaftlicher Sicht sei das »völliger Unfug«, sagt Josef Beuth vom Institut für Naturheilkunde der Universität Köln. Der Professor erforscht seit mehr als 20 Jahren die Wirksamkeit von Komplementärmedizin. Eiweißstoffe der Mistel, die Lektine, stimulieren das Immunsystem. »Aber das ist nicht immer wünschenswert«, sagt Beuth. Bei den Krebsarten des Blut- und Lymphsystems sei eine Misteltherapie riskant, weil sie auch bösartige Zellen des Immunsystems zum Wachstum anregen könne. Bei anderen Krebsarten wie Brustkrebs könnten Mistelpräparate nützlich sein, wenn das Immunsystem nach einer Chemo- oder Strahlentherapie stark geschwächt ist. »Das betrifft allerdings nur 5 bis 10 Prozent der Patientinnen«, sagt Beuth. Dass die Misteltherapie viel beliebter ist, führt er auf die Lobbyarbeit der Hersteller zurück: »Die ist gigantisch.«

Matthias Rostock vom Universitätsklinikum Hamburg-Eppendorf (UKE) ist in seinen Sprechstunden weniger zurückhaltend. Der ehemalige Heilpraktiker arbeitet nach einem Medizinstudium heute als Onkologe und leitet die komplementärmedizinische Sprechstunde am UKE. Er ist Mitautor einer Cochrane-Studie zur Misteltherapie. Diese nach dem britischen Epidemiologen Archibald Cochrane benannten Analysen gelten als heilige Schriften der wissenschaftlich begründeten, also evidenzbasierten Medizin. 80 Mistel-Studien haben Rostock und seine Kollegen gesichtet. 13 Studien hatten erforscht, ob die Misteltherapie die Überlebenszeit verlängere. Sechs davon fanden Hinweise darauf, aber die Studien waren methodisch mangelhaft. 16 Arbeiten hatten untersucht, ob eine Misteltherapie die Lebensqualität verbessere. 14 davon fanden Hinweise darauf, aber nur zwei Studien von ein und derselben Forschungsgruppe waren von höherer Qualität.

Diese hatten untersucht, wie Brustkrebspatientinnen in Russland, Bulgarien und der Ukraine eine Chemotherapie vertrugen, wenn sie parallel dazu Mistelextrakte spritzten. Die Patientinnen fühlten sich weniger antriebslos und waren etwas zuversichtlicher als eine Vergleichsgruppe, der stattdessen ein Placebo injiziert worden war.

In Rostocks Sprechstunde stellte sich eine 39-jährige Brustkrebspatientin vor, die bereits eine Operation und einen Teil der Chemotherapie hinter sich hatte. Sie hatte acht Kilo abgenommen, fühlte sich antriebslos, heulte oft grundlos und litt unter entzündeten Schleimhäuten. Ein Beratungsdienst der Alternativszene empfahl ihr, die Chemotherapie abzubrechen und auf Mistelextrakte umzusteigen. Die behandelnden Onkologen warnten sie vor diesem Schritt: die Inhaltsstoffe der Mistel könnten das Tumorwachstum sogar noch befördern. Matthias Rostock wählte einen Mittelweg und riet der Frau, die Misteltherapie begleitend zur Chemotherapie einzusetzen. Die Frau vertrug die Spritzen gut – und setzte dann auch die Chemotherapie fort. Rostock kennt zahlreiche Fälle, in denen die Komplementärmedizin dafür sorgt, dass die Patienten eine Chemo- oder Strahlentherapie besser durchhalten.

Auch die Erfahrung der anderen Kokon-Forscher zeigt: Patienten, die mit ihrem Wunsch nach Alternativen ernst genommen werden, folgen womöglich auch der konventionellen Medizin besser. Es klingt paradox, aber vielleicht können skeptische Ärzte so am besten verhindern, dass ihre Patienten auf Quacksalber hereinfallen: indem sie die Komplementärmedizin umarmen, statt sie abzulehnen.

Man wüsste nun gerne, welche komplementärmedizinische Therapie die Kokon-Forscher für welche Tumor-Art empfehlen, aber so einfach ist das nicht. »Wir richten uns immer nach der wissenschaftlichen Evidenz, aber eine Empfehlung kann noch darüber hinaus gehen«, sagt Markus Horneber, der Leiter des Kokon-Projekts. Am Klinikum Nürnberg hat er eine der ersten komplementärmedizinischen Be-

ratungsstellen Deutschlands mit eingerichtet. »Eine Empfehlung bezieht auch die Erfahrung des Arztes und den
Wunsch des Patienten mit ein«, sagt Horneber. Wenn der Patient zum Beispiel auf ein Naturpräparat schwöre, dessen
Wirksamkeit umstritten sei, für das es aber Erfahrungen aus
der ärztlichen Praxis gebe, würde er nicht unbedingt davon
abraten. »Das kann auch mal heißen, dass jemand auf eines
der Medikamente gegen Übelkeit verzichtet und stattdessen
eine Akupunktur macht.«

Die Komplementärmedizin könne Krebs nicht heilen,
sagt Edzard Ernst, der mit Markus Horneber und anderen
das Informationsangebot CAM-Cancer.org aufgebaut hat.
»Sie kann aber Schaden anrichten.« Auf seinem Blog stellte
Ernst vor Kurzem eine norwegische und eine südkoreanische
Studie mit insgesamt rund tausend Patienten vor. Beide Studien kamen zu dem Ergebnis, dass der Einsatz der Komplementärmedizin mit einer schlechteren Lebensqualität und
teilweise kürzeren Überlebenszeiten einhergehe. »Aus den
Daten kann man keine Kausalität ableiten«, sagt Ernst, das
Ergebnis sei aber plausibel: »Vielleicht haben Patienten statt
einer wirksamen Therapie eine unwirksame Alternative
gewählt. Oder die Selbstmedikation hat die klassische
Therapie unterminiert.« Johanniskraut zum Beispiel, ein Naturheilmittel gegen Depression, könne den Abbau von Medikamenten im Blut beschleunigen und eine Chemotherapie
unwirksam machen. Eine weitere Erklärung: Möglicherweise setzen schwerkranke Patienten häufiger auf Komplementärmedizin als weniger stark erkrankte. Sie sterben
dann früher, ohne dass die Komplementärmedizin die Ursache sein muss.

Man bekommt eine Ahnung von den Risiken der sanften
Heilmethoden, wenn man Matthias Rostock von Hamburg
in den Schwarzwald begleitet. Anfang 2013 veranstaltete der
Zentralverband der Ärzte für Naturheilverfahren (ZAEN) in

Freudenstadt eine Konferenz über »biologische Krebsmedizin«. Im Foyer des Kurhauses scannte ein Firmenvertreter Freiwillige mit einer Drahtschlaufe. Störfeldscreening nannte er das, die Frau des Bürgermeisters habe er auf diese Weise gegen Migräne behandelt, und gegen Knochenbrüche helfe es auch. Andere Aussteller warben für Kurkumasaft oder Vitalpilze. Vieles davon war Bullshit.

Im Theatersaal hatten sich die Ärzte eingefunden, die Veranstaltung wurde als Fortbildung anerkannt. Der ZAEN-Präsident kündigte Matthias Rostock an. Der habe es geschafft, »mitten im Herz des Gegners« eine komplementärmedizinische Sprechstunde zu etablieren, so sah man das hier.

»Wir kochen in Eppendorf auch nur mit Wasser«, sagte Matthias Rostock und berichtete vom Kokon-Projekt. Er zitierte klinische Studien über Grünen Tee, Weihrauchextrakt, Misteltherapie und Granatapfelsaft. Sein Mantra: Es gebe beeindruckende Therapieeffekte, aber mehr Forschung sei nötig.

Nach ihm gehörte die Bühne den Wunderheilern. Der Leiter einer homöopathischen Klinik am Neckar berichtete über die vermeintliche Heilung von Krebs mit homöopathischen Q-Potenzen und spielte die kämpferische Videobotschaft einer 92-jährigen Brustkrebspatientin ab, die eine Strahlentherapie einst zugunsten der Homöopathie abgelehnt habe. Ein Allgemeinarzt aus Wiesbaden behauptete, Blasenkrebs mithilfe von Vitamin-C-Infusionen geheilt zu haben. Und der Leiter einer Marburger Tagesklinik prahlte, er könne 200 Laborwerte quantenphysikalisch messen und Tumore mit Strom bekämpfen. Am Ende wunderte man sich, was Ärzte in Deutschland an todkranken Patienten alles ausprobieren dürfen. Manche Menschen wären heute noch am Leben, wenn sie rechtzeitig vor einem Alternativarzt gewarnt worden wären. Zum Glück sind das seltene Fälle. Das größere

Problem ist ein anderes: Je stärker sich fragwürdige Methoden im Gesundheitssystem verbreiten, desto schwerer fällt es, gute von schlechter Medizin zu unterscheiden.

Zertifizierter Bullshit

Nicht weit entfernt von Freudenstadt treffen wir jenen Mann, der die Medizin in Deutschland vom Humbug befreien möchte. Gerd Antes ist über 60, ein drahtiger Typ, Nichtraucher. Er fährt Mountainbike und joggt viel, im Büro trägt er Turnschuhe. Er sagt: »Ich habe das Glück, dass meine Hobbys mit dem medizinischen Wissen über einen gesunden Lebensstil übereinstimmen.« Antes leitet in Freiburg die deutsche Zweigstelle der Cochrane Collaboration, eines weltweiten Forschernetzwerks, das klinische Studien kritisch bewertet und zusammenfasst. Er wünscht sich mehr Belege und weniger unbewiesene Behauptungen im deutschen Gesundheitssystem, mehr Wissenschaft, weniger Willkür.

»Es geht nicht um Alternativmedizin gegen wissenschaftliche Medizin«, sagt Gerd Antes. »Für uns ist eine Therapie wie eine Black Box. Alles, was am Ende zählt ist, ob sie besser wirkt als ein Placebo oder nicht.« Und dafür brauche es Beweise in Form sorgfältig durchgeführter Studien und Metastudien.

Leider sind in der Alternativmedizin klinische Studien die Ausnahme. Und selbst in der konventionellen Medizin sind solche Studien noch gar nicht so lange vorgeschrieben. Erst 1976 verabschiedete der Deutsche Bundestag – als späte Konsequenz aus dem Contergan-Skandal – ein modernes Arzneimittelgesetz.

Gerd Antes springt vom Besprechungstisch auf, holt einen Stempel von seinem Schreibtisch, drückt ihn auf den Notizblock, grinst. »Certified Bullshit« steht da in roter Farbe: amtlich geprüfter Humbug. Er sagt: »Ärzte empfehlen selten diejenige Therapie, die aus wissenschaftlicher Sicht die beste ist.« Es gebe immer noch viel zu viel Humbug im Gesundheitssystem. Hier sind die wichtigsten Ursachen – und ein paar Lösungen:

1. Das Schubladenproblem

Negative Ergebnisse verschwinden in der Schublade. Welche Firma will schon zugeben, dass ihr neuer Wirkstoff gar nicht wirkt? Etwa die Hälfte aller klinischen Studien wird gar nicht oder nur selektiv veröffentlicht. Positive Ergebnisse dagegen werden oft mehrmals in unterschiedlichen Zeitschriften publiziert und dadurch überinterpretiert. Ein Ausweg: Jede Studie sollte eine Art Geburtsurkunde bekommen. Dafür kämpft die Initiative alltrials.net.

2. Ignoranz

Bei vielen Ärzten kommen neueste Erkenntnisse aus der Wissenschaft nicht an. Sie haben nach dem Studium keine Zeit mehr, Fachzeitschriften zu lesen; sie können sich die teuren Zeitschriftenabonnements nicht leisten; oder sie verlieren einfach die Übersicht. Zumindest Geldmangel sollte bald keine Entschuldigung mehr sein: Immer mehr Fachartikel erscheinen in sogenannten Open Access-Zeitschriften und stehen frei zugänglich im Netz.

3. Autoritäres Denken

Statt der evidenzbasierten Medizin folgen Ärzte gerne der eminenzbasierten Medizin, also dem Urteil von Vorgesetzten, Professoren und Chefärzten. Deren Erfahrung ist wertvoll, aber womöglich überholt. Unter www.awmf.org können Patienten sich schlau machen. Hier erfahren sie, ob der Therapievorschlag oder das vom Arzt verordnete Medikament dem Konsens der Fachgesellschaften entspricht. Die

Leitlinien werden regelmäßig aktualisiert. Von manchen Fachgesellschaften gibt es auch allgemeinverständliche Patientenleitlinien.

4. Irrtümer
Eine Studie kann einem neuen Medikament auch mal eine Wirksamkeit bescheinigen, obwohl es in Wirklichkeit unwirksam ist. Oder umgekehrt. Schuld ist die statistische Streuung der Daten. Je mehr Studienteilnehmer, desto zuverlässiger das Ergebnis. Tausende Teilnehmer sind besser als zehn. Zehn Studien sind besser als zwei. Noch besser sind Metastudien und kritische Zusammenfassungen von cochrane.de.

5. Lobbyismus
Homöopathie, anthroposophische Medizin und Pflanzenheilkunde genießen einen Sonderstatus im Arzneimittelgesetz. Sie sind von der Pflicht ausgenommen, einen Wirksamkeitsnachweis vorzulegen. Diese Sonderregelung begründeten Politiker im Bundestag 1976 mit dem Argument, die Zulassungsregeln müssten »die Monopolisierung einer herrschenden Lehre« vermeiden und die »Wissenschaftspluralität« widerspiegeln. In Wirklichkeit spiegelt das Gesetz nicht Methodenpluralität, sondern den Einfluss von Lobbygruppen wider. Es gehört abgeschafft.

6. Ausgeforscht
Auch das Gegenteil von zu wenig Forschung ist möglich: Zu manchen Therapien wurde schon so viel geforscht, dass eine weitere Studie am Gesamtergebnis nichts mehr ändert. Wenn ein paar Dutzend Studien kein klares Ergebnis hervorbringen, sind weitere Studien überflüssig. Und damit unethisch.

Von Spaghetti-Monstern und anderen höheren Wesen

Eine ketzerische Frage, aber wir müssen sie stellen: Ist Gott Bullshit?

Eine Teekanne im Weltall

Stellen Sie sich vor, jemand behauptet, zwischen Erde und Mars kreise eine Teekanne aus Porzellan in einem elliptischen Orbit um die Sonne. Würden Sie ihm glauben? Vermutlich nicht so ohne Weiteres. Sie würden nach Belegen fragen. Aber leider, sagt der andere, sei die Teekanne zu klein, um durch ein Teleskop sichtbar zu sein. »Warum sollte ich es dann glauben?«, fragen Sie. »Weil Sie nicht widerlegen können, dass es diese Teekanne dort draußen gibt«, sagt der andere. Das stimmt zwar, ist aber als Antwort nicht sehr überzeugend. Sie zweifeln. Darauf wird der Teekannengläubige richtig ärgerlich. Es sei eine unerträgliche Anmaßung der Vernunft, seine unwiderlegbare Behauptung anzuzweifeln. Nun ist es klar, oder? Der Typ redet Bullshit.

Diese Geschichte hat sich der englische Philosoph Bertrand Russell (1872–1970) ausgedacht. Mit ihr als Analogie wollte er klarmachen, bei wem in der Debatte zwischen religiösen Menschen und Nichtgläubigen die Beweislast liegt. »Viele orthodoxe Menschen reden so, als sei es an den Skeptikern, die hergebrachten Dogmen zu widerlegen, statt an den Dogmatikern, sie zu belegen«, schrieb Russell 1952 in einem unveröffentlichten Artikel mit dem Titel »Is There a God?« (Gibt es einen Gott?) und befand: »Das ist ein Fehler.« Starke Behauptungen brauchen starke Belege, und die Existenz eines allmächtigen Schöpfers zu postulieren, ist zweifellos eine starke Behauptung. Allerdings spricht ebenso wenig für sie wie für eine Teekanne, die in einer Umlaufbahn um die Sonne kreist. »Ich glaube, der christliche Gott ist genauso unwahrscheinlich«, sagte Russell. Er war konsequenterweise Atheist.

Russells Argument gilt allgemeiner: Die Unfähigkeit, eine Hypothese zu widerlegen, ist noch lange kein Beweis dafür, dass die Hypothese wahr ist. Auch heute ist dieses Argument eine der wichtigsten Waffen von Atheisten gegen die Religion. Einige von ihnen erfanden Religionsparodien wie das »Fliegende Spaghetti-Monster« oder das »Unsichtbare pinkfarbene Einhorn« – für die in ihren Augen die Beweislage ähnlich dünn ist wie für den christlichen Gott. Der englische Biologe und »militante Atheist« (wie er sich selbst nennt) Richard Dawkins wurde vor einigen Jahren von einer Leserin des *Independent* gefragt: »Wenn Sie sterben und am Himmelstor ankommen würden, wie würden Sie vor Gott Ihren lebenslangen Atheismus rechtfertigen?« Dawkins antwortete: »Ich würde Russell zitieren: ›Nicht genügend Belege, Gott, nicht genügend Belege.‹« Anders gesagt: Dawkins hält Gottesglauben für Bullshit. Nicht nur, dass es keinen Gott gebe, auch sei Religion eine Erzfeindin der wissenschaftlichen Rationalität und überhaupt der Humanität.

Moment mal, wer redet hier Bullshit? Wenn es keine Beweise für die Existenz Gottes gibt, dann folgt daraus zunächst einmal nur die *Möglichkeit*, dass Gott nicht existiert. Aber wie kommt Dawkins zu dem Schluss, dass Gott *tatsächlich* nicht existiert? Auch für die Nichtexistenz Gottes gibt es keine Beweise. Gott gegen die Atheisten, Spielstand 1:1. Die wirklich vernünftige Haltung wäre also Neutralität. Gott oder nicht, man weiß es nicht.

Aber Dawkins und andere Atheisten argumentieren weiter. Dawkins ist Evolutionsbiologe und er glaubt, dass die Evolutionstheorie die Wunder dieser Welt erklären kann. Natürliche Selektion habe die Vielfalt des Lebens aus dem Nichts hervorgebracht, bis hin zu ihrem größten Werk, dem Menschen. Es gebe nichts zu tun für einen Schöpfer. Die Hypothese, dass Gott – jedenfalls der Schöpfergott – existiert, sei überflüssig und daher zu verwerfen. Der amerikanische Autor Robert M. Pirsig schreibt in *Zen und die Kunst, ein Motorrad zu warten*: »Leidet ein Mensch an einer Wahnvorstellung, so nennt man es Geisteskrankheit. Leiden viele Menschen an einer Wahnvorstellung, dann nennt man es Religion.«

Nun ist es aber so, dass nicht alle religiösen Menschen sich wie Irre verhalten. Im Gegenteil, viele von ihnen machen einen ziemlich reflektierten Eindruck. Sie fragen sich selbst nach Gründen für ihren Glauben. Manche rechtfertigen ihn mit dem Trost und der Orientierung, die er ihnen gebe. Manche suchen rationalere Gründe. Es gibt eine lange Tradition von Gottesbeweisen. Aristoteles vor über 2300 Jahren, Anselm von Canterbury und Thomas von Aquin im Mittelalter, René Descartes, Baruch de Spinoza und Gottfried Wilhelm Leibniz in der Neuzeit, der deutsche Philosoph Robert Spaemann und der österreichische Mathematiker Kurt Gödel im 20. Jahrhundert – sie alle haben versucht, zwingende Argumente für die Existenz Gottes anzuführen, und alle diese Argumente sind tiefgründig und raffiniert. Vermutlich haben sie nur sehr wenige Ungläubige überzeugt, aber darauf kommt es nicht an. Worauf es ankommt, ist, dass sie aufrichtig und mit beachtlicher Geisteskraft nach Gründen für ihren Gottesglauben suchten. Ob dieser Glaube wahr ist oder nicht, er ist jedenfalls kein Bullshit, denn jene Gläubigen bemühten sich um die Wahrheit, sie zweifelten, prüften, wägten ab. Darin unterscheiden sie sich vom »Teekannismus«, für den derzeit keine stichhaltigen Gründe sprechen.

Hexen, Häretiker und spezifizierte Komplexität

Unbestritten ist allerdings, dass im Namen der Religion reichlich Bullshit geredet wird. Besonders dann, wenn Religion als Machtinstrument missbraucht wird, und dann ist dieser Bullshit auch besonders folgenschwer. Drastische Beispiele sind die Prozesse gegen angebliche Hexen und Häretiker im Mittelalter und in der Frühen Neuzeit. Viele der Angeklagten wurden bezichtigt, sich von Gott abgekehrt zu haben und mit dem Teufel zu paktieren, und sie wurden gefoltert, bis sie es gestanden. Es gab auch Freisprüche, aber nur wenige. Meist stand das Urteil von vornherein fest: Tod auf dem Scheiterhaufen. Wahrheitsfindung sieht anders aus. Zu den Unterstützern der Hexenverfolgung zählten auch die Reformatoren Johannes Calvin und Martin Luther.

Ein Beispiel für religiösen Bullshit aus unserer Zeit ist Intelligent Design (ID), eine Bewegung, die in den vergangenen Jahren besonders in den USA an Einfluss gewonnen hat. ID-Anhänger wollen mit wissenschaftlichen Methoden nachweisen, dass das Universum einen intelligenten Schöpfer hat – den christlichen Gott. Die ID-Bewegung kommt im Gewand einer wissenschaftlichen Disziplin daher, verfolgt aber eindeutige politische Ziele. So versuchen ihre Vertreter mit Druck, die Aufnahme der ID-Lehre in die Schullehrpläne durchzusetzen. Die ID-Literatur ist voll von obskuren Ausdrücken wie »spezifizierte Komplexität« und »irreduzible Komplexität«. In der wissenschaftlichen Gemeinschaft herrscht mehrheitlich die Ansicht vor, dass ID keine echte

Wissenschaft sei. Es gibt eine Ideologie, es gibt einen Machtanspruch, und es gibt einen Jargon – drei deutliche Bullshit-Verdachtsmomente.

Aber Hexenprozesse und Intelligent Design sind nicht die Religion, sie sind Pathologien der Religion. Auch Atheisten, die besonnener als Dawkins und andere »Militante« sind, räumen ein, dass religiöser Glaube an sich kein Bullshit ist. Zwar mag in seinem Namen einiger Bullshit verbreitet werden, dennoch lässt er selbst sich redlich verteidigen. »Wenn ein paar religiöse Menschen ihren Glauben mit dubiosen Mitteln zu schützen versuchen, muss das nicht heißen, es könne niemand mit vernünftigen Gründen Anhänger desselben Glaubens sein«, schreibt der englische Philosoph Stephen Law; auch er ist Atheist. Soll also jeder glauben oder nicht glauben, was er für richtig hält. Aber nicht, weil er das Gegenteil für Bullshit hält. Beides, Theismus und Atheismus, ist rational vertretbar.

In einem Punkt allerdings stimmen die allermeisten Menschen, ob religiös oder nicht, überein: Es ist nicht egal, ob es Gott gibt. In dieser überaus wichtigen Frage will sich niemand dumm anstellen. Besondere Wachsamkeit gegen Bullshit ist angezeigt. Ein paar Tipps dafür:

1. *Trauen Sie keinen Autoritäten, die sich nur auf ihre Autorität berufen*
Autoritäten haben sich früher geirrt, sie werden sich auch künftig irren. Selbst die katholische Kirche hat das erkannt und ihr Dogma von der Unfehlbarkeit des Papstes eingemottet. Papst Benedikt XVI. bekannte im Jahr 2005, »dass der Papst kein Orakel und – wie wir wissen – nur in den seltensten Fällen unfehlbar ist«.

2. *Trauen Sie keinen Dogmen*
Ob sie von religiösen Fundamentalisten oder von starrköpfigen Atheisten kommen: Dogmen sind Grundsätze, deren

Wahrheitsanspruch von irgendwem als unumstößlich festgestellt wird. Aber Sätze sind wahr, wenn sie mit den Tatsachen übereinstimmen. Sie werden nicht dadurch wahr, dass jemand sie in Stein meißelt. Dogmatiker kümmern sich nicht ausreichend um die Wahrheit. Dogmen sind Bullshit.

3. Bewahren Sie sich Ihre intellektuelle Demut

Keiner weiß, ob es Gott gibt oder nicht. Jeder kann sich irren.

4. Seien Sie skeptisch gegenüber Versuchen, Wissenschaft als Religionsersatz zu installieren

Die Kosmologie kann nicht erklären, warum es die Welt gibt. Die Evolutionstheorie kann nicht erklären, warum es Menschen gibt. Die Psychologie verrät uns nicht, was gut und böse ist. Die meisten Wissenschaftler wissen das, sie kennen ihre Disziplin gut genug, um ihre Grenzen zu sehen. Bei manchen jedoch ist der Glaube an die Wissenschaft grenzenlos. Von ihnen ist fast zwangsläufig Bullshit zu befürchten.

5. Reden Sie mit der anderen Seite

Gläubige und Atheisten pflegen unter sich zu bleiben. Mit denen da drüben redet man nicht, man belehrt oder beschimpft sie allenfalls. Das ist schade. Auf beiden Seiten gibt es kluge Leute, mit denen es sich zu diskutieren lohnt.

Heiße Luft für Frieden und Fortschritt

Politiker müssen labern, um zu überleben. Unter ihnen sind einige Meisterbullshitter, von denen man viel lernen kann.

Die Bullshit-Eskalationsspirale

Bill Clinton, ehemaliger Präsident der Vereinigten Staaten von Amerika, gilt nicht als ausgesprochener Bullshitter. Das bedeutet, er ist entweder kein Bullshitter oder ein besonders raffinierter Bullshitter. Tatsache ist: Wenn Clinton mal in die Bredouille kommt, kann er sich herauswinden wie ein Aal. Nicht umsonst nennt man ihn »Slick Willie«, den glatten Willie. Als er sich in seinem ersten Wahlkampf um die amerikanische Präsidentschaft 1992 mit dem Vorwurf konservativer Gegner konfrontiert sah, als Student in England Marihuana geraucht zu haben, stritt er es nicht ab. Schließlich gab es Zeugen. »Aber ich habe nicht inhaliert«, wiegelte er ab. Das kann kein Zeuge bestätigen oder bestreiten. Clinton kam davon und gewann die Wahl gegen Amtsinhaber George Bush senior.

Ein paar Jahre später brachte die Lewinsky-Affäre Präsident Clinton dann richtig in die Bredouille. »Ich hatte nie sexuelle Beziehungen mit dieser Frau«, beteuerte er. Dann aber bewiesen Spermaflecken auf einem Kleid »dieser Frau«, seiner ehemaligen Praktikantin Monica Lewinsky, dass sie ihn mehrfach oral befriedigt hatte. Der Präsident hatte offenbar gelogen. Der von den Republikanern dominierte Kongress leitete ein Amtsenthebungsverfahren ein. Clinton konnte nicht leugnen, dass Lewinsky sexuelle Handlungen an ihm vorgenommen hatte. Aber eine sexuelle Beziehung habe er nicht mit ihr gehabt! Also hatte er nicht gelogen. Aber was er zu seiner Verteidigung vorbrachte, war definitiv Bullshit. Wäre allerdings Bullshit ein Grund, einen Politiker seines Amtes zu entheben, dann wären viele politische Ämter weltweit vakant.

Eine eindrucksvolle Kostprobe seiner Raffinesse gab Clinton bei seiner Aussage vor der Grand Jury. Der Staatsanwalt erinnerte Clinton zunächst an eine Aussage seines Anwalts Robert Bennett, der die nachfolgende eidesstattliche Versicherung von Monica Lewinsky zitiert hatte: »There is absolutely no sex of any kind in any manner, shape or form, with President Clinton.« Dann hakte er nach:

Staatsanwalt: »Ob Mr. Bennett nun von Ihrer Beziehung mit Ms. Lewinsky wusste oder nicht, die Aussage dass da ›kein Sex irgendwelcher Art mit Präsident Clinton ist‹, war eine völlig falsche Aussage. Korrekt?«
Clinton: »Das hängt davon ab, was die Bedeutung von ›ist‹ ist. Wenn ›ist‹ bedeutet ›ist und war nie und ist nicht‹ – dann ist das eine Sache. Wenn es bedeutet, dass es keinen gibt, dann war das eine völlig wahre Aussage«.

Vielleicht wollte Clinton damit sagen, dass er zu dem Zeitpunkt, als sein Anwalt jene Aussage machte, gerade keinen Sex mit Monica Lewinsky hatte. Wahrscheinlicher ist, dass er gar nichts sagen wollte. Dass er also den Eindruck erwecken wollte, die Frage des Staatsanwalts zu beantworten, um ihr tatsächlich jedoch auszuweichen. Ein schwieriges Manöver, denn es handelte sich um eine präzise Ja-Nein-Frage. Wollte

Clinton aufrichtig sein, konnte er nur antworten: »Das ist korrekt« oder »Das ist nicht korrekt«. Aber Clintons Taktik, mit möglichst vielen Worten möglichst wenig zu sagen, ging auf. Der Senat sprach ihn vom Vorwurf des Meineids frei, und Clinton blieb volle zwei Amtszeiten Präsident.

Dabei war sein Exkurs zur Bedeutung von »ist« nicht nur kapitaler Bullshit, sondern Bullshit höherer Stufe, sozusagen Metabullshit. Aber Clinton musste vor der Grand Jury Bullshit reden, um seinen vorigen Bullshit zu kaschieren. Hier zeigt sich die ganze Brisanz der Bullshit-Problematik: Bullshit neigt dazu, sich selbst zu vermehren. Hat man einmal angefangen, kommt man aus der Bullshit-Eskalationsspirale kaum wieder heraus.

Das postfaktische Zeitalter

Die politische Praxis in einem demokratischen Staat sollte im Idealfall so aussehen, dass im fairen Diskurs Werte verhandelt werden, die den Bürgern dieses Staates besonders wichtig sind, um daraus mehrheitsfähige Entscheidungen im Interesse des Allgemeinwohls abzuleiten. Die Realität sieht allerdings oft so aus, dass Lobbygruppen und mächtige Eliten versuchen, ihre Partikularinteressen durchzusetzen. Die Demokratie ist dann nur noch ein Machtspiel. Aus der Diskrepanz zwischen Ideal und Realität der Demokratie entspringt Bullshit. Die Akteure des Spiels geben vor, den Bürgern zu dienen, obwohl es ihnen tatsächlich nur um Macht und Einfluss geht.

Ein Politiker beispielsweise, der es der Autolobby recht machen möchte und gleichzeitig seine Politik als umweltgerecht verkaufen will, kann in manchen Situationen gar nicht anders, als Bullshit zu reden. Er kann nicht einfach sagen: »Wir verhindern in der EU strengere CO_2-Werte für

Autos, damit die deutsche Autoindustrie weiter ungebremst ihre Geländewagen bauen kann.« Stattdessen sagt er wie Angela Merkel auf der Internationalen Automobilausstellung 2013: »Deutsche Hersteller bieten heute Fahrzeuge an, die effizienter und sparsamer sind als je zuvor. (...) Ich hoffe, dass wir mit der Europäischen Union zu Regelungen kommen, die Innovationsanreize fördern. (...) Wir sind fest davon überzeugt, dass ökonomische und ökologische Belange zu vereinbaren sind.« Das ist offenkundig Bullshit, in dem sich jeder, der oberflächlich zuhört, wiederfinden kann, der Umweltbeflissene ebenso wie der Autofreund.

Bei manchen Politikern zeigt sich eine gewaltige Diskrepanz zwischen äußerem Gehabe und innerer Haltung. Sie fordern »brutalstmögliche Aufklärung« (Roland Koch), wenn sie eine Angelegenheit lieber unter den Teppich kehren würden, fordern »ernsthafte Konsequenzen«, um Zeit zu gewinnen, und erklären schließlich, »es gibt Wichtigeres«. Sie reden von »Negativwachstum«, weil sie unbedingt von Wachstum reden wollen, auch wenn die Wirtschaft realiter gerade schrumpft. Sie schwadronieren von »Sozialtourismus« (Günter Krings), wenn Menschen aus anderen Ländern in Deutschland eine bessere Existenz suchen.

Natürlich kann man sich fragen, ob Politiker fahrlässig oder mutwillig bullshitten. Mit anderen Worten: Glauben sie selbst an das, was sie sagen? Ronald Reagan bat bei wichtigen politischen Entscheidungen einen Astrologen ins Weiße Haus. George W. Bush berief sich beim Einmarsch in den Irak auf »göttliche Intuition«. Bullshit regiert die Welt – bei Reagan und Bush, zu ihrer Zeit die wohl mächtigsten Männer der Welt, gilt das ganz wörtlich. Im Jahr 1999 veröffentlichte Dick Morris, der Berater von Bill Clinton, ein Buch mit dem Titel The New Prince. Der Titel war angelehnt an den viel geschmähten Ratgeber für Regierende Il Principe (dt. Der Fürst, entstanden 1513, gedruckt 1532) von Niccolò Machiavelli, der oft als Ratgeber für Despoten missverstanden wird. Morris sagte eine Wende in der Politik voraus: Dank der digitalen Medien würden die Politiker ihr Informationsmonopol verlieren. Die Bürger könnten sich fortan unabhängig informieren – und würden es auch tun. Glaubte Morris. Daher werde das neue Gebot der Politik lauten: »Wer behauptet, muss beweisen« (»He who asserts must prove«).

Morris' Optimismus in Ehren, aber er war nicht realistisch genug. Fakten spielen in der Politik noch immer nicht die wichtigste Rolle. Wichtiger sind Stimmungen und Stimmen. Noch immer geht es mehr darum, wie man etwas sagt, als darum, was man sagt. Das Wie prägt das Was. Das gilt besonders in Wahlkämpfen und vor allem in amerikanischen Wahlkämpfen.

Morris' Prophezeiung eines neuen, aufgeklärten Zeitalters in der Politik ist nicht eingetreten. Im Gegenteil, glaubt man den Zeitungen seines Heimatlandes, dann hat der jüngste US-Präsidentschaftswahlkampf die Menschen in das »postfaktische Zeitalter« geführt. Eine Kostprobe gab der republikanische Vizepräsidentschaftskandidat Paul Ryan auf dem Parteitag der Republikaner im August 2012 in Tampa, Florida. Er kündigte eine Reform der Sozialsysteme und eine Sanierung der Staatsfinanzen an. »Zwölf Millionen Jobs in den nächsten vier Jahren«, versprach er. Und: »Wir werden die Staatsausgaben bei 20 Prozent des Bruttoinlandsprodukts oder darunter halten.« Große Ansagen. Die Zuschauer lauschten gebannt. Wie wollten Ryan & Co. das schaffen? »Wir werden Verantwortung übernehmen.« – »Wir werden unsere grundlegenden Prinzipien wieder anwenden.« – »Wir werden uns nicht vor den schwierigen Fragen drücken, wir werden führen.« So klang Politik im postfaktischen Zeitalter.

Ob Paul Ryan wirklich ein Bullshitter ist, hängt davon ab, ob er seine Zuhörer mit Wissen bereichern oder lediglich von seiner politischen Agenda überzeugen wollte. In einer viel beachteten Passage seiner Rede warf er Präsident Barack Obama vor, »716 Milliarden Dollar aus Medicare abgezweigt« zu haben. Das ist nicht rundweg falsch. Doch richtig ist auch, dass die Umwidmung dieser 716 Milliarden Dollar für andere Haushaltszwecke exakt dem Budgetplan der Republikaner – also Ryans Partei – entsprach. Ryans Rede war voll solcher Fragwürdigkeiten, die in dem Vorwurf an Präsident Obama gipfelten, während seiner Amtszeit General Motors nicht genügend geschützt zu haben:

»Viele meiner Schulkameraden arbeiteten im GM-Werk. Dort am Werk sagte der Präsidentschaftskandidat Obama: ›Ich glaube, dass dieses Werk mit der Unterstützung unserer Regierung noch in hundert Jahren existieren wird.‹ Das sagte er 2008. Doch wie sich zeigte, überlebte das Werk kein weiteres Jahr. Und so ist es heute in vielen Städten, in denen Erholung versprochen wurde, aber nirgends in Sicht ist.«

Kein Satz davon ist falsch. Nur wurde die Schließung des Werks bereits im Juni 2008 von General Motors angekündigt – mehr als ein halbes Jahr vor Obamas Amtsantritt. Dessen Politik konnte also gar nicht Schuld daran sein. Ryan wusste das. Er selbst hatte die Schließung des Werks in einer Stellungnahme ebenfalls schon am 3. Juni beklagt. Alles keine Lügen. Aber auch keine clevere Darstellung der Tatsachen. Sondern Bullshit.

Politikern wie Paul Ryan geht es nicht um die Wahrheit ihrer Worte, sondern um deren Wirksamkeit, und der Erfolg gibt ihnen recht. Das Erstaunlichste am Phänomen Bullshit ist nämlich seine hohe Effektivität. Nach dem Parteitag in Tampa schlossen die republikanischen Herausforderer Mitt Romney und Ryan in den Umfragen dicht zu Amtsinhaber Obama und seinem Vize Joe Biden auf, nachdem sie lange weit abgeschlagen gewesen waren. Es wäre unfair, Ryan zu unterstellen, er hätte aus Bosheit Bullshit geredet. Aber er wollte unbedingt Vizepräsident werden und tat, was er dazu für notwendig erachtete. Er redete Bullshit, weil er davon ausging, dass Bullshit bei den Wählern am besten ankommt. Wäre er überzeugt gewesen, dass die Wähler die Wahrheit hören wollten, dann hätte er sich vermutlich mit der gleichen Vehemenz, mit der er seinen Bullshit von sich gab, um die Wahrheit bemüht. Die Nachfrage bestimmt das Angebot: Ihr wollt Bullshit? Ihr kriegt Bullshit!

Der Nichtkrieg in Afghanistan

Auch in deutschen Wahlkämpfen geht es mitunter ziemlich blödsinnig zu. Der Bundestagswahlkampf 2013 war insofern ein Sonderfall, als SPD-Spitzenkandidat Peer Steinbrück mit einer ausdrücklichen No-Bullshit-Strategie den Erfolg suchte. Er ging mit einer Veranstaltungsreihe unter dem Titel »Klartext Open Air« auf Deutschlandtournee und fiel in Talkshows mit substanziellen Meinungsäußerungen auf. Der Germanist Joachim Scharloth von der Technischen Universität Dresden analysierte die Rhetorik der Kontrahenten Merkel und Steinbrück und fand deutliche Unterschiede. Steinbrück formulierte kürzere Sätze und nannte mehr Zahlen. Merkel benutzte vor allem Adjektive wie »lieb«, »froh«, »gemeinsam«, »gut« und »interessant«, Steinbrück sagte »erkennbar«, »finanzpolitisch«, »effektiv« und »effizient«. Auffällig oft benutzte Merkel auch Superlative wie »allergrößt«, »einzigartig« und »extrem«. »Angela Merkel spricht mit mehr emotionaler Emphase«, resümierte Scharloth, »Peer Steinbrück hingegen erweckt eher den Eindruck eines kompetenten Experten.«

Und zahlte sich seine Sachlichkeit für ihn aus? Der brandenburgische Ministerpräsident Matthias Platzeck meinte zur Klartext-Diät seines Parteifreundes: »Das nützt ihm oft, nicht immer.« In besagtem Wahlkampf nutzte es ihm nichts. Steinbrück hatte nie den Hauch einer Chance, die Kanzlerin abzulösen. Vielleicht beging er ja den Fehler, den der Kognitionswissenschaftler und Politikberater George Lakoff von der University of California allgemein Politikern der progressiven Lager ankreidet: »Sie verstehen nicht, wie wichtig Emotionen sind, sie versuchen ihre Emotionen zu verstecken.« Statt knochentrockene Argumente herunterzubeten, sollten politische Kandidaten lieber von Moral reden und sich schöne Metaphern suchen, so Lakoff.

Aber nicht nur im Wahlkampf reden Politiker Blödsinn. Auch in wichtigen Debatten, wie etwa über Kriegseinsätze der Bundeswehr. Das Grundgesetz deckt solche Einsätze nicht – es kennt nur den »Verteidigungsfall«, einen Angriff auf die Bundesrepublik Deutschland. Daher musste der damalige Verteidigungsminister Peter Struck im Jahr 2002 den Einsatz der Bundeswehr in Afghanistan mit dem seltsamen Satz »Die Sicherheit Deutschlands wird auch am Hindukusch verteidigt« rechtfertigen. Wer diese Rechtfertigung gelten lässt, müsste in einer globalisierten Welt bei jeder Störung der Weltordnung den Einsatz der Bundeswehr fordern.

Das Grundgesetz verbietet ausdrücklich jedwede »Handlungen, die geeignet sind und in der Absicht vorgenommen werden, das friedliche Zusammenleben der Völker zu stören« (Artikel 26). Kriege stören zweifellos den Frieden – und da in Afghanistan eindeutig Krieg herrscht, stellt sich im Sinne des Grundgesetzes die Frage, was die Bundeswehr dort zu suchen hat. Einige Politiker lösten dieses Dilemma, indem sie das Wort »Krieg« vermieden. Wie klingt es, wenn man von Kriegseinsätzen spricht, ohne von Krieg zu sprechen? Franz Josef Jung, Verteidigungsminister von 2005 bis 2009, redete stets vom »Stabilisierungseinsatz«, sein Staatssekretär von »Scharmützeln«, sein Sprecher von einem »recht robusten Stabilisierungseinsatz, der Kampfhandlungen miteinschließt«. Als Jungs Nachfolger Karl-Theodor zu Guttenberg die Sache schließlich beim Namen nannte, war das eine Sensation. Allerdings brachte auch zu Guttenberg das K-Wort nicht über die Lippen, ohne sich zu winden: »Auch wenn es nicht jedem gefällt, so kann man angesichts dessen, was sich in Afghanistan, in Teilen Afghanistans abspielt, durchaus umgangssprachlich – ich betone umgangssprachlich – in Afghanistan von Krieg reden.«

Die Diskussion über Bundeswehreinsätze im Ausland ging ab Ende 2013 in der Großen Koalition weiter. Bei Außenminister Frank-Walter Steinmeier klang es nun so: »Deutschland ist eigentlich zu groß, um Weltpolitik nur von der Außenlinie zu kommentieren.« Verteidigungsministerin Ursula von der Leyen: »Wir können nicht zur Seite schauen, wenn Mord und Vergewaltigung an der Tagesordnung sind.« Von Bundespräsident Joachim Gauck war zu hören, Deutschland solle sich »früher, entschiedener und substanzieller einbringen«. Er forderte die Deutschen auf, »sich der Welt zuzuwenden«. Steinmeier sprach von »tätiger Außenpolitik«. All dies impliziert, dass Deutschland untätig im Abseits stehe, wenn es nicht kämpfe, und dass jeder, der gegen Kriegseinsätze der Bundeswehr ist, weltabgewandt sei und Mord und Vergewaltigung dulde. Das ist Bullshit: Selbstverständlich haben Politiker das Recht, für Kriegseinsätze der Bundeswehr zu plädieren. Aber warum nennen sie diese Einsätze nicht beim Namen und werben für eine Verfassungsänderung, die diese Einsätze deckt?

Politiker sind nicht unbedingt Meister des Schönfärbens. Sie nehmen nur besonders viel Farbe. Sie sprechen hartnäckig von »unseren amerikanischen Freunden«, auch wenn die Atmosphäre seit der NSA-Affäre frostig ist. Was unter der Farbe liegt, trat zutage, als ein Unbekannter im Februar 2014 ein vertrauliches Telefonat zwischen der amerikanischen Präsidentenberaterin Victoria Nuland und dem US-Botschafter in der Ukraine Geoffrey Pyatt auf YouTube einstellte: »You know, fuck the EU.« (Nuland) – »Exactly.« (Pyatt)

Oft zeigt Bullshit in der Politik sich schon in einzelnen Wörtern. Ein jüngeres Beispiel für Ein-Wort-Bullshit ist der Neologismus No-spy-Abkommen, der im Zuge des rhetorischen Aktionismus hilfloser deutscher Politiker nach den Enthüllungen des amerikanischen Whistleblowers Edward Snowden aufkam. Er klingt, als hätte er angloamerikanische Wurzeln, ist aber in Wirklichkeit eine deutsche Wortprägung. Das denglische Neuwort steht für den gescheiterten Versuch der Bundesregierung, sich mit den Amerikanern auf die Unterlassung von – ja, von was eigentlich – zu einigen? Wörtlich genommen, entsteht der Eindruck, als ziele das Abkommen auf die Unterbindung jeglicher Spionage-Tätigkeit von US-Diensten in Deutschland und von deutschen Diensten in den USA. Es ist unwahrscheinlich, dass irgendwer in der Bundesregierung das ernsthaft anstrebt. In jedem Fall wäre es unrealistisch. Auslandsaufklärung gehört zu den Kernaufgaben eines Geheimdienstes. Aber darum geht es auch gar nicht: Die Bundesregierung wünscht sich ein Abkommen, mit dem die Partner sich verpflichten, sich an die Gesetze des jeweils anderen Landes zu halten, und das Ausspähen von Regierung und Wirtschaft des anderen zu unterlassen. Aber die Bundesregierung – in Person von Kanzleramtsminister Ronald Pofalla – hatte kurz nach Bekanntwerden der NSA-Spitzeleien ohnehin schon beteuert, die Amerikaner hielten sich auf deutschem Boden an deutsche Gesetze. Dass sie sich auf amerikanischem Boden an deutsche Gesetze halten, wird niemand erwarten. Was also wollte die Bundesregierung mit einem »No-spy-Abkommen« darüber hinaus erreichen? Es blieb rätselhaft, und wohl auch deshalb scheiterte die Idee. Folgerichtig schlugen die Blogger von neusprech.org vor, das angestrebte Abkommen in No-Abkommen umzubenennen. Eine nichtssagende Bezeichnung und eben darum eine treffende. Offenbar ging es der Bundesregierung vor allem darum, Initiative zu zeigen. Dass im Endeffekt nichts dabei herauskam, war nebensächlich. Die Menge an politischem Ein-Wort-Bullshit ist so überwältigend, dass hier aus Platzgründen nur drei weitere, wahllos herausgegriffene Beispiele angeführt werden:

- »Verfassungsschutz« als Bezeichnung für eine staatliche Organisation, die zum Schutz der Verfassung offenbar immer wieder die von der Verfassung geschützten Rechte auf die Privatheit von Fernkommunikation und die Unversehrtheit der eigenen Wohnung beugen muss.
- »Exzellenzinitiative« als Bezeichnung für den aus der Not geborenen Plan, bei der Verteilung des knappen Budgets für Hochschulen einige wenige zu bevorzugen, weil es nicht für alle reicht.
- »Bio-Sprit« als Bezeichnung für herkömmliches Benzin, dem ein geringer Anteil pflanzlichen Brennstoffs aus meist nichtbiologischem Anbau beigemischt wurde.

Passiv ist Bullshit

Zwar blüht heute allerorten der politische Bullshit. Aber dank Internet und anderen neuen Kommunikationsmitteln ist ihm niemand mehr hilflos ausgeliefert. Vielleicht sind die amerikanischen »fact checkers« und die deutschen Plagiatsjäger Pioniere auf dem Weg zu einer bullshitärmeren Politik. Ein No-Bullshit-Agreement wäre ein Dienst an der Demokratie.

Es muss allerdings Ausnahmen vom Bullshit-Verbot geben. In bestimmten Situationen ist auch Politikern Bullshit erlaubt, nämlich in Form von Humor. Als ein Journalist während des Präsidentschaftswahlkampfs 2000 von George W. Bush wissen wollte, welches der größte Fehler seines Lebens gewesen sei, reagierte der mit Humor auf diese hinterhältige Frage, deren ernsthafte Beantwortung jeden Wahlkämpfer ins Schwitzen bringen kann: »Na gut, ich habe dieses wunderbare Tauschgeschäft unterschrieben, Sammy Sosa für Harold Baines ...« Gelächter im Publikum. Das war anno 1989 gewesen, als Bush Manager des Baseball-Teams Texas Rangers war. Sosa war ein schmächtiger Spieler mit noch schmächtigerer Erfolgsquote, und Bush gab ihn im Tausch gegen Baines an die Chicago White Sox ab – wo aus Sosa (später bei den Chicago Cubs) einer der erfolgreichsten Spieler aller Zeiten wurde. Bush hatte »einen der schlechtesten Deals in der Geschichte des Baseball« (*Washington Times*) gemacht. Mit seiner schlagfertigen Antwort zeigte er, dass er das Format hatte, den Fehler einzugestehen. Fortan galt Bush als Komödiant.

Politik und Wirtschaft haben etwas Wesentliches gemeinsam: Sie sind Wetten auf die Zukunft. Man wählt einen Politiker nicht, weil er seine Arbeit gut gemacht hat, sondern weil man glaubt, dass er sie weiter gut machen wird. Man investiert nicht in ein Unternehmen, weil es sich gut entwickelt hat, sondern weil man glaubt, dass es sich weiter gut entwickeln wird. Es geht um Prognosen, Versprechen und Hoffnungen. In dieser Situation ist es verlockend für Politiker, Bullshit zu erzählen. Sie wollen einerseits klar und verbindlich in ihren Aussagen sowie entschlossen und verlässlich in ihrem Handeln wirken – sich andererseits aber alle Optionen offenhalten. Wer weiß, mit wem man nach der Wahl koalieren muss, und wie hoch die Steuereinnahmen sein werden? Durchmogeln mit Bullshit ist die Überlebensstrategie im Machtspiel. Es liegt an Wählern, Journalisten, Bürgerinitiativen und Nichtregierungsorganisationen, diese Strategie zu entlarven. Hier kann man anfangen:

1. *Achtung beim Argumentationsmuster »Maßnahme XY schadet der Konjunktur, vernichtet Arbeitsplätze und ist deshalb unsozial«*
Wenn diese Folgerung stets gälte, dann wäre jede Maßnahme sozial, die der Konjunktur hilft. Das ist jedoch nicht der Fall. Die Zahlen, an denen die Konjunktur gemessen wird, sind kumulierte Unternehmenszahlen. Sie sagen nichts über das Wohlergehen einzelner Branchen oder Unternehmen und rein gar nichts über das Wohl der Mitarbeiter aus – im Gegenteil. Es ist gängige Praxis von Unternehmen, die Zahlen durch Personalkürzungen zu frisieren.

2. *Aufgepasst bei bestimmten Bekenntnissen*
Zum Beispiel: »Ich bin der festen Überzeugung, dass ...«
Solche Sätze klingen entschlossen, legen den Sprecher aber auf gar nichts fest – eine Floskel aus dem Wörterbuch des Bullshit.

3. *Genau hinhören bei Wahlversprechen*
Sie sind nur etwas wert, wenn ihre Erfüllung überprüfbar ist. Aussagen nach dem Muster »Wir werden so bald wie möglich ...« oder »Wir werden alles dafür tun ...« sind wenig wert, solange vage bleibt, was mit »so bald wie möglich« und »alles« gemeint ist.

4. *Skepsis bei Passivsätzen*
Reguläre Aussagen haben die Form »Subjekt A vollzieht die Handlung X an Objekt B«. Also zum Beispiel: »Die EU-Kommission verbietet Glühbirnen.« Die Passivkonstruktion erlaubt es, den Handelnden unerwähnt zu lassen. Das liest sich dann so: »Glühbirnen werden europaweit verboten.« Passivsätze können den Anschein von Unpersönlichkeit und Objektivität erwecken, daher sind sie in wissenschaftlichen und bürokratischen Kontexten beliebt.

5. Unabhängig informieren

Der Traum von Bill Clintons Berater Dick Morris war eine Wählerschaft, welche die neuen technischen Möglichkeiten nutzt, um sich über politische Fragen zu informieren, und auf diesem Wege das Informationsmonopol der Politiker bricht. Die technischen Möglichkeiten (Internet, Datenbanken, Archive) sind inzwischen nicht mehr ganz so neu, aber ihr Potenzial ist noch längst nicht ausgeschöpft.

6. Hartnäckig nachfragen

Wenn Politiker bullshitten, dann tun sie dies auch deshalb, weil sie damit durchkommen. Es liegt an uns, einem Bullshit-Verdacht nachzugehen. Was hat er gemeint? Was bedeutet das genau? Was folgt daraus? Abgeordnete nutzen Twitter, Facebook und E-Mail. Das können wir auch.

Um einem möglichen Missverständnis vorzubeugen: Mit diesen Ratschlägen soll keineswegs einer kalten Technokratenpolitik das Wort geredet werden. Es regieren immer noch Menschen, keine Fakten, Pläne oder Konzepte. Und wie überall, wo Menschen Verantwortung für andere Menschen tragen, geht es auch um Vertrauen und Emotionen. Aber eine emotionalere Sprache muss nicht bedeuten, Bullshit zu reden.

Ein bisschen Todesangst im Schlepplift

Warum sind Fernsehen, Zeitungen und Internet so voll von Quatsch? Das muss so sein, sagen Philosophen.

Am Ende des Regenbogens

Helene Fischer, Jahrgang 1984, ist »Profi und die erfolgreichste Schlagersängerin der Jetztzeit« (Stefan Raab), und sie hat nach allem, was öffentlich bekannt ist, bisher keine Kinder – und erwartet auch keine. Das war jedoch nicht immer so. Zumindest zeigte die *Woche der Frau* Helene Fischer und ihren Lebensgefährten Florian Silbereisen im Sommer 2013 auf der Titelseite und schrieb dazu: »Endlich! Die frohe Botschaft – Sie konnte es nicht länger für sich behalten«. Die *Schöne Woche* hob Fischer ebenfalls aufs Cover und titelte »Baby-Geflüster! Jetzt lüften sie alle Geheimnisse«. Mehr noch: »Es hat schon einen Namen.« Die zahlreichen Helene-Fischer-Fans müssen außer sich gewesen sein.

Auch für Helene Fischer war ihre angebliche Schwangerschaft eine Überraschung. »Wusste ich ja auch nicht«, sagte sie später. Hatten die beiden Zeitschriftenredaktionen noch vor der Schwangeren von der Schwangerschaft erfahren?

Natürlich nicht. Die Berichte waren einem vermutlich nicht ganz unabsichtlichen Missverständnis entsprungen. Helene Fischer hatte auf ihrer Website angekündigt: »Liebe

Fans, ich habe es ja während meiner Sommer-Events schon angedeutet. Jetzt ist es offiziell, dass mein neues Studioalbum am 4. Oktober erscheint! Und das ›Baby‹ hat auch schon einen Namen: FARBENSPIEL!«

Es gehört zum Beruf von Stars wie Helene Fischer, solchen Quatsch der Regenbogenpresse über sich ergehen lassen zu müssen. Kaum eine Woche vergeht, ohne dass irgendein Blatt die bevorstehende Trennung von Fischer und Silbereisen meldet. Oder die Hochzeit – mit gephotoshoptem Brautkleidbild. Oder eine Affäre Fischers mit Til Schweiger. Oder mit Markus Lanz. Oder ein Augenzeuge berichtet, Fischer habe bei einem Toast den Wein gegen ein Glas Wasser getauscht – und schon gehen wieder die Baby-Meldungen um.

Nun sollte niemand überrascht sein von Bullshit in Magazinformat. Eine ganze Branche lebt davon, von *Avanti* und *Bild der Frau* bis zu *Welt der Frau* und *Woche der Frau*, mit einer insgesamt siebenstelligen wöchentlichen Auflage. Eine halbe Milliarde dieser Hefte werden jährlich in Deutschland gedruckt. Helene Fischer ist eines der Dauerthemen, aber längst nicht das einzige. Jenny Elvers, Heidi Klum, Dieter Bohlen, die Königshäuser Spaniens, Englands und Schwedens und andere Fürstenfamilien – sie und viele andere müssen sich immer wieder neue Affären, Krisen, Trennungen oder Schwangerschaften andichten lassen.

In dem Blog topfvollgold.de dokumentieren die Medienwissenschaftler Mats Schönauer und Moritz Tschermak die Mechanismen dieser Bullshit-Industrie. Üblicherweise wird irgendein Zitat, ein Tweet oder Facebook-Posting, irgendein nichtssagendes Paparazzi-Foto zu einer Schlagzeile umgebogen, die den Wahrheitsgehalt einer freien Erfindung hat. Helene Fischer sagt der *Bunten*: »Ich will auch unbedingt eine Weltreise machen. Ich denke, dass ich das zuerst mache und dann die Kinder kommen.« Zweieinhalb Jahre später titelt die *Neue Welt für die Frau*: »Helene & Flori: Kein Baby! Die traurigen Hintergründe«. Der Artikel besteht im Wesentlichen aus der Spekulation, dass Helene Fischer wegen ihrer vielen Termine bis auf weiteres keine Zeit für eine Weltreise habe, also auch der Nachwuchs noch auf sich warten lassen werde. »Die Fans müssen sich gedulden«, orakelt die *Neue Welt für die Frau*. Wenn es einem Star mal allzu bunt wird, erzwingt er eine Gegendarstellung. Als die *Freizeit live* im Januar 2014 unter der Überschrift »Wie groß ist sein Kummer?« über Florian Silbereisen und Helene Fischer schrieb, »nicht einmal Weihnachten sollen die zwei gemeinsam verbracht haben«, stellte Silbereisen klar: »Ich habe Weihnachten gemeinsam mit meiner Lebensgefährtin verbracht.« Die Redaktion druckte die Gegendarstellung in einem kleinen Kasten, schrieb darunter »Florian Silbereisen hat recht« – und setzte die Bullshit-Produktion unvermindert fort.

Die Produkte der Regenbogenpresse sind Bullshit vom höchsten Reinheitsgrad. Sie kommen dem idealen Bullshit ziemlich nahe. Ganz nach der Frankfurt'schen Bullshit-Definition arbeiten die Redaktionen in weitgehender Missachtung der Wahrheit. Sie zeigen wenig Neigung, ihre Mutmaßungen zu fundieren. Es geht ihnen offensichtlich nicht darum, ein getreues Bild ihrer Stars zu zeichnen, sondern darum, ihre Leserschaft mit Geschichten von Liebe, Hass, Eifersucht und Gier zu versorgen. Und das geht nur mit viel Phantasie. Man stelle sich vor, *Freizeit live* & Co. würden es mit wirklichkeitsgetreuen Geschichten aus dem Promi-Alltag versuchen. »Helene Fischer hat einen vollen Terminkalender« – »Andrea Bergs Konzert von Kritikern verrissen« – »Niederländische Prinzessin Ariane beim Skifahren aus dem Schlepplift geflogen«. Wie langweilig.

Das Geschäftsmodell der Regenbogenpresse ist beim Durchblättern ihrer einschlägigen Erzeugnisse gut erkennbar: Die Blätter sind Anzeigenumfelder mit hoher Reichweite und klar erkennbarer Zielgruppe. Sie sind voll von Anzeigen für Gesundheitsprodukte und rezeptfreie Medikamente. Die Pharmaindustrie ist damit einer ihrer Hauptsponsoren.

Die »Blöd-Zeitung«

Medien – das Wort suggeriert eine bloße Übertragungsfunktion. Als würden Medien lediglich Nachrichten aus der Welt zum Empfänger transportieren. Doch schon in den 1960er-Jahren zeigte der Philosoph Marshall McLuhan, dass Medien unsere Wahrnehmung der Welt prägen – und zwar nicht in erster Linie dadurch, *dass* sie uns die Welt präsentieren, sondern auf die Art und Weise, *wie* sie uns die Welt präsentieren. »The medium is the message«, »das Medium ist die Botschaft«, lautete sein berühmter Slogan. Ein Medium verändert die Gesellschaft nicht durch den Inhalt, den es transportiert, sondern durch seine eigenen Mechanismen. McLuhan ging sogar so weit zu behaupten, bei Medien sei der Inhalt ganz egal. Ob das Fernsehen Kindersendungen bringe oder Gruselfilme, seine Wirkung auf die Gesellschaft bleibe gleich. Es beriesele die Menschen und schaffe gemeinsamen Gesprächsstoff. Womit und worüber – nicht so wichtig.

Ganz so weit muss man McLuhan nicht folgen. Aber an seinen Thesen ist etwas dran. Sie erklären, warum das Fernsehprogramm nach fast ungeteilter Meinung so miserabel ist. Hans Magnus Enzensberger nannte es einst ein »Nullmedium«. Das war 1988, vier Jahre nachdem das Privatfernsehen in Deutschland gestartet war. Was genau auf dem Programm steht, sei nebensächlich, schrieb Enzensberger damals in einer viel beachteten Kritik des Fernsehens im *Spiegel*. Es sei so beliebt, weil es die Zuschauer in eine Trance versetze, in einen Zustand der Selbstvergessenheit, der für

Erwachsene sonst nur schwer erreichbar ist. »Der Fernseher ist die buddhistische Maschine«, schrieb Enzensberger. Man schaltet ihn nicht wegen der Inhalte ein, sondern um den Inhalten zu entkommen.

Die Bild-Zeitung ist sozusagen Fernsehen auf Papier. Schon ihre erste Ausgabe am 24. Juni 1952 bestand fast ganz aus Bildern und Comic Strips. Sie kostete zehn Pfennige, ihr Gründer Axel Caesar Springer wollte eine Zeitung, die sich jeder leisten konnte. Von Anfang an betrieb das Blatt Stimmungsmache, schrieb im Nachkriegsdeutschland eine »Fresswelle« herbei, mit Berichten aus den Küchen und Restaurants der Reichen, dann eine Reisewelle und schließlich eine Sexwelle. Bis heute schreibt Bild Prominente fast nach Belieben hoch oder runter. Springer-Chef Matthias Döpfner sagte 2006: »Für die Bild-Zeitung gilt das Prinzip: Wer mit ihr im Aufzug nach oben fährt, der fährt auch mit ihr im Aufzug nach unten. Diese Entscheidung muss jeder für sich selbst treffen.« Zu ihren bekanntesten Opfern zählten in den letzten Jahren Jörg Kachelmann, Charlotte Roche und Manfred Krug, der sich der Bild-Kampagne gegen ihn erwehrte, indem er öffentlich grundsätzlich nur noch von der »Blöd-Zeitung« sprach – einer der seltenen Fälle von zivilem Widerstand gegen das deutsche Print-Leitmedium. Als der damals noch mit seiner ersten Frau verheiratete CDU-Politiker Christian Wulff 2008 mit seiner neuen Geliebten Bettina auftrat, feierte Bild die beiden als Traumpaar. Als der Bundespräsident Wulff später unter Korruptionsverdacht geriet, feuerte Bild ganze Breitseiten auf ihn ab. Der Aufzug hatte die Richtung gewechselt.

Nicht wenige Medienwissenschaftler lehnen es ab, die Bild-Zeitung überhaupt als Zeitung zu bezeichnen. Eine Studie der Otto-Brenner-Stiftung zur Darstellung der Griechenland- und Eurokrise 2010 kam zu dem Ergebnis, dass Bild sich zwar auch »des journalistischen Handwerks bedient, aber wenn, dann nie in der Hauptsache und nie, um Ziele des Journalismus zu verfolgen, sondern nur, wenn es den eigenen Zwecken nützt«.

Die Bild-Zeitung ist zweifellos ein Bullshit-Blatt. Fast täglich weisen bildblog.de und andere kritische Beobachter ihr Fehler nach. Kein anderes Blatt wird so oft vom Presserat gerügt. Aber Bild ist kein harmloses Quatschblatt wie die *Schöne Woche* oder *Freizeit live*. Sie prägt die öffentliche Meinung. Ende der 1960er-Jahre diffamierte sie die Studentenführer. In den Siebzigern schürte sie die Angst vor den RAF-Terroristen und half mit, eine Mehrheit der Deutschen für die Todesstrafe zu gewinnen. In der Eurokrise seit 2009 forderte sie: Kein deutsches Geld zur Rettung Griechenlands. Sie hat einen Bundespräsidenten zum Rücktritt gebracht. Journalisten aller anderen wichtigen Medien behalten Bild genau im Auge, weil sie wissen, dass sie die Stimmung macht. »Zum Regieren brauche ich Bild, BamS und Glotze«, sagte Gerhard Schröder zu Beginn seiner ersten Amtszeit als Bundeskanzler 1998.

Es ist erstaunlich, wie wenig Widerstand es gegen Bild gibt. Einmal nur in ihrer Geschichte geriet das Blatt richtig in die Bredouille: als Günter Wallraff gegen Ende der 1970er-Jahre eine Kampagne gegen die Bild-Zeitung anzettelte. Um deren unsaubere Arbeitsweise offenzulegen, wandte Wallraff Bild-Methoden gegen Bild an. Er schlich sich für dreieinhalb Monate als Redakteur in die Bild-Lokalredaktion in Hannover ein, berichtete in seinem Buch *Der Aufmacher* von seinen Erfahrungen und setzte seinen Angriff dann mit Plakataktionen und Gegenzeitungen, die er in Bild-Verkaufskästen legte, fort. In den Jahren zuvor hatte Bild die Strategie gewechselt, von politischen Kampagnen zu Sex & Crime, Prominentenskandalen und Ratgebergeschichten. Wallraff zeigte, dass ein erheblicher Teil davon frei erfunden war. Besonderen Eindruck machte im Jahr 1979 der Fall eines Mannes, der durch den Unfalltod seiner Frau ins Visier von Bild geriet. Der Mann ließ den Bild-Reporter in die Wohnung, weil der sich als Mitarbeiter eines Instituts ausgegeben hatte, das Selbstmorde erforscht, und übergab ihm Fotos und Briefe. Die Bild-Zeitung dichtete die Schlagzeile »Aus Angst vor Frühjahrsputz: Frau erschlägt sich mit Hammer« und schrieb darunter: »Einmalig, diese Art, sich umzubringen«. Alles frei erfunden. Tatsächlich hatte die Frau, die an schweren Depressionen litt, sich erhängt. Der Mann zerbrach an dem Spott, der daraufhin über ihn hereinbrach, und vergiftete sich mit den Abgasen seines Autos. Er hinterließ einen Aufruf gegen Bild: »Wer etwas Ehrgefühl und Verstand hat, sollte dieses Lügenblatt nicht kaufen.« Wallraff plakatierte das. Hunderttausende Leser boykottierten die Zeitung daraufhin, Politiker verweigerten ihr Interviews. Der Verlag erklärte sich bereit, dem 15-jährigen Sohn des Mannes, der nun also beide Eltern verloren hatte, eine Rente von monatlich 500 DM zu bezahlen. Diese tragische Geschichte veranschaulicht das Prinzip Bild: Im Kern ist zumeist was Wahres dran, aber es ist bis zur Unkenntlichkeit verzerrt. Die Bild-Macher haben die Kunst perfektioniert, haarscharf an der Grenze vom Bullshit zur Lüge zu bleiben. Die Bild-Zeitung ist das schlagendste Beispiel dafür, wie gefährlich Bullshit in den Printmedien sein kann.

Ist das heute, im Jahr 2014, immer noch so? Hat sich die Bild-Zeitung seit dem Wallraff-Skandal nicht geändert? Darüber gibt es unter Journalisten unterschiedliche Auffassungen. Im Jahr 2012 wurden zwei Bild-Reporter mit dem Henri-Nannen-Preis für die beste investigative Leistung geehrt. Ihr Artikel über Christian Wulffs Privatkredit für sein Haus hatte den größten politischen Skandal des Jahres ausgelöst. Der Preis sollte zwischen Bild und einem Journalistenteam der Süddeutschen Zeitung aufgeteilt werden. So hatte es die Jury entschieden, nachdem man sich nicht auf einen einzigen

Preisträger hatte einigen können. Doch als der SZ-Redakteur Hans Leyendecker auf die Bühne kam, lehnte er den Preis stellvertretend für die SZ-Journalisten ab. »Wir möchten nicht gemeinsam mit der Bild ausgezeichnet werden«, sagte er. Die Auszeichnung der Bild-Zeitung sei »ein Stückchen ein Kulturbruch«.

Wie aus News Bullshit wird

Medialer Bullshit der groben Art ist für durchschnittlich begabte Menschen gut erkennbar und vermeidbar – abgesehen von den Betroffenen, für die er oft lästig ist, aber auch karrierefördernd sein kann. Gefährlicher ist der subtilere Bullshit in Medien, die als Qualitätsmedien gelten. Zwar haben sie es nicht nötig, ihre Geschichten herbeizuphantasieren. Aber auch sie stehen unter Zwängen, welche die Entstehung von Bullshit begünstigen.

Es gibt keine bullshitfreien Medien, das liegt in ihrer Natur: Nachrichten sind in der Regel nur winzige Ausschnitte von Geschichten (und Geschichte), deren Dynamik und Verlauf sich erst Monate oder Jahre später zeigen. Aus Nutzersicht wäre es oft klüger, diese Geschichten in zusammenhängenden Kapiteln zu lesen statt in einzelnen Sätzen. Aber aus Sicht der Medien ist es genau umgekehrt. Zu ihrem Geschäft gehört die Suggestion, es sei besser, möglichst rasch ein unvollständiges, fehleranfälliges Bild der Ereignisse zu bekommen, als etwas später ein vollständiges, verlässliches Bild. »Putin will keine Eskalation – vorerst«, »EU verspricht Kiew elf Milliarden Euro«, »Hoeneß hofft weiter auf Freispruch« – so lauteten drei Titel-Schlagzeilen einer großen deutschen Zeitung aus einer Woche im März 2014. Sie zeigen die Winzigkeit des Nachrichtenwerts, den auch eine angesehene Zeitung für einen Tag bieten kann. Alle drei Meldungen waren schon ein paar Tage später obsolet. Die Krim-Krise eskalierte und machte das Geldversprechen der EU an die Ukraine vergessen. Uli Hoeneß wurde verurteilt und nahm das Urteil an. Für sich genommen sind diese Schlagzeilen noch kein Bullshit im technischen Sinn. Aber sie zeigen, wie schnell Journalisten in ein bullshitträchtiges Milieu geraten: Das Thema muss unbedingt ein Stückchen weitergedreht werden, notfalls mit Gewalt, auch wenn es nichts wirklich Neues zu berichten gibt.

Eifrige Zeitungsleser, die McLuhans These vom Medium als eigentlicher Botschaft im Selbstversuch testen wollen, können sich fragen, an wie viele einzelne Überschriften und Artikel aus der jüngeren Zeit sie sich noch erinnern. Wenn McLuhan recht hat, dann sind es wenige. Die medial vermittelte Realität ist ein ziemlich monotones Rauschen. Es geht nicht immer in erster Linie um Information, sondern oft eher um Meditation. Was genau drinsteht, ist dann gar nicht so wichtig. Das gilt vor allem für sogenannte News. »Fakten, Fakten, Fakten« lautet der Slogan des Nachrichtenmagazins *Focus*. Aber gerade an Fakten herrscht heute nicht mehr der geringste Mangel. Im Gegenteil, wir wissen bald schon nicht mehr, wohin mit all den Fakten. Haushaltsdebatte im Bundestag, Moody's stuft irgendein Land herab, »Unruhen« am anderen Ende der Welt – so sieht die Meldungsflut aus, die täglich über uns hinwegrollt. Kein Mensch kann sich das alles merken. Die Wahrheit bleibt dabei oft auf der Strecke. Glaubt man Psychologen, dann sind die »Fakten«, an die wir uns zu erinnern glauben, mitunter nicht einmal wahr. In einem bekannten Experiment legten Wissenschaftler einer Gruppe von Freiwilligen eine Nachricht über einen Lagerhausbrand vor. Als Ursache für das Feuer war darin ein Kurzschluss in einem Verteilerkasten aufgeführt. Außerdem hätten Gasflaschen und Lacke in einer Kammer daneben den Brand beschleunigt, hieß es weiter. Später wurde die Nachricht allerdings korrigiert: Man wies die Teilnehmer darauf hin, dass die Information über die Lacke und Gasflaschen nicht korrekt war. Als man sie anschließend in einem Test nach diesem Detail fragte, erinnerten sich die Probanden sehr wohl an dieses Erratum. In anderen Antworten jedoch tauchten die Lacke und Gasflaschen wieder auf, zum Beispiel, als nach der Ursache für die starke Rauchentwicklung gefragt wurde.

»Das kognitive System des Menschen ist nicht darauf ausgelegt, Fehlinformationen zu korrigieren«, sagt der amerikanische Aufmerksamkeitsforscher Art Markman. »Es würde unser Denken einfach zu sehr verlangsamen, wenn wir jedes Informationshäppchen auf seinen Wahrheitsgehalt überprüfen müssten, bevor wir es im Gedächtnis abspeichern.« Und wenn eine Falschinformation erst einmal im Gedächtnis ist, lässt sie sich nicht mehr so leicht löschen. Stattdessen müssen wir uns die Information, dass eine andere Information falsch ist, aktiv in Erinnerung rufen. Falschinformationen seien wie kleine Zeitbomben im Gedächtnis, so Markman, »sie können Schaden anrichten, obwohl wir wissen, dass sie da sind«. Und so kann die Wahrheit in Schnipseln am Ende auch Bullshit sein. Vom x-ten Gesetzentwurf und seinen vielen Korrekturen im Bundesrat bleibt so viel hängen wie von den Volten des x-ten Sexskandals.

Was bedeuten all diese Dinge? Das sollte ein gutes Medium seinen Lesern erklären: das Bild, das die Schnipsel ergeben. Relevanz statt Fakten, Fakten, Fakten. Darin jedoch sind die meisten Medien nicht gut. Sie haben zu wenig Zeit, um die Schnipsel zu sinnvollen Bildern zusammenzufügen und pressen sie stattdessen in Schemen. Ein paar Beispiele:

Hurrikan verwüstet amerikanische Kleinstadt – ein Zeichen des Klimawandels?

Objekt XY erstmals mit 3D-Drucker hergestellt – künftig wird alles aus dem 3D-Drucker kommen.

Das Internet – saugt unsere Daten auf und zerstört unsere Konzentration.

Flugzeuge aus Karbonfasern – haben Risse.

Die EU – ist bürokratisch und handlungsunfähig.

Italien – unregierbar.

Afrika – Korruption und Warlords.

Das ist offensichtlich viel zu simpel, um die ganze Wahrheit zu sein. Aber es wirkt. Die ständige Wiederholung dieser Muster prägt die Bilder, die viele Menschen von Afrika, von der EU und vom Internet im Kopf haben. Ihre Weltsicht ist beeinflusst von medialen Stereotypen.

Zur Nachricht wird, was »nachrichtenfähig« ist. »Sieben Milliarden Menschen weltweit sind am Leben geblieben«, »80 Millionen Deutsche sind heute durch den Tag gekommen, ohne jemanden zu ermorden«, »50 000 Flüge sicher gestartet und gelandet«, »Täglich werden neue Medikamente und Therapien gegen Krankheiten entwickelt« – das wären niemals Schlagzeilen. Nachrichten erzählen das Außergewöhnliche, Episodenhafte. Die Kuriositäten. Ihre Welt besteht aus Events, Affären, Skandalen und Verbrechen. Sie verschweigen daher oft das wirklich Wichtige: die allmählichen Entwicklungen, das Komplexe, das abwägende Für und Wider. Medien verschweigen uns, dass sie uns die Welt nicht einfach nur näherbringen, sondern die Welt in unseren Köpfen auch konstruieren – nach ihren Prioritäten. Die Welt, in der wir alle gemeinsam leben, ist in wesentlichen Zügen eine von den Medien gemachte Welt.

Dass Nachrichten ein derart schematisches Bild der Welt liefern, liegt nicht allein an den Mechanismen und den

Mitarbeitern der Medien. Nachrichten entstehen in einem Wechselspiel zwischen Produzenten und Rezipienten. In Untersuchungen zum Verhalten von Lesern gedruckter Zeitungen und Internetmedien erkennt man eine klare Präferenz für Klatschmeldungen. Auch viele Leser angesehener Zeitungen wie der *Süddeutschen* blättern gleich weiter auf die »Panorama«-Seite und lesen die »Leute«-Spalte. Bei der Zeitungslektüre geht es oft weniger darum, die wesentlichen Entwicklungen des Weltlaufs zu erfahren, als vielmehr darum, ein tiefes menschliches Bedürfnis zu befriedigen: die Neugier. Nach der Lektüre hat man das beruhigende Gefühl, Bescheid zu wissen.

»Billige Zuckerbonbons für den Geist« nennt der Autor Rolf Dobelli die täglichen News: »News sind appetitlich, leicht verdaulich und gleichzeitig höchst schädlich. Die Medien füttern uns mit kleinen Häppchen trivialer Geschichten, mit Leckerbissen, die unseren Hunger nach Wissen nicht wirklich stillen.« Dobelli hat seinen Nachrichtenkonsum komplett eingestellt und liest nur noch Bücher und Hintergrundartikel. Das Ergebnis seiner Nachrichtendiät: »klareres Denken, wertvollere Einsichten, bessere Entscheidungen und mehr Zeit«.

Woher kommt bloß der Drang, die neuesten Nachrichten zu erfahren? Warum greifen viele Menschen nach dem Aufwachen zuerst zum Smartphone und überfliegen *Spiegel Online* oder gehen raus und holen die Zeitung aus dem Briefkasten? Warum sind viele schon nach wenigen Tagen ohne Nachrichten in Sorge, etwas zu verpassen? Es ist doch eigentlich alles wunderbar, wenn man sich umschaut. Im eigenen Garten zwitschern die Vögel, im Supermarkt gibt es keinen Versorgungsengpass. Aber man weiß ja, das kann nicht die ganze Wahrheit sein. Irgendwo ist bestimmt ein Virus ausgebrochen, ein Adeliger fremdgegangen, ein Bürgerkrieg ausgebrochen oder ein Flugzeug-Triebwerk in Flammen aufgegangen. Nachrichten bestätigen die Ahnung, dass der Frieden trügt, und beruhigen gleichzeitig: Die Bedrohung ist zumeist weit weg. Die Flut war in Südostasien, die Hungersnot in Afrika. Selbst die Finanzkrise in Europa ist für die meisten Menschen ohne Aktienbesitz eine abstrakte Gefahr. Sie hätten vielleicht gar nichts davon mitbekommen, wäre es nicht in den Nachrichten gewesen. »Die Nachrichten zu hören ist wie eine Muschel ans Ohr zu legen und das Rauschen der Menschheit zu hören«, schreibt der englische Philosoph Alain de Botton. »Solch äußerlicher Aufruhr ist genau, was wir wohl brauchen, um in uns ein Gefühl innerlicher Ruhe zu wecken.« Um Beruhigung also geht es vor allem, nicht um die Wahrheit. Kein Wunder, dass das tägliche Nachrichtenrauschen zu großen Teilen aus Bullshit besteht. Wenn man noch TV-Formate wie *Deutschland sucht den Superstar*, *Bauer sucht Frau* und *Musikantenstadl* dazurechnet, kann man die Medien durchaus als Bullshit-Fabriken bezeichnen.

Alain de Botton findet das im Prinzip völlig in Ordnung und sogar nützlich. Er hält es für ein Missverständnis, dass Nachrichten uns über die weltweit wichtigsten Ereignisse auf dem Laufenden halten sollen. Nein, sie versorgen uns mit den Geschichten, die Menschen brauchen, um Mensch zu sein, glaubt De Botton. Mit den Geschichten, die uns mitleiden und mitfühlen lassen. Mit jenen Geschichten also, die man sich einst am Lagerfeuer erzählte und die später die Vorläufer der Journalisten, die Minnesänger, übers Land verbreiteten. In der Antike handelten diese Geschichten von Herakles, Odysseus, Antigone und anderen Heldinnen und Helden. Später erzählten sie von Katharina von Siena und anderen Heiligen. Heute berichten sie über Gloria von Thurn und Taxis, David Beckham und andere Celebrities.

Um seine Auffassung von Nachrichten anschaulich zu machen, hat De Botton eine eigene Website gegründet, sie heißt »Philosopher's Mail« und ist eine philosophisch fundierte Konkurrenz zur *Daily Mail*. Ein internationales Team von Philosophen schreibt Glamour-Nachrichten inklusive philosophischer Interpretation. Wie in der Regenbogenpresse geht es beispielsweise um Kim Kardashians Hintern. Aber hier wird er mit den Werken Tizians und Botticellis verglichen. Oder man sieht Bilder vom Niedergang der Beziehung des Elternpaars Tom Cruise und Katie Holmes und liest dazu im Begleittext, dass der Philosoph Arthur Schopenhauer zu der Erkenntnis kam, der passende Fortpflanzungspartner sei oft nicht der passende Lebenspartner. Die »Philosopher's Mail« hat es bisher nicht zum Massenmedium gebracht, aber sie hat gezeigt, dass Celebrity News kein Bullshit sein müssen. »Glamour ist nicht bloß lustig und albern, er ist eine wichtige Kraft des gesellschaftlichen Wandels«, heißt es auf De Bottons Website.

#Neuland

Marshall McLuhans These vom Medium als Botschaft ist Jahrzehnte älter als die digitalen Medien, trifft aber auch auf sie zu – besonders gut sogar. Auf der Kurznachrichtenplattform Twitter hat man pro Tweet 140 Zeichen Platz. Das liegt nicht etwa daran, dass Twitter Speicherplatz sparen will. Das Limit ist mit Absicht gesetzt, technisch wäre es kein Problem, es zu erhöhen. Die Beschränkung ist der Hauptwitz an Twitter. Sie soll die Nutzer zu gehaltvollem Formulieren anhalten: knapp, sachlich, auf den Punkt. Das funktioniert auch oft. Aber es hat seinen Preis.

Das Internet – eigentlich sollte es ein Medienparadies sein: Milliarden Kunden, verzögerungsfrei erreichbar mit Text, Ton und Bild. Bisher jedoch fühlen sich viele Medienunternehmen eher wie in der Hölle. Das Internet untergräbt ihr traditionelles Geschäft, und ein gutes neues Geschäftsmodell haben die meisten von ihnen noch nicht gefunden. Manche Verleger schienen lange Zeit zu hoffen, das Internet würde von selbst wieder verschwinden oder sei irgendwann vollgeschrieben, und sie könnten zu ihren alten Geschäftsmodellen zurückkehren. Es kam anders. Derzeit verdienen die Verlage im Internet vor allem mit Werbung Geld, wenn auch nicht genug. Daher müssen Meldungen auch als Köder dienen, um Leser zu den Anzeigen zu lenken, die zum Meldungstext eingeblendet werden. Die Konsequenz ist eine Boulevardisierung der Online-Medien. Was angeklickt wird, bleibt oben auf der Seite. Oft sind es Ratgebertexte, tratschtaugliche Themen und Kuriositäten zum Weiterschicken an die Kollegen und Freunde. Folglich werden sie verstärkt angeboten.

Der Beruf des Journalisten besteht traditionell zu großen Teilen aus Anti-Bullshit-Arbeit: Recherchieren, Aussagen überprüfen, Fakten überprüfen. Den Dingen auf den Grund gehen. Die Wahrheit ans Licht bringen. Doch das braucht Zeit, und die haben viele Journalisten heute nicht mehr. Sie müssen sich darauf verlegen, schnell Aufmerksamkeit zu erzeugen: Agenturmeldungen wiederkäuen und zuspitzen. Knackige Schlagzeilen texten. Ob es auch stimmt, ist nicht so wichtig, morgen ist es sowieso vergessen. Statt Bullshit zu bekämpfen, produzieren Journalisten heute oftmals selbst welchen.

Gut möglich, dass die Digitalisierung das Problem verschärft. Das Internet verführt zum Ticker-Journalismus: Nur schnell die Nachricht raushauen, nachdenken können wir später. Und wenn ein Thema sich als klickträchtig erweist, wird ein »Live-Ticker« eingerichtet, um die Leser in Atem zu halten. So war im Januar 2014 der Ticker zum Ski-Unfall des ehemaligen Formel-Eins-Fahrers Michael Schumacher auf *Focus Online* der mit Abstand meistaufgerufene Artikel auf deutschen Nachrichtenseiten. Erstmals übertraf *Focus Online* sogar die mächtige Konkurrenz von *Spiegel Online*. Und das, obwohl es schon nach wenigen Tagen eigentlich nichts mehr zu berichten gab. Mit Gerüchten und deren Dementis hielten die Münchner Redakteure den Ticker über Monate künstlich am Leben, während derer Schumacher im künstlichen Koma lag.

Im Jahr 2013 startete die Internet-Zeitung *Huffington Post Deutschland* mit dem Ziel, neues Leitmedium im deutschen Internet zu werden. Ihre amerikanische Mutter ist in den USA eine Institution: Mit journalistischem Fastfood hat sie die etablierten Blätter das Fürchten gelehrt. Schon nach ein paar Jahren hatte sie im Internet mehr Leser als die *New York Times*. Die deutsche Tochter versucht es auf die gleiche Weise: mit einem kleinen, unter hohem Druck arbeitenden Redaktionsstamm und einer Schar meist unbezahlter Blogger. Man findet viele Ausrufezeichen hinter den Überschriften der *Huffington Post*, man findet wenig originelle journalistische Eigenleistung, wenig Analyse, wenig differenzierte Inhalte. »REGIERT ENDLICH!«, lautete ihre erste Schlagzeile am 10. Oktober 2013 um 10:10 Uhr, darunter: »Schon jeder dritte Deutsche will Neuwahlen«. Eines der Ressorts heißt »Good«, es ist nach den Worten der amerikanischen HuffPo-Gründerin Arianna Huffington »durch die Faktoren Wohlbefinden, Weisheit, Begeisterungsfähigkeit, Hingabe und die Bereitschaft, etwas zurückzugeben, definiert«. Man findet dort zum Beispiel »5 Dinge, die man von den Japanern über das Altern lernen kann«. Daneben werben Anzeigen für eine Berufsunfähigkeitsversicherung und für Billigflüge in Urlaubsgebiete. Wer will, der kann ein lustiges Video anklicken: »So haben Sie noch nie über eine ›Rettet den Regenwald‹-Kampagne gelacht«. Flankiert von einem Finanzierungsangebot für ein VW Golf Cabrio. Wenn das die Zukunft der digitalen Medien ist, dann sieht es trübe aus: nach Einheitskost und Belanglosigkeiten.

Es gibt aber auch Signale, die in eine andere Richtung

weisen. Das Unternehmen der britischen Zeitung The Guardian, die derzeit eine der besten Investigativ-Redaktionen der Welt unterhält, will mit einer mutigen Strategie aus der Verlustzone kommen: hundert Prozent frei zugänglicher Qualitätsjournalismus im Internet. Und es sieht so aus, als könnte es klappen: Nach Zahlen vom März 2014 hat theguardian.com seinen Jahresumsatz kräftig gesteigert, auf 70 Millionen Pfund (umgerechnet 84 Mio. Euro). Der Guardian schreibt zwar noch immer rote Zahlen, aber jetzt nähern sie sich dem schwarzen Bereich. Sein Online-Angebot macht inzwischen mehr Umsatz als die weltweit größte Zeitungs-Website dailymail.co.uk, obwohl sie nur halb so oft aufgerufen wird. Qualität schlägt Bullshit – zumindest in diesem Fall. Jeder kann dazu beitragen, dass das künftig öfter vorkommt:

1. Nutzen Sie mehrere Quellen
Zum Glück gibt es bei uns noch immer eine Vielfalt von Medien. Der kritische Vergleich der Berichterstattung kann zumindest groben Bullshit entlarven.

2. Hinterfragen Sie die Entstehung von Beiträgen
Wie viel Zeit hatte der Autor für Recherche, Analyse und fürs Schreiben? War er am Ort des Geschehens, oder hat er mit Beteiligten sprechen können? Oder ist er ein Sesselpupser, der Agenturmeldungen abschreibt?

3. Immer mit der Ruhe
Auch wenn die Eilmeldungen immer schneller kommen, man muss nicht gleich verstehen, was passiert ist. Oft lohnt es sich, den eilig produzierten ARD-Brennpunkt auszulassen und später die fundierte Analyse in der Tages- oder Wochenzeitung zu lesen.

4. Im digitalen Zeitalter ist kritisches Lesen wichtiger denn je

Die Aussage »Habe ich im Internet gelesen« ist als Quellenangabe wertlos, weil im Internet so gut wie alles steht, ob falsch oder richtig.

5. Vorsicht bei Überschriften, die Phrasen wie »immer mehr« enthalten

Journalisten setzen sich nicht selten selbst dem Druck aus, einen Trend herbeischreiben zu müssen. »Viele Deutsche machen im eigenen Land Urlaub« ist nicht Trend genug. Also: »Immer mehr Deutsche machen im eigenen Land Urlaub«. Schon trendiger, aber eben auch bullshitträchtiger.

6. Schreiben Sie zurück

Auch wenn die meisten Redaktionen dauernd in Eile sind, nehmen sie Leserzuschriften ernst. Machen Sie den Redakteuren klar, was Sie von ihren Artikeln und Sendungen halten und was Ihnen fehlt. Je konstruktiver und fundierter Ihre Kritik ausfällt, desto besser. Lassen nicht nur Sie sich von den Medien verändern – verändern auch Sie die Medien.

WISSENSCHAFT

Scharlatane im Labor

Warum ist Biologie gute Wissenschaft und Ufologie nicht? Gar nicht so einfach zu sagen.

Der mit dem siebten Sinn

Rupert Sheldrake steht wieder hinter einem Rednerpult, und das ist nicht selbstverständlich für jemanden, der in einer ähnlichen Situation beinahe umgebracht worden wäre. Auf einer Konferenz in Santa Fe rammte ihm vor einigen Jahren ein Japaner einen Dolch in den linken Oberschenkel. Selbstverteidigung, rechtfertigte sich der Angreifer später vor Gericht, Sheldrake habe ihn per Telepathie zum Harakiri zwingen wollen. Der Japaner wurde zu einer dreijährigen Haftstrafe verurteilt. Sheldrake beschloss, weiterhin Vorträge zu halten. Für seine Fans. Und seine Gegner.

Am diesem Tag, am Goldsmiths College der University of London, Hörsaal LG01, sind die Gegner dran: gut 100 Zuhörer in roten Klappsesseln, hoffentlich unbewaffnet. Rupert Sheldrake klopft auf sein Mikrofon. Er sagt: »Ich werde heute darüber reden, dass es einen Widerspruch gibt zwischen den Idealen der Wissenschaft und der Art und Weise, wie Wissenschaft tatsächlich praktiziert wird.« Darüber hat er ein Buch geschrieben, das es in Großbritannien auf die Bestsellerlisten schaffte – und für Ärger sorgte.

Rupert Sheldrake wird bald 70. Er spricht leise und sanft,

229

mit seinen hängenden Augenlidern und den zauseligen Haaren wirkt er gutmütig wie ein Bernhardiner. Doch das täuscht. Er ist gekommen, um abzurechnen.

Grob gesagt, wirft Sheldrake der Wissenschaft vor, dass sie die Natur als Maschine betrachte, die man in Einzelteile zerlegen müsse, um sie zu verstehen; dass Wissenschaftler das Leben auf Atome reduzierten, die Liebe auf Hormone, den freien Willen auf Synapsen. Die Wissenschaft sei in die Falle des Materialismus getappt und von Biochemikern, Hirnforschern und Physikern gekapert worden. Die Analyse ist nicht ganz falsch, und der Vorwurf nicht ganz neu, er wird seit der Romantik immer wieder neu aufgelegt, zuletzt von der New-Age-Bewegung. Aber ist Sheldrakes Gegenentwurf die bessere Alternative? Er selbst betrachtet die Welt als beseelten Organismus, ähnlich wie einst die Vitalisten, seine Vorbilder, die in der Natur nach einem Prinzip des Lebendigen suchten.

Rupert Sheldrake glaubt zum Beispiel, dass Menschen und Tiere übersinnliche Fähigkeiten besitzen. Dass alle Lebewesen und Dinge dank »morphischer« oder »morphogenetischer Felder« weltweit und über Generationen hinweg miteinander in Verbindung stehen. Er behauptet, dass er dies wissenschaftlich beweisen könne. Und dass die Mainstream-Wissenschaft seine Erkenntnisse ignoriere, weil sie nicht in ihr materialistisches Weltbild passten.

So etwas kommt an. Das Männermagazin *Esquire* hat ein paar Tage vor diesem Vortrag ein Feature über Sheldrake gebracht, mit doppelseitigem Foto. Der *Guardian* hat Sheldrake porträtiert. 24 Stunden, nachdem der Artikel online gestellt worden war, standen 600 Kommentare darunter. Auch in Deutschland hat Sheldrake zahlreiche Fans. Hierzulande verkaufen sich seine Bücher noch besser als in Großbritannien.

Sheldrake ist die Gallionsfigur in einem Kulturkampf. Auf seiner Seite stehen Alternativmediziner, Esoteriker,

Hobbyforscher, Tierfreunde, Romantiker, Heilpraktiker und ein paar Coaches. Auf der Gegenseite stehen Naturwissenschaftler, Atheisten wie Richard Dawkins (*Der Gotteswahn*), Vernunftmenschen. Letztere nennt Sheldrake ignorante, ideologisch verbohrte, dogmatische Materialisten. Sie selbst nennen sich Skeptiker und schmähen Sheldrakes Anhänger als »Rupie-Groupies«. »Ich finde es traurig, dass Rupert Sheldrake mehr Aufmerksamkeit bekommt als viele ernst zu nehmende Wissenschaftler«, sagt Martin Rees, königlicher Astronom und ehemaliger Präsident der Royal Society, Großbritanniens ehrwürdiger Wissenschaftsakademie.

Aber warum finden Sheldrakes gewagte Thesen in der Öffentlichkeit so viel Zuspruch? 80 Prozent der Bevölkerung glaubten an paranormale Phänomene, behauptet Sheldrake. Bei ihm finden sie Gehör. Sein neues Buch *Der Wissenschaftswahn. Warum der Materialismus ausgedient hat* sei respektvoll rezensiert worden, schreibt der *Observer*, »vielleicht liegt da was in der Luft«. Nämlich die Versöhnung von Spiritualität und Naturwissenschaft.

Pseudowissenschaft oder Wissenschaft?

Der Streit um Rupert Sheldrake berührt eine zentrale Frage dieses Buches: Woran erkennt man Bullshit? Wir behaupten, dass Bullshitter sich oft durch pseudowissenschaftliches Gerede verraten. Aber diese Argumentation hat eine Schwachstelle. Denn sie ersetzt die Frage nach den Merkmalen von Bullshit nur durch eine andere: Was unterscheidet Pseudowissenschaft von Wissenschaft? Ist Rupert Sheldrake etwa ein Pseudowissenschaftler, nur weil seine Behauptungen dem wissenschaftlichen Mainstream widersprechen? Oder weil er keinen Lehrstuhl an einer Universität hat? Oder ist er im Gegenteil ein Wissenschaftler, weil er Experimente macht und manchmal Vorträge auf Konferenzen und an Universitäten hält?

An dieser Stelle müssen wir das Fundament untersuchen, auf dem wir zu stehen glauben: die Wissenschaft. Dabei werden wir feststellen, dass dieses Fundament gar nicht so fest ist wie gerne angenommen. Es ist ein bisschen wie beim Häuserbau in Hamburg. Unter einigen Stadtteilen liegen Schichten aus Torf und Sand. Der Boden ist weich. Damit große Gebäude nicht einsinken, wird ihr Fundament zusätzlich mit Pfählen gestützt. Wir können froh sein, wenn wir am Ende wenigstens ein paar Stützpfähle ausfindig machen, die bei der Bullshit-Erkennung unsere Köpfe über dem Morast halten.

Rupert Sheldrakes Theorien zum Beispiel sind hochspekulativ. Andererseits akzeptiert er aber die wissenschaftliche Methode, sprich: Hypothesen müssen in kontrollierten Experimenten überprüft werden. Und genau das tut er – mit unglaublichen Ergebnissen. So hat Sheldrake in einem Vorort von Manchester das Verhalten des Terrier-Mischlings Jaytee dokumentiert, der offenbar immer dann zum Wohnzimmerfenster lief, wenn sein Frauchen Pamela Smart auf dem Nachhauseweg war. Und zwar laut Sheldrake auch dann, wenn sie zu ungewohnten Uhrzeiten nach Hause kam und sich noch außer Hör- und Sichtweite befand. Die statistische Auswertung von rund 100 Videoaufzeichnungen des Hundes, veröffentlicht im Außenseiter-Fachblatt *Journal of Scientific Exploration*, belegt angeblich die telepathischen Fähigkeiten des Hundes.

In einem anderen Projekt untersuchte Sheldrake mithilfe Dutzender Erwachsener und Schüler, die sich jeweils zu zweit nach einer genauen Versuchsanleitung abwechselnd in den Nacken starrten, die Wahrnehmung fremder Blicke. Ob jemand angesehen wurde oder nicht, entschied ein

Münzwurf. Anschließend musste die eine Versuchsperson angeben, ob sie die Blicke der anderen Person gespürt hatte. Ergebnis: Wer angestarrt wurde, konnte dies mit 58-prozentiger Wahrscheinlichkeit korrekt angeben. Statistisch wären 50 Prozent zu erwarten gewesen.

Noch deutlicher fielen die Ergebnisse zur Telefon-Telepathie aus. In einem Experiment sollten vier Versuchspersonen vorhersagen, von wem sie angerufen würden. Dafür mussten sie vor Beginn des Versuchs jeweils vier Kontaktpersonen benennen, die dann vom Versuchsleiter in willkürlicher Reihenfolge angewiesen wurden, die Testperson anzurufen. Diese sollte, bevor sie den Anruf entgegennahm, mutmaßen, welche der vier Kontaktpersonen tatsächlich am anderen Ende der Leitung wäre. Statistisch hätte die Testperson eine Trefferquote von 25 Prozent erzielen müssen. Sheldrake publizierte eine Arbeit, in der die vier Probanden bei insgesamt 271 Anrufen in durchschnittlich 45 Prozent der Fälle richtig lagen.

Diese Versuchsergebnisse widersprechen so ziemlich allem, was Naturwissenschaftler heute über die Welt wissen. Hat der Mann womöglich die Daten frisiert? »Wer das behauptet, macht es sich zu einfach«, sagt Christopher French, Professor für anomale Psychologie am Goldsmiths College. »Aber in solche Experimente können sich viele Fehler einschleichen.« Viele der Anstarr-Experimente wurden von Lehrern nach Sheldrakes Anleitung beaufsichtigt. Waren diese Lehrer wirklich so neutral, wie sie sein sollten? Die Telefon-Telepathie haben zwei von Frenchs Studenten unter ähnlichen Bedingungen wiederholt. Sie konnten Sheldrakes Resultate nicht reproduzieren. Und der Hund Jaytee rennt im Laufe des Tages immer wieder mal zum Fenster. In welchem Fall soll man dies als Zeichen dafür nehmen, dass der Hund tatsächlich sein Frauchen erwartet? Die Videoaufnahmen lassen Spielraum für unterschiedliche Interpretationen.

French lauert während des Vortrags vorne im Hörsaal, er hat Sheldrake eingeladen. French ist Großbritanniens oberster Geisterjäger und überzeugt davon, dass der Glaube an übersinnliche und telepathische Kräfte auf Selbsttäuschung beruhe und psychologisch erklärt werden könne. Viele Jahre lang hat er die Zeitschrift *The Skeptic* herausgegeben, Journalisten befragen ihn gern als Stimme der Vernunft. An diesem Dienstagmorgen hat er im Frühstücksfernsehen des Privatsenders ITV über die Einbildung von Poltergeistern geredet, am Donnerstag soll er vor den Kameras mit einem Ufo-gläubigen Ex-Model diskutieren. Bei ITV läuft gerade die »Paranormale Woche«.

Am Ende von Sheldrakes Vortrag gibt es toleranten Applaus. Und dann gehen French und Sheldrake mit ein paar Studenten und einigen »Rupie-Groupies« noch in einen Pub. Sie sind zwar Widersacher, aber sie gehen respektvoll miteinander um. Christopher French berichtet, was in der »Paranormalen Woche« bei ITV so läuft. Sheldrake sieht nicht viel fern. Deshalb, sagt er, habe er damals auch den Dolch aus dem Bein gezogen, woraufhin er zu verbluten drohte. Wer regelmäßig Actionfilme konsumiere, der wisse, dass man Messer im Körper besser stecken lässt, bis der Arzt kommt. Als Abdichtung. Dann nimmt er seinen Mantel und macht sich auf den Weg zur U-Bahn.

Auch Wissenschaftler können bullshitten

Bevor wir nach den Merkmalen von Pseudowissenschaft suchen, müssen wir über Wissenschaft reden. Ihr Selbstverständnis lautet ungefähr so: Wissenschaftler versuchen zu verstehen, was die Welt im Innersten zusammenhält; sie stellen Theorien auf und überprüfen diese anhand von Experimenten und Erfahrungen. Wunder, Religion und persönliche Vorurteile bleiben außen vor. Sie sind objektiv, kritisch und undogmatisch, und sie nähern sich trotz aller Umwege und Sackgassen immer weiter der Wahrheit an. Diese Erzählung geht auf Galileo Galilei und den Naturphilosophen Francis Bacon zurück, und sie ist heute noch sehr einflussreich. Wissenschaft hat die Autorität zur Welterklärung. Wenn in einer Diskussion ein Bullshit-Verdacht aufkommt, heißt es oft: Gibt es dazu eine Studie? Ist das wissenschaftlich belegt? Wer die Wissenschaft auf seiner Seite hat, darf über wahr und falsch urteilen. Allerdings ahnen heute die meisten, dass die Geschichte von der objektiven Wissenschaft zu schön ist, um wahr zu sein. Dafür muss man nur mehreren Experten zuhören, die über dasselbe Thema reden.

Die Forscher sagen in der Regel unterschiedliche Dinge, mitunter widersprechen sie einander auch. Und ja, es gibt zu fast allem eine Studie. Oft gibt es sogar mehrere Studien. So weit, so normal. Wissenschaft lebt vom Wettstreit. Aber da ist noch etwas. Der eine Forscher will noch Professor werden. Der andere hat für seine Studie Geld von der Pharmaindustrie bekommen. Der dritte arbeitet für ein Unternehmen. Der vierte schreibt gerade an einem EU-Antrag. Da ist die Presse-Abteilung der Universität, die den Namen ihres Arbeitgebers gerne häufiger in der Zeitung sähe. Da sind die Journalisten, die eine spannende Geschichte erzählen wollen. Und wenn es nicht um Schwarze Löcher, sondern um neue Medikamente, Atommüll oder Fracking geht, dann sind da noch Lobbyisten, Bürgerinitiativen, Unternehmen, Politiker und andere, die einen Teil der wissenschaftlichen Wahrheit für sich reklamieren. Dann gibt es Gutachten und Gegengutachten, Meinung und Gegenmeinung, und selbst die vermeintlichen Tatsachen scheinen plötzlich umstritten. Auf dem Weg vom Labor in die Öffentlichkeit kann aus Wissenschaft mitunter Bullshit werden. Sehen wir uns einige Beispiele etwas genauer an.

Die offensichtlichsten Ursachen für wissenschaftlichen Bullshit sind Fälschung und Datenmanipulation. Der niederländische Sozialpsychologe Diederik Stapel machte weltweit Schlagzeilen mit einer Studie, der zufolge Menschen eher zu rassistischen Äußerungen tendieren, wenn sie sich in einer vermüllten Umgebung aufhalten. In einem anderen Experiment zeigte seine Forschungsgruppe, dass der Anblick eines saftigen Steaks die Versuchspersonen aggressiver machte. Dumm nur, dass der Professor die Daten frei erfunden oder nachträglich manipuliert hatte. Bei manchen Experimenten, so hatte er seinen Mitarbeitern erklärt, arbeite er mit einer Schule zusammen. In Wirklichkeit existierte die Schule gar nicht. Die Tabellen mit den Daten füllte der Professor heimlich zu Hause am Computer aus. Die Betrügereien flogen auf, als drei Mitarbeiter Verdacht schöpften und mehrere Monate lang Indizien sammelten. Schließlich wandten sie sich an den Dekan, der wiederum den Rektor der Universität Tilburg alarmierte. Drei Kommissionen an den Universitäten, an denen Stapel gearbeitet hatte, untersuchten den Fall. Am Ende mussten mehr als 50 Publikationen zurückgezogen werden, zehn Doktorarbeiten beruhten auf falschen Daten. »Een stapeltje doen« ist in den Niederlanden heute ein geflügeltes Wort für hochstapeln.

Forschungsfälscher wie Diederik Stapel sind spektakuläre, aber seltene Fälle. Viel weiter verbreitet und deshalb in der Summe schädlicher sind andere fragwürdige Praktiken. Eine Umfrage unter mehr als 3200 Forschern im US-Gesundheitswesen förderte ein paar unbequeme Wahrheiten zutage: Sechs Prozent von ihnen hatten schon mal Daten unter den Tisch fallen lassen, wenn sie im Widerspruch zu früheren Ergebnissen standen. 15 Prozent hatten das Design, die Methoden oder die Ergebnisse einer Studie geändert, weil sie vom Auftraggeber dazu gedrängt worden waren. Eine andere Umfrage unter mehr als 2100 Psychologen an US-Universitäten war ebenso ernüchternd: 23 Prozent hatten schon mal Zahlen falsch gerundet, damit das Ergebnis als signifikant galt; 22 Prozent hatten schon mal mit der Datenerhebung aufgehört, als das erwartete Resultat vorlag; 43 Prozent hatten schon mal Daten verworfen, *nachdem* sie berechnet hatten, wie diese Entscheidung das Ergebnis beeinflussen würde. All diese Verhaltensweisen können Forschungsergebnisse verzerren, sodass die Arbeiten am Ende weniger die Wirklichkeit als die Wunschvorstellungen der Forscher oder ihrer Auftraggeber widerspiegeln. Bei keiner dieser Schlampereien handelte es sich um ein Versehen. Die meisten Forscher waren sich darüber im Klaren, dass ihr Verhalten nicht sauber war.

Zwischen Forschungsbetrug und guter Wissenschaft liegt die breite Grauzone mehr oder weniger zweifelhafter Forschungspraxis. Selbst wenn Wissenschaftler auf den ersten Blick methodisch sauber arbeiten, können sie durch das Design der Studie die Forschungsergebnisse beeinflussen. Das zeigt die Auseinandersetzung um Bisphenol A (BPA), einen Weichmacher für Plastik, der im Verdacht steht, Krebs auszulösen. Die wissenschaftliche Kontroverse dreht sich um die Frage, ob bereits kleine Mengen dieser chemischen Verbindung – sie ähnelt dem Hormon Östrogen – gesundheitsschädlich seien. Biomediziner analysierten im Jahr 2005 zahlreiche Veröffentlichungen zu dem Thema. Ergebnis: Keine einzige *von der Industrie geförderte* Studie hatte schädliche Auswirkungen von niedrig dosiertem BPA festgestellt, während 90 Prozent aller *öffentlich geförderten* Vorhaben über solche Effekte berichteten. Wie konnte das sein? Ein Grund war unter anderem, dass einige Industrieforscher BPA an einer speziellen Rattenzüchtung getestet hatten, die nicht sehr empfindlich auf Östrogene reagiert. Kein Wunder also, dass sie keine Schäden fanden. Es müssen aber nicht immer die bösen Industrieforscher sein, die den Rest der Welt täuschen. Auch Kritiker und Umweltorganisationen haben eine Agenda, die ihre Ergebnisse beeinflussen kann. Wie auch immer: Wenn Forscher es darauf anlegen, ein gewünschtes Resultat zu produzieren, dann ist das Bullshit-Risiko groß. In diesem Fall geht es nämlich nicht mehr um Wahrheit, sondern um Interessen.

Der griechische Epidemiologe John Ioannidis behauptete im Jahr 2005 in einem viel beachteten Essay sogar, die meisten medizinischen Forschungsergebnisse seien fehlerhaft. Das liege unter anderem daran, dass positive Forschungsergebnisse gleich mehrfach publiziert würden, negative hingegen in der Schublade verschwänden (der sogenannte Schubladeneffekt). Ein weiterer Grund sei die Voreingenommenheit der Wissenschaftler, die den Zuschnitt einer Studie beeinflusse. Außerdem würden in Forschungsgebieten, die im Trend lägen, Ergebnisse übertrieben dargestellt, um der Konkurrenz zuvorzukommen. Ioannidis schien mit dieser Kritik einen Nerv getroffen zu haben. Der Artikel im Online-Fachblatt *Public Library of Science Medicine* wurde rund eine Million mal aufgerufen, so oft wie kein anderer. Er löste eine Debatte über die Qualität der medizinischen Forschung aus.

Ein Befund des Pharmakonzerns Bayer schien die Thesen des griechischen Professors zu bestätigen: Die Forscher berichteten, dass sie von 67 Medikamenten-Studien anderer Labors nur knapp jede vierte hätten reproduzieren können. Das Biotech-Unternehmen Amgen konnte von 53 angeblich wegweisenden Laborstudien aus der Krebsforschung sogar nur sechs bestätigen. In den übrigen Publikationen seien Daten oft selektiv ausgewertet worden. Gut möglich, dass dadurch Zufallstreffer bevorzugt worden waren. Mitunter seien auch die Angaben in den Publikationen so ungenau gewesen, dass sich die Experimente nicht hätten wiederholen lassen. Aber auch eine Nachfrage bei den Autoren half den Amgen-Forschern in diesen Fällen nicht weiter. Mitunter scheiterten die Forschungsgruppen selbst an dem Versuch, ihre eigenen Resultate zu wiederholen. »Wir kennen die Schwierigkeiten vorklinischer Forschung«, schrieben die Amgen-Wissenschaftler im Fachblatt *Nature*, »aber dieses Ergebnis ist schockierend.« Vorklinische Forschung heißt, dass vielversprechende Wirkstoffe zunächst im Labor und in Tierversuchen getestet werden. Wenn hier geschlampt wird, ist der anschließende Aufwand einer klinischen Studie vergebens. Tatsächlich scheitern 82 Prozent aller Wirkstoffe in Phase II der Arzneimittelprüfung – dann sind meist schon einige Dutzend Patienten beteiligt.

Niemand unterstellt, dass die Mehrzahl der Forscher bewusst täuscht. Oft mangelt es schlicht an Statistik-Kenntnissen. Oder die Wissenschaftler verstehen ihre Instrumente nicht richtig. Neurowissenschaftler berichteten jahrelang, sie könnten mithilfe von Hirnscans – genauer: der funktionellen Magnetresonanztomographie (fMRT) – die Emotionen der Probanden erfassen. Bei dieser Messmethode zerlegt der Computer das Gehirn in Zehntausende imaginärer Kästchen (Voxel) und misst immer wieder den Sauerstoffgehalt in diesen Regionen, während die Person eine Denkaufgabe ausführt oder bestimmte Bilder betrachtet. Viel Sauerstoff heißt: Der Bereich wird gerade stärker durchblutet, die Gehirnregion ist aktiver. Ob jemand gerade gestresst, empathisch oder ängstlich war, schien im Hirnscan verblüffend deutlich erkennbar zu sein. Forscher lesen Gefühle – eine Sensation? Dummerweise ist die Interpretation von fMRT-Scans sehr kompliziert, weil sämtliche Teile des Gehirns permanent durchblutet sind. Die Forscher mussten daher einige zusätzliche Annahmen treffen, um im Rauschen der Messwerte jene Gehirnregionen ausfindig zu machen, die gerade besonders aktiv sind. Und dabei machten sie Fehler.

Das fanden Psychologen der University of California in San Diego heraus, als sie sich 55 Arbeiten genauer anschauten. Mehr als die Hälfte der Forschungsgruppen hatte die Hirnscans mit einer fragwürdigen Methode ausgewertet, sodass die Zusammenhänge zwischen aktiver Hirnregion und Emotionen stark übertrieben wurden. Die US-Psychologen bemängelten »Voodoo-Korrelationen« in den Studien der Hirnforscher. Die Experimente seien überinterpretiert, aufgeblasen und ziemlich bedeutungslos.

Das zeigte kurze Zeit später auch ein nicht ernst gemeintes Experiment mit einem toten Fisch: Der Neurowissenschaftler Craig Bennett legte einen atlantischen Lachs in einen Hirnscanner und spielte dem Kadaver Bilder von Menschen in unterschiedlichen sozialen Situationen vor. Es war ein typisches Experiment, nur dass diesmal eben kein Mensch im Hirnscanner lag. Und siehe da: In den Aufnahmen des Fischgehirns leuchteten aufgrund des statistischen Rauschens der Messgeräte einzelne Voxel auf. Der Fischkopf schien zu denken. Das war natürlich absurd, zeigte aber eindrucksvoll, wie schnell fMRT-Bilder fehlinterpretiert werden können.

Dem Neuro-Hype tat das keinen Abbruch. Fortschritte in der Hirnscanner-Technik inspirierten Modedisziplinen wie Neuromarketing, Neuroökonomie, Neuroanthropologie, Neuro Education. Hirnforscher waren plötzlich Experten für alles. Auch den Schulunterricht sollten ihre Erkenntnisse revolutionieren. Vieles davon ist maßlos übertrieben. Aus den bunten Bildchen der Hirnforschung lässt sich keine Schlussfolgerung darüber ziehen, wie guter oder schlechter Unterricht aussehen sollte. Es wurde nicht genug Dopamin ausgeschüttet? Der linke Parietallappen war nicht aktiviert? Solche Erklärungen ähnelten dem Versuch, einen Flugzeugabsturz auf die Gravitation zurückzuführen, meint die Lehr- und Lernforscherin Elsbeth Stern von der Eidgenössischen

Technischen Hochschule Zürich. Das sei nicht falsch, erkläre aber nicht, warum manche Flugzeuge abstürzen und andere nicht. »Keine Einsicht der Lehr- und Lernforschung zur Unterrichtsgestaltung musste aufgrund von Ergebnissen der Neurowissenschaften revidiert werden«, sagt Stern. Das heißt nicht, dass die Hirnforschung für Pädagogen ohne Wert wäre. In der Diagnose von Schreib- und Leseschwächen sowie von Entwicklungsstörungen kann sie durchaus eine Hilfe sein. Aber wenn Modedisziplinen plötzlich Revolutionen ausrufen, sollte man vorsichtig sein.

Je trendiger ein Fachgebiet, desto größer die Bullshit-Gefahr. Als die Nanotechnologie die Phantasie von Forschern, Journalisten und Wirtschaftspolitikern beflügelte, hängten Institute und Unternehmen schnell die Vorsilbe »Nano« vor alles mögliche, das kleiner war als ein Mikrometer. Plötzlich hatten Bratpfannen und Toilettenschüsseln eine selbstreinigende Nanobeschichtung, Sonnencremes und Zahnpasta enthielten Nanopartikel. Das war nicht unbedingt alles Unsinn, diente oft aber nur PR-Zwecken.

Selbst die Mathematik, die als die No-nonsense-Disziplin schlechthin gilt, ist nicht frei von Bullshit. Präzise Formelsprache, rigorose Wahrheitskriterien: Akzeptiert wird nur, was sich aus allgemein als wahr anerkannten Axiomen logisch ableiten lässt. Ist da noch Raum für Blödsinn? Allerdings. So viel, dass einige der besten Mathematiker gezielte Anti-Bullshit-Kampagnen starteten. Ein besonders engagierter Kämpfer gegen den Bullshit in der Mathematik ist Serge Lang, Jahrgang 1927, ein aus Frankreich stammender und seit Langem in den USA lebender Mathematiker. Er war einer der Köpfe der legendären Mathematiker-Gruppe Nicolas Bourbaki. Es gab nie einen Mathematiker dieses Namens, hinter ihm versteckten sich einige der besten Mathematiker des 20. Jahrhunderts. In ihren gemeinsam verfassten Büchern, Standardwerke bis heute, versuchten sie nichts

Geringeres als ein neues Fundament für die Mathematik zu schaffen – und kamen ziemlich weit dabei.

Die Bourbaki-Gruppe war berühmt für ihre Streitkultur. Jeder Absatz in ihren Büchern musste heftige Diskussionen überstehen, bevor er gedruckt wurde. Jede Neuerung stand zunächst einmal unter Bullshit-Verdacht. Das rigorose Verfahren bewährte sich: Die Bourbaki-Werke gelten heute als die besten und präzisesten Lehrbücher der Mathematik. Allerdings auch als die trockensten.

Was aber kann man sich unter mathematischem Bullshit vorstellen? Ein bekanntes Beispiel ist das, was Mathematiker als »allgemeinen Unsinn« (*abstract nonsense*) bezeichnen. Es geht um Argumente zur generellen Form mathematischer Theorien, das heißt um allgemeine Argumente zu formalen Eigenschaften von Theorien, die meist an sich schon ziemlich abstrakt sind. Bei so viel Allgemeinheit und Abstraktion fragen sich auch gestandene Mathematiker, wovon eigentlich noch die Rede ist oder ob überhaupt noch von etwas die Rede ist. Tatsächlich war »allgemeiner Unsinn« in den ersten Jahren der »offizielle« Name für überabstrakte Argumente dieser Art, bis sich dafür später der gediegenere Ausdruck »Kategorientheorie« einbürgerte.

Wenn Nonsense schon ausdrücklich so heißt, ist es keine Kunst, ihn zu erkennen. Schwierig ist die Einschätzung von Forschungsgebieten, die gerade im Entstehen begriffen sind. Kosmologie auf der Basis der Stringtheorie ist so ein Fall. Da behaupten Professoren von angesehenen Universitäten allen Ernstes, es gebe unendlich viele Universen, manche sogar mit Doppelgängern von uns Menschen. Oder sie stellen die These auf, wir lebten im dreidimensionalen Untergeschoss eines elfdimensionalen Universums und würden eines Tages mit einer Parallelwelt zusammenkrachen. Nun war Einsteins Relativitätstheorie vor hundert Jahren auch ziemlich abgefahren, aber Einstein machte wenigstens überprüfbare Vorhersagen. Die Existenz von Paralleluniversen jedoch scheint derzeit nicht überprüfbar zu sein. Allerdings ist hier das letzte Wort noch nicht gesprochen, und es ist noch zu früh für ein abschließendes Urteil. Wer die String-Kosmologie für bare Münze nimmt, der ist voreilig. Wer sie als Humbug abtut, ist es ebenfalls. Auch mutige Spekulationen haben ihren Platz in der Wissenschaft. Jene der Kosmologen zeigen, dass man nicht alle verrückten Gedankenspiele in der Wissenschaft von vornherein verbieten sollte. Die String-Kosmologie ist weniger Pseudowissenschaft (auch wenn Kritiker dies behaupten) als Protowissenschaft. Sie ist quasi eine Hüpfburg für Physiker. Gut möglich, dass sie irgendwann eben doch zum Verständnis des Universums beiträgt. Denkbar ist aber auch, dass man sie in der Rückschau eines Tages zu den Pseudowissenschaften zählen wird.

Der Unterschied zwischen UFOs und Higgs-Boson

Das Irritierende am Unternehmen Wissenschaft ist, dass sich die Grenze zwischen Wissenschaft und Pseudowissenschaft im Laufe der Zeit ständig verschoben hat. Johannes Kepler wird heute dafür gefeiert, dass er die elliptischen Bahnen der Planeten um die Sonne anhand einfacher Gesetzmäßigkeiten erklären konnte. Zu seinen Lebzeiten (1571–1630) befasste er sich ganz selbstverständlich aber auch mit Astrologie. Er erstellte regelmäßig Horoskope und suchte nach den verborgenen Harmonien des Kosmos. Isaac Newton, geboren zwölf Jahre nach Keplers Tod, begründete die klassische Physik, die noch heute im Physikstudium gelehrt wird, beschäftigte sich aber auch intensiv mit der heute belächelten Alchemie. Er studierte alchemistische Schriften und suchte nach einer alchemistischen Erklärung für die Gravitationskraft. Im Laufe des 18. Jahrhunderts wurden Astrologie und Alchemie von den offiziellen Wissenschaften ausgegrenzt, im 19. Jahrhundert als Aberglaube und Pseudowissenschaft diffamiert. Anderen Lehren erging es ähnlich. Die Schädel- und Rassenlehre, der Spiritismus, die Aurafotografie: gestern Wissenschaft, heute Pseudowissenschaft.

Auch die umgekehrte Entwicklung ist möglich, der Aufstieg von der Pseudowissenschaft zur Wissenschaft: Jesuitische Naturkundler bezeichneten Galileos Physik im 17. Jahrhundert als *pseudo-scientia*. Später wurden Galileos Fallgesetze an den Universitäten gelehrt. Dem Philosophen Karl Popper galt vor hundert Jahren die Psychoanalyse als Paradebeispiel für eine Pseudowissenschaft. Psychologen nach Freud haben sie weiterentwickelt. Heute hat sie den Segen wissenschaftlicher Beratungsgremien. Es scheint, als könnten Wissenschaft und Pseudowissenschaft erst im Nachhinein zuverlässig unterschieden werden. Eine deprimierende Situation. Ist es denkbar, dass Ufologen, Kreationisten, Klimaleugner oder Gegner der Urknalltheorie eines Tages als Wissenschaftler durchgehen oder jemand wie Rupert Sheldrake den Nobelpreis bekommt?

Die Vorsilbe Pseudo- geht auf das griechische Verb *pseúdein* für »belügen, täuschen« zurück. Pseudowissenschaft ist Als-ob-Wissenschaft. Ihre Vertreter bemühen sich, den Eindruck von Wissenschaftlichkeit zu erwecken, zum Beispiel durch Fachjargon oder elaborierte Theorien, die in Wirklichkeit frei erfunden sind. Pseudowissenschaft bläst sich als Wissenschaft auf, um zu täuschen, daher die Nähe zum Bullshit. Unter Wissenschaftlern ist der Begriff Pseudowissenschaft jedoch zunehmend umstritten.

Die Frage, ob und wie man Pseudowissenschaft von Wissenschaft unterscheiden kann, war eine der großen Debatten der Wissenschaftsphilosophie im 20. Jahrhundert. Sie reichte weit über die Kreise der Spezialisten hinaus. Karl Popper sprach vor gut hundert Jahren von einer Demarkationslinie zwischen Wissenschaft und Pseudowissenschaft, als handle es sich um den Krieg zweier Systeme, und in gewisser Weise war es auch ein Krieg, zumindest ein kalter. Popper schlug die Relativitätstheorie der Wissenschaft zu, während er zur Pseudowissenschaft die Psychoanalyse und den Marxismus zählte. Letztere, schrieb Popper, »posierten als Wissenschaft, hatten aber mehr mit primitiven Mythen als mit Wissenschaft gemein. Sie waren näher an Astrologie als an Astronomie.«

Popper entwickelte ein Kriterium für Wissenschaftlichkeit, das noch heute vor allem unter Naturwissenschaftlern beliebt ist: die Falsifizierbarkeit. Wissenschaftlich sind demnach diejenigen Theorien, die mutige Vorhersagen machen und durch empirische Beobachtungen widerlegt, also falsifiziert werden können. Sie sind überprüfbar. Einstein traf auf der Basis der Relativitätstheorie die mutige Vorhersage, dass das Licht entfernter Sterne im Gravitationsfeld der Sonne etwas abgelenkt wird. Mutig, weil es eine sehr außergewöhnliche Vorhersage war. Während einer Sonnenfinsternis wurde sie getestet – und bestätigt. Hätten Beobachtungen etwas anderes ergeben, hätte Einstein seine Theorie überarbeiten oder aufgeben müssen. Ganz anders dagegen empfand Popper die Psychoanalyse. Sie schien für alle denkbaren menschlichen Verhaltensweisen eine Erklärung zu haben (siehe Kapitel »Psychotherapie«). Es gab keine Beobachtung, die sie in ihren Grundfesten erschüttern konnte. »Das ist der typische Trick eines Wahrsagers«, lästerte Popper, »die Dinge so vage vorherzusagen, dass die Vorhersage kaum falsch sein kann.« Wer alles erklären kann, erklärt am Ende gar nichts.

Poppers Falsifikationismus ist noch heute unter Naturwissenschaftlern beliebt, gilt unter Wissenschaftsphilosophen allerdings als gescheitert. Das liegt an Philosophen wie Thomas S. Kuhn und Paul Feyerabend. Kuhn argumentierte in den Sechzigerjahren des vorigen Jahrhunderts, dass die Wissenschaft ihre großen Schritte nach vorn nicht durch die Widerlegung von Theorien mache, sondern durch Paradigmenwechsel. Es gebe Phasen der Normalwissenschaft, in denen das Gros der Wissenschaftler einem dominierenden Paradigma anhänge. Dabei komme es zwar immer wieder zu Unstimmigkeiten zwischen Theorie und Erfahrung, doch in Phasen der Normalwissenschaft werde darüber großzügig hinweggesehen, weil die Forscher sonst dauernd mit Grundsatzdiskussionen beschäftigt wären. Wenn die Diskrepanzen zwischen Theorie und Erfahrung jedoch immer gravierender werden, lösen sie Krisen und schließlich Revolutionen aus, in denen sich eine konkurrierende Welterklärung durchsetzt. Das alte Paradigma wird aber nur dann aufgegeben, wenn das neue die Welt besser erklären kann. Kuhns Lieblingsbeispiel war die kopernikanische Wende, die das geozentrische Weltbild (die Erde steht im Mittelpunkt des Universums) durch das heliozentrische (die Sonne steht im Mittelpunkt) ersetzte.

Auch das sei noch zu kurz gedacht, meinte Paul Feyerabend und kritisierte Kuhns Phasen der Normalwissenschaft als den »allerlangweiligsten und uninteressantesten Teil des Unternehmens Wissenschaft«. Monopole täten der Wissenschaft nicht gut. Wissenschaft mache dann Fortschritte, wenn sie sich allen methodischen Zwängen entledige und wenn die unterschiedlichsten Welterklärungen miteinander konkurrierten. Undogmatisch, irrational und anarchisch – so müsse gute Wissenschaft sein. Pseudowissenschaft gibt es bei Feyerabend nicht, denn alles ist erlaubt, sei es Meteorologie oder der Regentanz der Hopi-Indianer. Wenn Popper der Spießer unter den Wissenschaftsphilosophen war, dann ist Feyerabend der Punk. Willkommen in der Postmoderne.

Feyerabends Kritik sowie die Schwierigkeit, Pseudo-wissenschaft klar zu definieren, hätten den meisten Wissenschaftstheoretikern gründlich den Spaß daran verdorben, sich noch weiter mit der Abgrenzung von Wissenschaft und Pseudowissenschaft zu beschäftigen, schreibt der Zürcher Philosoph Michael Hagner. »Pseudowissenschaft ist ein Kampfbegriff, der auf die politische Bühne gehievt wird, wenn es opportun erscheint.« Er sage mehr über diejenigen aus, die ihn benutzten, als über diejenigen, auf die er angewendet werde.

Gibt es wirklich keinen prinzipiellen Unterschied zwischen Klimaleugnern und Klimaforschern, Kreationisten und Evolutionsbiologen, Ufologen und Astrophysikern, Scientologen und Kosmologen, Historikern und Verschwörungstheoretikern? Oder haben sich die Wissenschaftstheoretiker einfach in weltfremde Diskussionen verrannt? Immerhin schlagen einige von ihnen neuerdings andere Töne an.

Der französische Soziologe Bruno Latour lag vor 30 Jahren auf der Linie von Paul Feyerabend. Er untersuchte damals ein Forschungsinstitut mit den Methoden der Ethnologie und beobachtete die Biologen bei der Arbeit wie einen fremden Volksstamm. Ergebnis seiner Feldstudie: Die Wissenschaftler suchten in ihrer täglichen Arbeit weniger nach der Wahrheit als nach einer Rechtfertigung, bestimmte Messwerte zu ignorieren, wenn sie nicht ins Bild passten. Von diesem Befund ausgehend formulierte Latour Thesen über die »soziale Konstruktion wissenschaftlicher Fakten«. Das Ergebnis von Wissenschaft war demnach nicht etwa objektive und reine Erkenntnis, sondern beeinflusst von Karrierezielen, Vorurteilen und dem Kampf um Fördergelder. Doch dann passierten einige Dinge, die Latour zweifeln ließen: Die Fachzeitschrift Social Text blamierte sich mit dem Abdruck eines Artikels, in dem der Physiker Alan Sokal behauptete, die physikalische ›Realität‹ sei ein soziales und linguistisches Konstrukt. Sokal begründete dies mit teilweise unverständlichen Phrasen über das morphogenetische Feld von Rupert Sheldrake – und outete seinen Beitrag nach dem Erscheinen als Bullshit. Dann war da Bruno Latours Nachbar in seinem französischen Heimatdorf, der ernsthaft behauptete, das World Trade Center sei von der CIA und nicht von Al-Qaida zum Einsturz gebracht worden. Und in der *New York Times* las Latour die Aufforderung eines republikanischen Politikstrategen, man solle in der Öffentlichkeit nur oft genug darauf hinweisen, dass es in der Klimaforschung keine endgültige Gewissheit gebe. Auf diese Weise könne man die Klimadebatte künstlich am Laufen halten und neue Umweltgesetze verhindern.

Latour war einst aufgebrochen, den naiven Glauben an eine vermeintlich objektive Wahrheit zu hinterfragen. Nun fand er sich in Gesellschaft von Verschwörungstheoretikern und der amerikanischen Rechten wieder. Jahrelang habe er versucht, Voreingenommenheit in der Wissenschaft aufzudecken, schrieb er 2004. »Und jetzt versuchen gefährliche Extremisten mit denselben Argumenten das Wissen zu zerstören, das unser Leben retten könnte?« Er meinte die Klimaforschung. Und das ging ihm zu weit. Er erklärte den Angriff auf die Naturwissenschaften für gescheitert. Man könne mit seinen Methoden die Ufologie oder den Glauben an exotische Gottheiten dekonstruieren, nicht aber die Tatsache von Neurotransmittern, Gravitation und Monte-Carlo-Simulationen.

Hier schimmert bei Latour die Hoffnung durch, Wissenschaft und Pseudowissenschaft weiterhin auseinanderhalten zu können. Ufologen glaubten, schreibt er, »ein einziges Foto einer fliegenden Untertasse müsste allgemeine Zustimmung hervorrufen«. Sie hingen einem naiven Realismus an, den die Wissenschaft längst hinter sich gelassen habe. Mit der mühseligen Kleinarbeit der Forschung gäben Pseudowissen-schaftler sich nicht ab, sagt auch Michael Hagner. »Sie imi-tieren die Ideologie der Wissenschaften, nämlich diejenige Behauptung, *ein* Bild, *eine* Messreihe oder *ein* Experiment sei entweder der Beweis für die Existenz eines Objekts bzw. Sachverhalts oder garantierte deren Widerlegung.« Das habe mit der alltäglichen Praxis der Wissenschaft nichts zu tun. Hagners Beobachtung lässt sich an einem Beispiel illustrie-ren: Wenn Teilchenphysiker die Existenz des Higgs-Bosons feiern, dann vertrauen sie auf eine lange und lückenlosen In-dizienkette, von den registrierten Lichtblitzen bis zur Heu-reka-Veröffentlichung. Dahinter stecken eine über Jahr-zehnte bestätigte physikalische Theorie sowie unabhängige Messungen: An Teilchenbeschleunigern werden große De-tektoren doppelt aufgebaut, damit eine zweite Forschungs-gruppe wichtige Entdeckungen bestätigen kann.

Besser noch als Pseudowissenschaft und Wissenschaft könne man Pseudowissenschaft*ler* und Wissenschaft*ler* aus-einanderhalten, meint der amerikanische Philosoph Philip Kitcher. Er hat die Strategie der Intelligent-Design-Bewe-gung in den USA untersucht. Ihre Vertreter sind religiöse Fundamentalisten, die Zweifel an Darwins Evolutionslehre säen. Die Lebensformen auf der Erde seien so komplex, dass sie eine intelligente und vernunftbegabte Ursache haben müssten. Diese Gegentheorie wollen sie als Alternative zur Evolutionslehre im Biologieunterricht installieren. »Das Schweigen der ID-Fürsprecher, wenn man sie um ausführ-liche Erklärungen bittet, offenbart ein antiwissenschaft-liches Verständnis von Forschung«, sagt Kitcher. Pseudo-wissenschaftler täuschten nur vor, echte wissenschaftliche Forschung durchzuführen. »Diese Leute bieten uns tote Ideen an, und hoffen, dass sie auferstehen werden.« Zwei Merkmale unterscheiden Wissenschaft von Pseudowissen-schaft, sagt Kitcher: Erstens versuchten echte Naturforscher, auf den Erfolgen der Vergangenheit aufzubauen. Dabei würden sie vielleicht frühere Hypothesen über den Haufen werfen. »Aber alles, was sie von älteren Theorien beibehalten, muss mit ihren neuen Ideen in Einklang gebracht werden.« Zweitens wollten echte Naturforscher ihre Wissenschaft ständig verbessern. »Ihre Kritik an bestimmten Ideen ist immer nur das Vorspiel zu neuen und besseren Antworten.« Max Weber hat dieses Prinzip vor hundert Jahren so formuliert: »Wissenschaftlich überholt zu werden, ist nicht nur unser aller Schicksal, sondern unser aller Zweck.« Pseudowissenschaftler dagegen wollen Erklärungsversuche ihrer Gegner nur kaputt machen. Sie sind wie Kinder, die auf den Sandburgen der anderen herumtrampeln.

Philip Kitchers Blick auf Pseudowissenschaftler kann man mit Harry Frankfurts Charakterisierung des Bullshitters verbinden. In beiden Fällen geht es um die unlauteren Absichten des Sprechers. Der Unterschied zwischen Pseudowissenschaftlern und echten Wissenschaftlern sei nicht logisch, sondern psychologisch, schreibt Kitcher. Erstere seien darauf aus zu täuschen. Der Bullshitter täusche uns nicht unbedingt hinsichtlich der Tatsachen, sagt Harry Frankfurt. »Er versucht aber immer, uns über sein Vorhaben zu täuschen.« Der pseudowissenschaftliche Bullshitter tut also nur so, als wolle er die Wissenschaft voranbringen. In Wirklichkeit will er seine Ideologie pushen.

Die Intelligent-Design-Verfechter in den USA sind ein typischer Fall. Aber auch hierzulande gibt es ein beeindruckendes Beispiel: Hanns Hörbiger, Maschinenbauer und Kältetechniker aus Wien, Erfinder der Welteislehre. Im September 1894 hatte Hörbiger die Vision einer kosmologischen Theorie, als er in einer wolkenlosen Nacht durch sein Teleskop den Mond betrachtete. Im Kosmos herrsche ein ewiger Wettstreit von Feuer und Eis, behauptete er fortan. Der Weltraum sei mit feinsten Eispartikeln erfüllt. Auch der Mond be-

stehe, so wie die meisten anderen Planeten, aus Eis. Alle
paar tausend Jahre stürze er auf die Erde und löse eine globale Klimakatastrophe aus. »Es dürfte um Mitternacht gewesen sein«, schrieb Hörbinger später, »als ich zu meiner
Frau hinüberschlich ihr zu klagen, soeben unsterblich geworden zu sein.« Ein Spinner? In den Augen der Astronomen, denen er seine »Glazial-Kosmogonie« zuschickte, sehr
wohl. Sie ignorierten ihn. Doch dann schlug Hörbiger zurück. Er hatte durch seine technischen Erfindungen viel Geld
verdient. Er schrieb ein Buch über seine Welteislehre, die er
meist nur noch »WEL« nannte. Er gründete einen Verein, um
die Theorie dem Laienpublikum vorzustellen, und fand Mit-
streiter. In den Zwanzigerjahren des vorigen Jahrhunderts
kamen Bücher und Zeitschriften auf den Markt, die sich
allein der WEL widmeten. Tageszeitungen diskutierten die
Theorie, Bildungsbürger, Künstler und auch Wissenschaftler äußerten sich nun dazu. Der Wiener Astronom Edmund
Weiß lästerte zwar, man könne mit Hörbigers Theorie auch
beweisen, dass das ganze Weltall aus Olivenöl bestehe, indem man in dessen Schriften immer dort Olivenöl einsetze,
wo von Eis, Wasser und Eissublimat die Rede sei. Doch der
Popularität der WEL tat solche Kritik keinen Abbruch. Als
Hörbiger 1931 starb, kamen vier Hochschulrektoren aus
Wien zur Beerdigung. Der österreichische Bundespräsident
ehrte den »aufrechten Mann von kühnem Gedankenflug«
schriftlich.

Die Historikerin Christina Wessely hat akribisch rekonstruiert, wie die WEL von einer Parawissenschaft, die neben
(= para) der akademischen Wissenschaft existierte, zur
Pseudowissenschaft wurde. Hörbinger habe das feindliche
System, also die etablierte Wissenschaft, nicht etwa zu
demolieren versucht, schreibt sie, sondern die Erzählcodes
und Diskurspraktiken der Wissenschaft kopiert. »Die kalku-
lierte Verwechselbarkeit, die mimetischen Täuschungen sind

es womöglich auch, die die Transformation vom *para* zum *pseudo* verursachen«, sagt Wessely. »Hörbiger kann als Parasit bezeichnet werden, dessen Wirt Naturwissenschaft heißt und aus deren Archiven er sich bedient, ohne je daran zu denken, etwas zurückzugeben.« Fünf Jahre nach Hörbigers Tod fand die WEL im Reichsführer-SS Heinrich Himmler einen weiteren Apologeten. Mit dem Untergang des Dritten Reichs verschwand die Theorie dann endgültig von der Bildfläche.

Die Geschichte der Welteislehre in Deutschland und Österreich sowie des Intelligent Design in den USA kann man als Lehrstück für die Auseinandersetzung mit Pseudowissenschaft lesen. Beide Theorien zeigen die Schwierigkeiten im Umgang mit pseudowissenschaftlichen Bullshittern. Die Gelehrten an den Universitäten unterschätzen sie regelmäßig, weil sie ihre Zeit nicht verschwenden wollen, indem sie mit Starrköpfen diskutieren. Das kann man nachvollziehen. Doch wenn sie Pech haben, wird die Pseudowissenschaft in der Breite populär. Das lässt sich heute bei der Kritik an der Klimaforschung sowie einigen Richtungen der Alternativmedizin beobachten – von Gelehrten geschmäht, von Laien geliebt. Immerhin hat die Auseinandersetzung mit Bullshittern, Dilettanten und Laien auch etwas Gutes. Sie zwingt Wissenschaftler dazu, ihre Argumente zu schärfen und für ihre Sache zu werben. Sie ist wie eine Negativschablone der Wissenschaft. Pseudowissenschaft gebe Aufschluss darüber, was zur gleichen Zeit in der Wissenschaft vor sich geht, sagt der Historiker Peter Galison. »An den Rändern der Wissenschaft wird nichts deutlicher als das, worum es in den Kernbereichen der Wissenschaft gerade geht.«

Das Erfolgsgeheimnis guter Wissenschaft ist ihr Pluralismus. Der einzelne Forscher mag voreingenommen und von äußeren Faktoren beeinflusst sein. Niemand ist neutral. Aber im Wettstreit mit anderen Forschungsgruppen entsteht im Idealfall tatsächlich so etwas wie objektive Erkenntnis. Und während religiöse Kontroversen kein Ende nehmen, schaffen es Wissenschaftler, sich einig zu werden und die nächsten Rätsel anzugehen. »Wenn Wissenschaftler auf der falschen Spur sind«, sagt der Philosoph Martin Carrier, »dann besteht eine gute Chance, dass sie von ihren erfolgreicheren Konkurrenten korrigiert werden.« Dahinter stecken ein paar Werte, die von der wissenschaftlichen Gemeinschaft geteilt werden: Kritik ist erwünscht; es wird offen diskutiert; die eigene Meinung ist nicht heilig; empirische Daten sind wichtig; man sucht einen Konsens. Carrier spricht von einem »epistemischen Commitment«. Die Gemeinschaft der Wissenschaftler bemüht sich im Großen und Ganzen um Wahrhaftigkeit.

Pseudowissenschaftler simulieren diesen Erkenntnisprozess nur. Sie haben eine feste Meinung, von der sie nicht abweichen werden. Sie vertrauen nicht Argumenten, sondern Autoritäten. Sie ignorieren Erkenntnisse, die ihnen nicht in den Kram passen. Sie nutzen wissenschaftlichen Jargon, um andere zu täuschen. Pseudowissenschaft ist wie das Technobabbel von *Star Trek*, wo das Gerede von Warp Drive, Wurmlöchern und Holodeck den Anschein erweckt, wir hätten es mit einer fortgeschrittenen Zivilisation zu tun. Pseudowissenschaft ist ein Kampfbegriff, und das ist gut so. Er hilft im Kampf gegen Bullshit. Nicht als Beleidigung, die jede weitere Diskussion überflüssig macht, sondern als Arbeitshypothese, die begründet werden muss: Was du da behauptest, woher weißt du das? Welche empirischen Belege gibt es dafür? Worauf stützt sich deine Theorie? Gibt es eine unabhängige Bestätigung dafür?

Rupert Sheldrake und die Tauben

Wissenschaftsjournalisten seien noch schlimmer als Wissenschaftler, weil sie ihre Leser zu Materialisten missionieren wollten, hat Rupert Sheldrake einmal in einem Interview gesagt. Am Morgen nach seinem Vortrag am Goldsmiths College öffnet er uns trotzdem die Tür und bietet schwarzen Tee an. Ist dieser Mann ein Bullshitter?

Sheldrake wohnt in einem schmalen Stadthaus aus verwittertem Backstein mit Blick auf den Park. Er lebt hier mit seiner Frau, einer Lehrerin für spirituellen Obertongesang; die beiden Söhne studieren. In der kleinen Bibliothek im ersten Stock brennt ein Kaminfeuer, das sich allerdings schnell als Illusion entpuppt, es wird mit Erdgas betrieben. Sheldrake nimmt in seinem Schaukelstuhl Platz und erzählt, dass er die Telefon-Telepathie nun mithilfe von Smartphones in einem Massenexperiment zweifelsfrei nachweisen will. Er habe auch schon mit App-Entwicklern gesprochen. Sobald die technischen Probleme gelöst seien, könne es losgehen.

Wenn man Sheldrake nach empirischen Belegen für das morphogenetische Feld fragt, kommt er auf Tauben zu sprechen. Als er fünf Jahre alt war, zeigte ihm sein Vater die Brieftauben von Newark-on-Trent. Jeden Samstag im Frühling und Sommer kamen Hunderte Tauben in Körben am Bahnhof an, verschickt von Brieftaubenzüchtern im ganzen Land. Die Körbe wurden gestapelt und auf ein Signal hin geöffnet. Die Tauben kehrten dann über Hunderte von Kilometern in ihre Heimatdörfer zurück. Der kleine Rupert war so fasziniert von diesem Schauspiel, dass er Woche für Woche wiederkam. Bald durfte er dabei helfen, die unteren Käfige zu öffnen. Es hatte etwas Magisches.

Wie fanden die Tauben bloß ihren Weg nach Hause? Die Züchter wussten es nicht. Aber die Wissenschaftler an der

Universität, die Sheldrake Jahre später fragte, gaben vor, das Rätsel gelöst zu haben. Tauben orientierten sich an der Sonne, hieß es erst. Am Geruch, hieß es später. Am Magnetfeld der Erde, sagten andere. Sheldrake stellten diese Antworten nicht zufrieden.

Rupert Sheldrake hätte ein ganz normaler Wissenschaftler werden können. Mit einem Stipendium der Universität Cambridge studierte er Biologie. Sein Mitbewohner am College war Timothy Hunt. *Terrible twins*, furchtbare Zwillinge, wurden die beiden Studenten genannt, im Labor hörten sie laut klassische Musik, während sie das Wachstum von Pflanzenzellen erforschten. Das war Mitte der 1960er-Jahre, es waren goldene Zeiten für Biochemiker. Tim Hunt bekam später für die Erforschung des Zellzyklus den Medizinnobelpreis. Sheldrake wählte einen anderen Weg.

»Rupert war einer der klügsten Leute, die ich kannte«, sagt Tim Hunt über seinen damaligen Mitbewohner, »und er war ein großartiger Lehrer. Unsere Wege trennten sich, als ich in die USA ging und er nach Malaysia und später nach Indien, wo er an Feldpflanzen forschte.« Er sei damals schon gut darin gewesen, in Parallelwelten zu leben.

Sheldrake war religiös erzogen worden und liebte Kirchenmusik, aber während des Studiums gab er sich als überzeugter Atheist. In Cambridge zog er mit Tim Hunt durch die Kneipen, doch in seinem Heimatort Newark-on-Trent machte er einen großen Bogen um die Pubs. »Der große Bruch«, sagt Hunt, »kam wohl, als Rupert für ein Jahr einen christlichen Aschram in Indien besuchte. Dann schaltete er zurück auf eine semimystische Weltanschauung, die ich nie teilen konnte.«

Fortan versuchte Sheldrake, Spiritualität und Wissenschaft miteinander zu verbinden. Er sagt, dass »die Evolution des Kosmos einen Zweck oder ein Ziel haben könnte, und der Kosmos ein Bewusstsein«. Tim Hunt sagt, dass wir

»in einem chaotischen, feindlichen Universum leben und bescheidene Versuche machen können, dieses durch Beobachtung und Experimente zu verstehen«. Zwischen Sheldrake und Hunt gab es nun eine Demarkationslinie.

Die Geschichte nahm ihre Fortsetzung, als Sheldrake einmal in einer niederländischen Fernsehserie mit sechs berühmten Wissenschaftlern porträtiert wurde, darunter der Neurologe Oliver Sacks, der Physiker Freeman Dyson und der Philosoph Daniel Dennett. Zum Abschluss mussten sie stundenlang im Studio sitzen und mit Kameras im Rücken diskutieren wie in einem Big-Brother-Container. Woher kommen wir, wohin gehen wir, was ist das Bewusstsein – solche Sachen. Rupert Sheldrake erzählte von den Tauben. Er vertrat inzwischen die These, dass Brieftauben dank der morphogenetischen Felder wie durch ein Gummiband mit ihrer Voliere verbunden seien. Und er erläuterte seine Idee für ein Schlüsselexperiment: Statt die Tauben wie gewohnt an einem anderen Ort auszusetzen, solle man doch ihr Zuhause, also die Voliere, an einen anderen Ort bringen, am besten mit einem Schiff auf See. Würden die Tauben dann immer noch zur Voliere finden, wäre dies zumindest der Beleg dafür, dass all die Theorien über Magnetfelder, Geruch und Sonnenkompass nicht stimmen könnten. Seine Theorie der morphogenetischen Felder würde hingegen gestützt.

Nach der Sendung meldete sich ein bekannter Dokumentarfilmer, der das Experiment mit Sheldrake organisieren wollte. Sie liehen sich Brieftauben von der Schweizer Armee, trainiert auf mobile Volieren. Sie überzeugten die niederländische Marine, die Tauben auf einem Kriegsschiff mitzunehmen und während einer Fahrt in die Karibik etwas Zeit für das Experiment zu opfern. Sie erhielten die Erlaubnis der NATO, Schweizer Tauben auf einem NATO-Schiff mitzuführen. Sie fanden einen pensionierten Seemann, der sich während der Fahrt um die Tauben kümmerte. Das Futter bezahlte Sheldrake.

Die ersten Flüge waren vielversprechend. Die Tauben wurden mit einem zweiten Schiff ausgesetzt und fanden über 30 Meilen zurück in die Voliere auf dem Mutterschiff. Dies ließ sich allerdings immer noch damit erklären, dass die Tauben auf Sicht flogen. Das finale Experiment stand bevor: Das zweite Schiff sollte sich nun über den sichtbaren Horizont hinaus entfernen, um auszuschließen, dass die Tauben einfach in die Höhe stiegen und das Mutterschiff entdeckten. Aber dann, so erzählt es Sheldrake, kam der Auftrag dazwischen, noch einen französischen Torpedo zu testen. Das Schlüsselexperiment musste ausfallen. Ärgerlich, dass oft im entscheidenden Moment etwas schiefgeht. Als Sheldrake klein war, hatte er auch Brieftauben. Die Katze fraß sie.

Rupert Sheldrake ist ein netter Kerl, aber das morphogenetische Feld ist Pseudowissenschaft. Ein außergewöhnliches Konzept, das durch empirische Daten nicht annähernd gestützt wird. Wer Psychotherapien oder Unternehmensberatung mit dem morphogenetischen Feld begründet, wie das in Deutschland einige tun, verbreitet pseudowissenschaftlichen Bullshit (siehe Kapitel »Psychotherapie«). Natürlich kann man Rupert Sheldrake nicht verbieten, weiter nach Belegen für seine Theorie zu suchen. Aber nur Paul Feyerabend würde wohl heute noch dafür plädieren, Sheldrakes Forschungsprogramm mit Steuergeldern zu finanzieren. Mit einer Verschwörung der Mainstream-Wissenschaft hat das nichts zu tun. Außergewöhnliche Behauptungen brauchen außergewöhnliche Beweise. Und die sind nicht in Sicht.

Erste Hilfe bei Bullshit-Verdacht

Fassen wir zusammen: Bullshit ist nicht identisch mit Pseudowissenschaft. Denn Verkäufer, Politiker oder Heiler können auch Bullshit verzapfen, ohne sich auf Studien oder wissenschaftliche Expertise zu berufen. Freestyle sozusagen. Zweitens: Auch Wissenschaftler können bullshitten. Etwa, wenn sie Daten selektiv publizieren oder Ausgangshypothesen unter den Tisch fallen lassen, in der Absicht, andere zu täuschen. Der Pluralismus in der Wissenschaft hält diesen Bullshit in Grenzen. Drittens: Pseudowissenschaftlicher Bullshit ist Gerede, das Wissenschaftlichkeit nur vortäuscht, um die eigene Position zu stärken. Pseudowissenschaftliche Bullshitter sind nicht bereit, ihre Überzeugungen durch empirische Erkenntnisse in Frage zu stellen. Typisches Merkmal: Sie behaupten, dass die Mainstream-Wissenschaft sich gegen sie verschworen habe und Andersdenkende unterdrücke. Die Grenze zwischen Wissenschaft und Pseudowissenschaft muss aber immer wieder neu verhandelt werden.

Nicht immer ist auf Anhieb klar, ob uns jemand mit pseudowissenschaftlichem Bullshit an der Nase herumführen will. Hier sind ein paar Fragen, denen wir beim Überprüfen bullshitverdächtiger Behauptungen nachgehen.

1. Gibt es dazu eine Studie?
Und wo ist sie erschienen? Artikel in einer Fachzeitschrift sind bessere Quellen als PowerPoint-Präsentationen oder Pressemitteilungen. Die Qualität einer Fachzeitschrift kann man kostenlos mithilfe von eigenfactor.org einschätzen, das Renommee eines Autors innerhalb seiner Forschergruppe mit scholarometer.indiana.edu. Beides sind keine Qualitätsgarantien, aber Ausgangspunkte für die weitere Recherche.

2. Was sagt die Konkurrenz?

Mit einem Anruf bei konkurrierenden Forschungsgruppen (nicht bei denen, die in der Danksagung des Fachartikels erwähnt werden) kann man sich viel Arbeit ersparen. Vorsicht aber bei Scheinkritikern, die eine politische oder religiöse Agenda verfolgen oder wirtschaftliche Interessenkonflikte haben (Baubiologen beim Thema Elektrosmog; amerikanische »Denkfabriken« zum Thema Klimawandel). Oder die durch ihre kritischen Ansichten zu Helden werden.

3. Wer hat die Studie finanziert?

Ein Unternehmen? Der Hersteller des getesteten Medikaments? Ist einer der Autoren bei der Firma angestellt? Das macht die Studie nicht falsch, mindert aber ihre Glaubwürdigkeit.

4. Hält einer der Autoren ein Patent im Zusammenhang mit der Veröffentlichung?

Patentrecherche bei worldwide.espacenet.com

5. Gibt es eine unabhängige Bestätigung, also ähnliche Studien anderer Forscher?

Wurden die Ergebnisse reproduziert? Gibt es Metastudien und Besprechungen? Merke: Eine Studie ist keine Studie. Hilfreich in medizinischen Fragen: cochrane.de (siehe Kapitel »Medizin«).

6. Wer sind die Forscher?

Arbeiten sie an einer renommierten Universität? Oder haben sie nur eine Gmail- oder Yahoo-Adresse? Ist das »Institut« womöglich nur ein Briefkasten? Bei diesem Verdacht sollte man es mit Google Street View besuchen.

7. Gibt es eine gute Erklärung für das beobachtete Phänomen? Oder fehlt eine plausible Theorie?
Eine gute Erklärung steht mit den Naturgesetzen und anerkannten Theorien im Einklang. Müssen die Lehrbücher dagegen erst umgeschrieben werden, sind Zweifel angebracht. Beruft sich der Absender auf eine revolutionäre neue Theorie oder Technik, verweisen Sie ihn am besten direkt an das Nobelpreis-Komitee.

8. Handelt es sich um ein Trendthema?
Bei Trendthemen und Modewörtern wie Nano, Quanten, Neuro, genetisch, Big Data gilt es doppelt und dreifach kritisch hinzuschauen.

9. Gibt es unabhängige, vertrauenswürdige Institutionen, die den Stand der Forschung zusammenfassen?
Zum Beispiel die Strahlenschutzkommission, der Weltklimarat, die Weltgesundheitsorganisation oder Ethikkommissionen. Dies gilt besonders bei politisierten Themen wie Elektrosmog, Klimaforschung, Kernkraft, Gentechnik.

10. Klingt zu schön, um wahr zu sein?
Dann ist es das vielleicht auch. Faustregel: Je verwegener eine Behauptung ist, desto stärkere Belege braucht sie.

Top Performer mit Verständlichkeitsindex 0

Manager sind immer sehr beschäftigt, hantieren mit Milliardensummen und reden oft wie Idioten.

»Business-to-Business-to-Consumer-Wirtschaft« und »Nicht-Leben-Rückversicherungsgeschäft«

Der 23. Mai 2013 hätte für Jürgen Fitschen ein Tag des Klartextes werden können. An diesem Tag sprach der Co-Vorstandsvorsitzende der Deutschen Bank vor der Jahreshauptversammlung des Unternehmens. Eine gute Gelegenheit für Fitschen, sein Wirken als Manager in die Öffentlichkeit zu tragen. Im Publikum saßen viele Kleinaktionäre, und es war eine der wenigen Reden eines Spitzenmanagers, die es in Auszügen ins Fernsehen schafften. Aber es wurde ein Tag der Unverständlichkeit. »GTB ist wachstumsstark und erzielt kontinuierlich attraktive Renditen bei einer relativ geringen Kapitalbindung sowie solidem Risikomanagement«, sagte Fitschen zum Beispiel. Und: »CB & S ist jederzeit in der Lage, sich an schwierige äußere Umstände anzupassen und erfolgreich zu sein. Der Bereich ist auf profitables Wachstum und Effizienz ausgerichtet – im Einklang mit der Unternehmenskultur der Deutschen Bank und ihren Werten.«

Sein längster Satz bestand aus beeindruckenden 48 Wörtern: »Danke für Ihren großartigen Einsatz, für Ihre sehr guten Leistungen und dafür, dass Sie in einer für Banker schwierigen Zeit zu dieser Bank stehen und – in welchem Land und welcher Stadt auch immer Sie Ihrer Arbeit nachgehen – Ihren ganz persönlichen Beitrag dazu leisten, dass unsere Bank erfolgreich ist.«

35 Minuten sprach Fitschen, und die wenigsten Zuhörer dürften noch ganz bei der Sache gewesen sein, als er ihnen versicherte: »Wir sind gut aufgestellt und für die Zukunft gut gerüstet.« Ganz zum Schluss gab er die Devise aus: »Jetzt heißt es ›Kurs halten‹.« Höflicher Applaus. Es war sicherlich nicht die beste Rede des Jahres 2013, aber eine der bestbezahlten. Fitschen bekam für seinen Chefposten in jenem Jahr eine Vergütung von 7,47 Millionen Euro.

Chance vertan also. Aber alles andere wäre auch eine Überraschung gewesen. Ein Team von Kommunikationsforschern der Universität Hohenheim hat alle Reden der Dax-30-Chefs vor den Hauptversammlungen des Jahres 2013 analysiert und festgestellt, dass dort überwiegend unverständliches Kauderwelsch geredet wurde. Frank Brettschneider und seine Mitarbeiter durchleuchteten die Reden mit einem Computerprogramm, das die Texte mit einem »Verständlichkeitsindex« zwischen 0 (so verständlich wie eine Doktorarbeit) und 10 (so verständlich wie Rundfunk-Nachrichten) einordnete. Mit einem Durchschnitt von 4,6 lagen die Reden etwas näher an der Doktorarbeit. Die Topmanager hatten ihr Publikum mit Bandwurmsätzen, mit abstrakten Begriffen und nicht erklärten Fachwörtern regelrecht eingelullt. Das längste Wort war »Business-to-Business-to-Consumer-Wirtschaft«, gesprochen von SAP-Chef Bill McDermott, gefolgt von »Nicht-Leben-Rückversicherungsgeschäft« aus dem Mund von Nikolaus von Bomhard von der Münchener Rück. Am verständlichsten sprach Kurt Bock von BASF.

Jürgen Fitschen landete mit 4,3 im unteren Mittelfeld. Den längsten Satz äußerte mit 52 Wörtern Reto Francioni von der Deutschen Börse, der sich mit einem Verständlichkeitsindex von 1,3 auch als unverständlichster aller Dax-30-Chefs erwies: »Seit Einberufung der Hauptversammlung im Bundesanzeiger waren der festgestellte Jahresabschluss und der gebilligte Konzernabschluss, der zusammengefasste Lagebericht für die Deutsche Börse AG und den Konzern zum 31. Dezember 2012 sowie unser Vorstandsbericht nach Paragraph 289 Absatz 4 und 5 sowie Paragraph 315 Absatz 2 Nr. 5 und Absatz 4 des Handelsgesetzbuches zugänglich.«

»Die Verständlichkeit der Manager lässt sehr zu wünschen übrig«, resümierte Brettschneider. Zu wenig Klartext, zu viel Bullshit.

Bullshit für ein paar Milliarden

Auf Hauptversammlungen ist Business-Bullshit meistens nur lästig. In anderen Situationen kann er richtig schädlich sein – und in manchen Fällen macht der Schaden ein paar Milliarden Euro aus. Zum Beispiel beim Niedergang der deutschen Immobilienbank Hypo Real Estate (HRE), der im Herbst 2007 einsetzte. Damals sah es schon nicht mehr rosig aus in der weltweiten Finanzwirtschaft. Die sogenannte Subprime-Krise, ausgelöst durch massenweise platzende Hypothekenkredite mit geringer Bonität (»subprime loans«) auf dem amerikanischen Markt, drückte auf die Stimmung. Die Banken pflegten die Unsitte, solche faulen Kredite zu undurchschaubaren Bündeln zusammenzuschnüren und mit der hübschen Abkürzung CDO (»Collaterized Debt Obligations«) zu belegen, um sie anschließend als sicher zu verkaufen. So wie skrupellose Obsthändler in jede Schale

Erdbeeren unter die guten auch ein paar faule mischen. Allerdings mit dem Unterschied, dass man faule Kredite nicht einfach in den Müll werfen kann. Irgendwann muss irgendwer für sie einstehen. Die Subprime-Krise hatte Auswirkungen über den Atlantik hinweg. Am 30. Juli 2007 hatte die Düsseldorfer IKB-Bank ihren Aktionären gestanden, sie sei in Zahlungsschwierigkeiten geraten und habe daher die Kreditanstalt für Wiederaufbau (KfW) angepumpt. Wenige Tage später meldete sich auch die HRE zu Wort – in einem völlig anderen Ton. In einer Pressemitteilung mit dem Titel »Hypo Real Estate zur aktuellen Marktentwicklung« erklärte die Führung der Bank, sie erwarte keine negativen Auswirkungen aus der amerikanischen Krise. Selbst wenn der Markt total kollabiere, sei das Risiko abgedeckt. Das HRE-Management ging sogar in die Offensive und übernahm die Depfa, die nach außen hin die Fassade einer soliden Pfandbriefbank hatte, in Wahrheit aber waghalsige Hedgefonds-Geschäfte machte. Kaufpreis: über fünf Milliarden Euro.

Ein paar Jahre zuvor erst war die Depfa nach Irland umgezogen, außer Reichweite der deutschen Bankenaufsicht. Der Vorstandsvorsitzende der Depfa sahnte bei dem Übernahme-Deal 120 Millionen Euro ab. Im November verkündete HRE-Vorstandschef Georg Funke, sein Unternehmen sei »aus der Marktkrise der vergangenen Monate gestärkt hervorgegangen«. Alles Bullshit. Wenige Monate später mussten die HRE-Manager feststellen, dass die Frucht, die sie sich da in den Korb gelegt hatten, innen faul war. Viele der Kredite, welche die Depfa hielt, hatten ihren Wert nur noch auf dem Papier. Die HRE musste 390 Millionen Euro abschreiben. So etwas mögen Aktionäre gar nicht. Noch dazu wurde ihnen die Dividende um zwei Drittel zusammengestrichen. Am 15. Januar 2008 brach der Kurs der HRE um 35 Prozent ein. Es war der bis dahin größte Tagesverlust einer Aktie in der Geschichte des Dax. In den folgenden Tagen gab der Kurs weiter nach. Die Frage drängt sich auf, wie man es bei der HRE mit der Wahrhaftigkeit hielt. Zunächst gab Funke sich reflektiert. Ein bisschen reflektiert zumindest. Er sagte: »Wir müssen uns hier sicher rückblickend die Frage stellen, ob wir den Markt hier besser hätten vorbereiten können.«

Aber nein, beantworteten Funke und Aufsichtsratschef Kurt Viermetz diese Frage in einem Brief an die Mitarbeiter, sie seien »zum frühestmöglichen Zeitpunkt« an die Öffentlichkeit gegangen. Kein Fehlverhalten auf Seiten der HRE, sondern unnötige Panik seitens der Investoren. »Wir halten die Kursreaktion für deutlich überzogen«, schrieben Funke und Viermetz. Allenfalls ein Abschlag um einen Euro wäre gerechtfertigt gewesen. Auf die Frage eines Journalisten, ob er sich nicht Versäumnisse eingestehen müsse, erwiderte Funke, er sei nach wie vor der Ansicht, »dass unsere Mannschaft sich in der Sache korrekt verhalten hat«. Die Frage drehte sich um ihn. Seine Antwort aber drehte sich um seine »Mannschaft«. Als seien Versäumnisse grundsätzlich nicht einem einzelnen Verantwortlichen, sondern einer anonymen »Mannschaft« zuzurechnen.

Die Hypo Real Estate hat sich bis heute nicht wieder von ihrem Absturz erholt, mit dem sie das gesamte europäische Finanzsystem ins Wanken brachte. Im Oktober 2009 wurde sie verstaatlicht, als erste Bank in der Geschichte der Bundesrepublik Deutschland. Der Bullshit ihrer Lenker trug zu ihrem Niedergang bei. Er wiegte Kunden und Aufseher in falscher Sicherheit. Hätten Funke und Kollegen früher Klartext geredet – gut möglich, dass sie den Rettern ihrer Immobilienbank, also letztlich den Steuerzahlern, ein paar Millionen Euro erspart hätten. Oder ein paar Milliarden. Seit Oktober 2012 muss Funke sich vor Gericht verantworten; ein Urteil stand bei Redaktionsschluss noch aus. Die Bank habe die Aktionäre zu spät über die Verluste informiert und die Öffentlichkeit mit einer »eindeutig zu optimistischen« Pressemitteilung in die falsche Richtung geführt, machte der Richter in einer ersten Einschätzung klar.

Die Manager anderer Banken machen indessen weiter. Statt mit CDO wird jetzt mit CLO (»Collaterized Loan Obligations«) gezockt – der Unterschied ist gering. Der Umsatz mit solch riskanten Papieren hat laut der Ratingagentur Standard & Poor's inzwischen (2013) fast wieder das Niveau vor der Krise erreicht.

Warum Wirtschaftsleute wie Idioten reden

Die Tragödie der Hypo Real Estate war ein ökonomischer Ausnahmefall, aber beileibe kein sprachlicher. Da gibt es nichts zu beschönigen: Die Wirtschaft von heute ist voller Bullshit. Es genügt, sich dem Wortgewölk auszusetzen, mit dem Vorstände von Dax-Unternehmen ihre Quartalsberichte einnebeln. Und das ist nur ein besonders augenfälliges Beispiel. *Why business people speak like idiots* lautet der bezeichnende Titel eines Buches, in dem ein Autorenteam des Beratungsunternehmens Deloitte & Touche die Unsitten der eigenen Branche beschreibt. »Wir bestrafen Kunden mit aufdringlichen, Hype-gefüllten, selbstverherrlichenden Produktbroschüren«, schreiben die Berater. »Wir schicken Angestellten elefantöse Fortschrittsberichte, die weniger als zwei Watt Licht auf die wirklich wichtigen Themen oder harten Wahrheiten werfen.«

Einer, der im Ruf steht, ein Bullshit-Gegner zu sein, ist der ehemalige General-Electric-Chef Jack Welch: Er gilt als »Straight Talker«, als jemand, der Klartext redet. Ein Mann, der sich dem gängigen Gelaber verweigert. *Straight from the Gut* heißt seine Autobiografie, die es auf die Bestsellerliste der *New York Times* schaffte. Im Deutschen würde man sagen:

direkt aus dem Bauch heraus. Einer der kernigen Sprüche, für die er berühmt wurde, lautet: »Starke Manager, die harte Entscheidungen zum Abbau von Jobs treffen, sind in der heutigen Welt die Einzigen, die für Jobsicherheit sorgen.« Aber ist das wirklich Klartext? Im Gegenteil. Diese Aussage ist ein besonders interessantes Stück Bullshit. Man kann sie nicht Lüge nennen, aber sie stellt die Dinge auf den Kopf. Jobsicherheit durch radikalen Job-Abbau, das ist schon auf den ersten Blick paradox und bleibt es auch auf den zweiten. Die Aussage gehört in die Kategorie CEO-Bullshit.

Ein Chief Executive Officer, ein Vorstandsvorsitzender, braucht messbare Erfolge, und die erreicht er am schnellsten durch Sparmaßnahmen. Die größten Fixkosten der meisten Unternehmen sind die Gehälter. Für Manager besteht also der schnelle Weg zum eigenen Erfolg darin, Leute rauszuschmeißen. Oder, wie sie es gern ausdrücken, das Unternehmen zu »restrukturieren«. Es ist üblich, dieses Vorgehen nach außen als bittere Notwendigkeit darzustellen, nach innen als cleveres Management. Weder das eine noch das andere trifft zu. Im Jahr 2005, dem »Jahr der Arbeitsplatzmisere«, wie die *Frankfurter Allgemeine Zeitung* es nannte, kündigten mehrere der deutschen Dax-30-Unternehmen an, Tausende oder Zehntausende Stellen abzubauen – und vermeldeten gleichzeitig hervorragende Geschäftszahlen.

Auf die Zahlen kommt es an, genauer gesagt: auf die nächsten Quartalszahlen. Sie sind es, die viele Topmanager in den Rausch stürzen oder in die Resignation. Natürlich wissen Manager, dass beispielsweise die Gewerkschaften und die Öffentlichkeit andere Prioritäten haben. Unternehmen werden von der Gesellschaft und vom Staat nicht nur deshalb unterstützt, weil sie das Bruttoinlandsprodukt steigern, sondern auch, weil sie Menschen beschäftigen und ernähren. Das rechtfertigt ihre Existenz. Auch Jack Welch weiß das und betont daher, dass sein Management im John-

Wayne-Stil als soziales Engagement zu verstehen sei. Auch wenn das Bullshit ist.

Im September 2013 verkündete das Verlagshaus Gruner + Jahr, seine Münchner Niederlassung dichtmachen zu wollen, immerhin Standort von Redaktionen großer Magazine wie P.M., *Neon* und *Nido*. Die Absicht der Manager lag auf der Hand: Rationalisierung. Ob denn geplant sei, Personal abzubauen, wurde die Verlagsspitze öffentlich gefragt. – Es sei falsch, dass noch in diesem Jahr Hunderte von Mitarbeitern entlassen würden, stellte die Verlagsspitze klar. »Richtig ist, dass wir unseren Personalstand über alle Bereiche hinweg schrittweise anpassen werden«, sagte die Vorstandsvorsitzende Julia Jäkel. Aus Entlassungen wurden, da sie schrittweise erfolgen sollten, »Anpassungen«. Bullshit als Mittel zur Vernebelung der Wahrheit.

In einer Pressemitteilung erläuterte Gruner + Jahr seine Absichten weiter: »G+J will über seine Inhalte und Zusatzangebote – Commerce und Paid Services – im Kontext seiner Inhalte zum unverzichtbaren Teil der Lebenswelten der Nutzer in den definierten Communities of Interest werden.« So redet niemand, der die Karten auf den Tisch legt. So redet jemand, der seine Karten nicht aufdecken möchte.

Das ist der Witz an vielen Begriffen des Business Talk: Sie vernebeln mehr, als sie benennen. Was genau tut einer, der »netzwerkt«? Was genau hat einer gesagt, der von seiner »persönlichen Verantwortung« oder von der »sozialen Verantwortung« eines Unternehmens spricht? Beliebt als Nebelkerzen sind auch englische Management-Vokabeln wie »Mindset«, »Leadership«, »Unique Selling Proposition« und »Win-win-Situation«. Statt Bewerbungsgesprächen gibt es »Assessments«, in denen ein »Audit« von »High Potentials« und deren »Personal Soft Skills« und »Performance Readiness« erfolgt. Chefs sagen »push the envelope«, um Angestellte zu außergewöhnlichen, unbezahlten Leistungen zu motivieren, und »outside the box denken«, um mehr Kreativität einzufordern. Man hat keinen »Zeitplan«, man »definiert Meilensteine«. Und natürlich hat man keine »Sitzungen«, sondern »Meetings«. Wer Erfolg hat, »performt«. Das klang mal aufregend, vor 25 Jahren. Heute nervt es.

Kein Wunder, dass sich »Bullshit-Bingo« in den 1990er-Jahren wie ein hochansteckender Virus ausbreitete. Ein paar Witzbolde aus dem Silicon Valley hatten das Spiel erfunden, weil ihnen die Phrasen auf die Nerven gingen, die sie in vielen Vorträgen zu hören bekamen. Sie schrieben eine Software, die bullshitverdächtige Satzbausteine und Wörter in einem Raster auf einer Karte nach dem Zufallsprinzip anordnete (frei zugänglich unter bit.ly/bullbingo). Vor einer Präsentation wurden die Karten an die Teilnehmer verteilt. Diese sollten die jeweiligen Kästchen durchstreichen, wenn der Vortragende die entsprechende Phrase von sich gab. Und wer als Erster eine Reihe quer, senkrecht oder diagonal voll hatte, sollte aufstehen und – so die Theorie – laut »Bullshit« rufen. So etwas traut sich natürlich niemand, wenn gerade der Abteilungsleiter eine Brandrede hält. Aber die schnelle Verbreitung des Spiels zeigt, dass die Erfinder einen Nerv getroffen haben.

Liquiditätsengpass an der Supermarktkasse

Bemerkenswert an Unternehmens-Bullshit ist, wie weit er von der Sprache entfernt ist, die wir benutzen, wenn wir wirklich kommunizieren wollen. Der aufgeklärte Manager von heute hört diese Reden, durchschaut sie, blättert in diesen Broschüren, legt sie weg und redet dann in einer ganz anderen Sprache mit den Menschen um ihn herum: informell, herzlich, spontan, humorvoll – wie andere Menschen auch. Es ist unwahrscheinlich, dass er um die Hand seiner Lebenspartnerin mit dem Hinweis auf eine »Win-win-Situation« angehalten hat oder von einem »Liquiditätsengpass« spricht, wenn der Rechnungsbetrag an der Supermarktkasse den Inhalt seines Portemonnaies übersteigt.

Im Jahr 2003 veröffentlichte das Beratungsunternehmen Deloitte & Touche ein Computerprogramm namens »Bullfighter«, das Bullshit-Vokabeln aus Texten filtert. Man war damals bei Deloitte der Ansicht, dass Bullshit ein Zeichen von Inkompetenz sei. Das war ein Irrtum. Kompetenz im Beratergeschäft besteht darin, Bullshit zu Geld zu machen. Wie das funktioniert, beschrieb der Amerikaner Matthew Stewart, selbst Aussteiger aus der Beraterszene, in seinem Buch The Management Myth. Nach seiner Darstellung zeichnen sich erfolgreiche Berater vor allem dadurch aus, dass sie dem Klienten das Gefühl vermitteln, er brauche unbedingt einen Berater. Zum Beispiel, indem sie eine Kurve malen, sie mit »Kumulative Kundenprofitabilität« überschreiben und dem Klienten erklären, dass er mit 20 Prozent seiner Kunden 80 Prozent seines Umsatz mache und dass ihm die übrigen 80 Prozent seiner Kunden nur 20 Prozent seines Umsatzes brächten. Der Klient muss jetzt nur noch diese Hochprofit-Kunden identifizieren, und schon brummt das Geschäft. Nur wie? Die Kurve ist ja »kumulativ«, man sieht ihr nicht an, welche Kunden die Profitbringer sind. Dazu braucht der Klient den Berater. Und schon hängt er an der Angel.

Eigentlich sollte Management als angewandter Zweig der Geisteswissenschaft gelten, sagt Stewart. Aber es ist erst hundert Jahre jung und daher im Vergleich zu den großen alten Disziplinen der Geisteswissenschaften noch unterentwickelt. Entsprechend niedrig veranschlagt Stewart das allgemeine Niveau, auf dem Manager und Berater heute agieren. Bezeichnend ist, dass in der Management-Szene so-

genannte Gurus das Sagen haben. Das sind Vordenker mit
so viel Autorität, dass sie nicht begründen müssen, was sie
behaupten. Jim Collins ist ein Guru, er hat die Drogerie-
markt-Kette Walgreens groß gemacht. Groß? Großartig!
Sein Buch heißt auf Englisch *Good to Great* (dt. *Der Weg zu den
Besten.*). Ein Schlüsselsatz: »Alle Unternehmen, die es von
groß zu großartig geschafft haben, begannen den Prozess,
einen Weg zur Großartigkeit zu finden, damit, sich den bru-
talen Tatsachen ihrer gegenwärtigen Wirklichkeit zu stellen«. Wer wollte das bestreiten? Wirklichkeitsverleugnung
ist sicherlich kein Weg zur Großartigkeit.

Muss das sein? Warum können Manager nicht einfach
ihren Job machen, wie Briefträger oder Maurer, die sehr gut
ohne Bullshit auskommen? Vielleicht liegt es daran, dass sie
so selten dazu kommen, sich ihren eigentlichen Aufgaben
zu widmen. Der Schweizer Hans Rudolf Jost, selbst Berater
für Change Management, zitiert die anonyme Führungskraft
eines Großunternehmens in seinem Buch *Best of Bullshit*:
»Eigentlich geht der Hauptteil meiner Arbeit mit Politik, in-
terner Absicherung und der Planung meiner weiteren Kar-
riere drauf; mit Kunden oder mit strategischen Themen ver-
bringe ich wenig Zeit«. Diese wirklich bullshitfreie Aussage
erklärt das außergewöhnlich hohe Bullshit-Aufkommen im
Management. Bullshit kommt heraus, wenn Manager vor-
geben, zu managen, aber tatsächlich mit anderen Dingen
beschäftigt sind.

Bullshit ist die Lingua franca des Managements. Jeder
versteht ihn, die meisten durchschauen ihn. Manager haben
hochtrabende Begriffe, für das, was sie tagtäglich tun. Sie
sprechen von »Lean Management«, »Change Management«,
»Supply Chain Management«, »Speed Management«, »Re-
putationsmanagement« und »New Public Management«.
Moden wie »Six Sigma« oder »Total Quality Management«
(TQM) kommen und gehen. Die Online-Enzyklopädie *Wiki-*

pedia führt als Grundprinzipien des TQM unter anderem diese drei Leitsätze auf:

- Qualität wird durch Mitarbeiter aller Bereiche und Ebenen erzielt.
- Qualität ist kein Ziel, sondern ein Prozess, der nie zu Ende geht.
- Qualität setzt aktives Handeln voraus und muss erarbeitet werden.

Das ist nicht falsch. Aber es ist trivial. Die beiden McKinsey-Berater Thomas J. Peters und Robert H. Waterman, die in ihrem langjährigen Bestseller *In Search of Excellence* (dt. *Auf der Suche nach Spitzenleistungen*) ihr »7-S-Modell« der Unternehmensgestaltung vorstellten, räumten darin selbst ein, dass ihre Lektionen »Offensichtlichkeiten« und »Plattitüden« seien – und behaupteten dann, dass die »Intensität«, mit der man an diese Allgemeinplätze glaube, sie in Wundermittel verwandle. Der Markt für Management-Ratgeber ist gewaltig – die Nachfrage kann durchaus den Verdacht nähren, dass viele Führungskräfte sich für Topmanager in einem Großunternehmen halten.

Und das ist nicht das einzige Bullshit-Verdachtsmoment an der Beraterszene. Ein weiteres, gewichtiges lautet: Pseudowissenschaftlichkeit. Als Vater des »wissenschaftlichen Management« gilt der amerikanische Ingenieur Frederick Winslow Taylor (1856–1915). Er begründete sogar einen eigenen Ismus, den Taylorismus. Und er hatte einen Spleen für Stoppuhren. Er war ein begeisterter Tennis- und Golfspieler und nahm auch Arbeitsprozesse auf die sportliche Art – die Arbeitsprozesse seiner Angestellten. Neben denen postierte er sich mit seiner Uhr und stoppte, wie lange sie brauchten, um eine Lage Ziegelsteine zu mauern oder eine Tonne Roheisen zu schleppen, und überlegte, wie weit man ihre Erholungszeiten kürzen konnte, ohne dass sie zusammenbrachen. Auf diese Weise ermittelte er zum Beispiel, dass das optimale Gewicht, das ein Arbeiter beim Schaufeln aufladen sollte, bei 19,5 Kilogramm liege. Entsprechend wurden dann die Schaufeln dimensioniert.

War das gute Wissenschaft? Eher nicht. War es gutes Management? Bestimmt nicht. Es war die Maschinisierung von Menschen. Taylors Ziel war es, auf diese ziemlich simple Weise die Produktivität der Arbeiter zu steigern: maximale Effizienzsteigerung mit möglichst wenig echter Neuerung. So entstand die Management-Consulting-Industrie. Heutige Manager stehen zwar nicht mehr mit der Stoppuhr neben ihren Mitarbeitern, aber der Grundgedanke ist der gleiche geblieben. »Six Sigma« und »TQM« sind lediglich Verfeinerungen von Taylors »wissenschaftlichem« Management. Produktivitätssteigerung bleibt das Maß und Ziel heutiger Unternehmenslenker – und im Zuge dessen haben sie auch ihre Bullshit-Produktivität deutlich gesteigert. Wirklich neue Ideen sind rar, neu sind nur die Begriffe. »Es läuft etwas komplett falsch, wie Unternehmen geführt werden«, sagt Larry Page, Gründer und Geschäftsführer von Google, »alle machen nur weiter das, was sie immer schon gemacht haben.«

Es ist ganz natürlich und völlig in Ordnung, dass sich in der Wirtschaft, wie in vielen anderen Bereichen unserer Kultur, ein eigener Jargon entwickelt hat. Problematisch und potenziell schädlich wird dieser Jargon, weil er oft mehr der Verschleierung als der Wahrhaftigkeit dient. Seine Sprecher basteln aus Schlagwörtern wie »Ertragssteigerung« und »Win-win-Situation« aussagearme Sätze. Und mit diesen Sätzen bestreiten Dax-Unternehmen ganze Aktionärshauptversammlungen, so lesen sich viele Pressemitteilungen, so sind Websites betextet. Wenn man zum Beispiel die Website der Berliner adviqo AG besucht (abgerufen am 12. Februar

2014), erfährt man, dass »Kooperationen attraktive Erlöspotenziale, kreative Ideen, Zuverlässigkeit und die stetige Bereitschaft zur Optimierung brauchen«. Es klingt wie der Blindtext eines Webdesigners, ist aber offenbar ernstgemeint.

Und was hat adviqo uns anzubieten? Als »eindeutig erklärtes Unternehmensziel« geben die Berliner aus: »Menschen helfen Menschen«. Oder ausführlicher: »Adviqo bietet Ihrem Unternehmen klar definierte sowie schnell und unkompliziert umgesetzte Kooperationen und Partnerschaften mit klarer Win-win-Orientierung.« Der »Firma mit klarem Profil«, wie sie sich selbst nennt, gelingt es nicht, auf ihrer Website verständlich zu machen, was sie eigentlich treibt. Der Benutzer muss sich selbst zusammenreimen, womit adviqo Geld verdient. Das Unternehmen betreibt den Horoskop-Sender Astro TV und verschiedene Esoterik-Portale.

Aber warum sollten Unternehmen, ob sie nun mit Esoterik Geld verdienen oder mit Autos, auch Klartext reden? Gerade in der Wirtschaft geht es nur selten um Klarheit. Im Gegenteil, es geht oft darum, Partner, Kunden und Auftraggeber über die eigenen Absichten im Unklaren zu lassen. Es geht nicht darum zu informieren, sondern zu beeindrucken. Allerdings hat der gängige Business-Jargon einen schwerwiegenden Haken. Er verfehlt systematisch die Wirkung, die er erzielen soll. Die Logik dahinter ist, dass Begriffe wie »attraktive Erlöspotenziale« und »smarte Lösung« mehr hermachen als etwa »aussichtsreich« und »Umbau« (oder einfach gar nichts), weil eine einfache, leicht verständliche Sprache zum einen nichts verschleiert, zum anderen einfach zu schlicht daherkommt. Doch diese Logik führt in die Irre.

Fragen Sie sich selbst: Wann hat Ihnen zum letzten Mal ein Schachtelsatz imponiert? Oder ein Fremdwort, das Sie nicht nachsprechen könnten? Oder ein Adjektiv wie »kreativ« oder »smart«? Es ist wahrscheinlich schon länger her.

Business Talk nervt. Es bleibt rätselhaft, warum Texter, Verhandler und Keynote Speaker ihn nicht lassen können. Ein Teil der Antwort ist sicherlich, dass diese Art zu reden üblich ist, und dass jeder, so er nicht auffallen will, sich daran halten muss.

Ein anderer Teil der Antwort ist weniger harmlos. Der Jargon dient der Manipulation: dazu, eine ganz bestimmte Sichtweise auf die ökonomischen Verhältnisse zu vermitteln. Eine Sichtweise, in der alle Unternehmen wachsen, sich mit all ihrer Kraft um das Wohl ihrer Mitarbeiter kümmern, und selbstverständlich um das ihrer Kunden. Was in dem Business-Jargon, um den es hier geht, nicht vorkommt: dass es viele Unternehmen gibt, in denen nur die Quartalsergebnisse zählen und denen das Konzept »soziale Verantwortung« fremd ist. Diese Unternehmen sind reine Kapitalmaschinen, aber das würde kein Verantwortlicher jemals so offen sagen.

Das manipulative Wörterbuch der Ökonomie

Business Talk hat also fast immer eine manipulative Komponente. (Wir verwenden den Anglizismus, weil Anglizismen einen Großteil der »Geschäftssprache« ausmachen). Der Jargon täuscht über die wahren Verhältnisse hinweg. Eines der naheliegendsten, aber oft übersehenen Beispiele ist das Arbeitsverhältnis als solches. Da ist ein Mitarbeiter, der einem Unternehmen gegen ein Gehalt seine Arbeitskraft zur Verfügung stellt. Er gibt Arbeit und nimmt Geld: ein Arbeitgeber. Er gibt seine Arbeit dem Unternehmen, also dem Arbeitnehmer. Moment mal! So reden wir nicht. Dass Unternehmen auf ihre Mitarbeiter angewiesen sind, ist nicht das Bild, das die Wirtschaft von diesem Verhältnis vermitteln will. Vielmehr geben die Unternehmer in ihrer Souveränität und Güte den Mitarbeitern die Gelegenheit, sich durch Betätigung ein Gehalt zu verdienen. Nicht wahr? Und so werden die Ausdrücke »Arbeitgeber« und »Arbeitnehmer« genau verkehrt herum verwendet. »Arbeitnehmer« wird derjenige genannt, der seine Arbeit gibt, und »Arbeitgeber« derjenige, der sie annimmt. Zwei unscheinbare Ausdrücke werden im gegenteiligen Sinne gebraucht und lassen die Arbeitgeber – also die Arbeitnehmer – in freundlicherem Licht erscheinen.

Eine ähnliche Wirkung hat das Wort »Lohnnebenkosten«. Es suggeriert, der Arbeitgeber (in der gängigen Bedeutung) müsse, nachdem er die Leistung des Arbeitnehmers entlohnt hat, noch zusätzliche Kosten tragen. Wie unangenehm für den Arbeitnehmer, wenn die Lohnnebenkosten steigen – jetzt liegt er dem Arbeitgeber noch mehr auf der Tasche! Doch diese Suggestion ist Unsinn. Die Lohnnebenkosten sind ein zweckgebundener Teil des Lohns.

In einem manipulativen Wörterbuch der Ökonomie müsste auch das Wort »Lohnzurückhaltung« stehen. Sie wird rituell vor Tarifverhandlungen angemahnt. Zurückhaltung, das ist etwas Vornehmes. Wer sich darin nicht übt, der ist zu gierig oder zu freigiebig. Das Wort »Lohnzurückhaltung« eignet sich daher hervorragend, Arbeitnehmern (in der gängigen Bedeutung) Zugeständnisse abzuknausern. Das Wort »Lohngroßzügigkeit« ist hingegen nicht gebräuchlich.

Eine Art Naturgesetz des Business Talk besagt, dass alles irgendwie positiv ist. Auch negative Dinge. Während für Segler klar ist, dass eine »Sturmwarnung« vor Sturm warnt, ist eine »Gewinnwarnung« nicht etwa eine Warnung vor Gewinn – sondern im Gegenteil die Warnung eines Unternehmens, dass es die ausgegebenen Gewinnziele nicht schaffen wird. Sie ist das Eingeständnis der Unternehmensleitung, dass sie sich überschätzt hat. Nur klingt »Warnung« rücksichtsvoller als »Eingeständnis«, und auch eine schlechte Gelegenheit ist eine Gelegenheit, von »Gewinn« zu sprechen.

Im Business Talk zeigt sich in besonderer Deutlichkeit ein universelles Stilmittel des Bullshit: Abstraktion. Von »Prozessen«, »Konsum«, »Werten« und »Ressourcen« lässt sich gut schwafeln. »Plastikwörter« nennt der Freiburger Sprachwissenschaftler Uwe Pörksen solche luftigen Abstraktionen, die nur noch einen Schimmer von dem enthalten, was sie bezeichnen. Dem Wort »Humanressourcen« hört man kaum noch an, dass damit Menschen gemeint sind.

Es ist nicht überraschend, dass in der Wirtschaft die Bullshit-Produktion besonders hoch ist. Viele Geschäfte, Investitionen zum Beispiel, sind Wetten auf die Zukunft. Es geht um Vertrauen und Versprechen. Es geht darum, seine Adressaten für sich zu gewinnen und sich gleichzeitig von Verbindlichkeiten möglichst freizuhalten. Nur selten geht es darum, von einem unbeteiligten Standpunkt aus nüchtern die Lage zu analysieren.

Was tun angesichts des extrem hohen Bullshit-Aufkommens in der Wirtschaftssprache? Wir empfehlen eine defensive Strategie. Ein striktes »No Bullshit« wäre aussichtslos. Es geht darum, gut mit dem Business-Bullshit umzugehen.

1. Auf die Interessen hinter Äußerungen achten
In ökonomischen Zusammenhängen gibt es kaum interesselose Äußerungen. Daher ist besonders darauf zu achten, welche Interessen man dem Sprecher zuschreiben kann. Fragen Sie sich nicht nur: »Was sagt er?«, sondern auch: »Mit welcher Absicht sagt er das?« und »Wo hat er seine Aktien?«.

2. Auf Unausgesprochenes achten

Mindestens so bedeutend wie das Gesagte ist das Ungesagte, also das, was auszusprechen der Betreffende zu vermeiden trachtet. Wo setzt er den Weichzeichner an? Welche Zahlen, welche Festlegungen vermeidet er?

3. Die eigene Bullshitquote lockern

Wer im »Staff Meeting« unentwegt mit Plastikwörtern wie »incentivieren«, »Synergie« und »Paradigma« angesprochen wird, der kann nicht mit Klartext antworten. Er wird sich der Sprache im »Meeting Room« ein wenig anpassen müssen. Also: Mut zum Bullshit! Wer reinen Klartext spricht, läuft Gefahr, überhaupt nicht verstanden zu werden und als Quertreiber dazustehen. Ein realistisches Ziel ist es, mit der niedrigsten Bullshitquote im Raum zu reden.

4. Wenn es wirklich drauf ankommt: Auf den Busch klopfen

Ein »Human Resources Manager«, der Ihnen verspricht, Sie »ins Boot zu holen«, hat ziemlich wenig versprochen. Vielleicht will er Sie einstellen. Vielleicht will er Ihnen nur einen Projektvertrag anbieten. Fordern Sie Klarheit ein. Fragen Sie nach.

5. Sprechen Sie deutsch

Anglizismen sind nur dann angebracht, wenn es keine deutsche Entsprechung gibt. Ansonsten wirken sie nicht mondän, sondern albern.

BULL
SHIT
für Profis

Strategien in einer Welt des Humbugs

Wir haben gut 270 Seiten voller Bullshit hinter uns. Eine Tour durch die Misthaufen der Sprache. So könnte es noch Tausende Seiten weitergehen, ohne Chance, den Bullshit dieser Welt auszuschöpfen. Die Misthaufen wachsen täglich.

Es gäbe einen einfachen Ausweg aus dieser Misere: Lasst uns alle miteinander aufhören mit dem Bullshit. Verschreiben wir uns ganz der Wahrheit! Jeder von uns würde sich besser fühlen, wenn er seine Geschäfte oder seine Kriege mit mehr Aufrichtigkeit führte. Aber das ist unrealistisch. Wenn der Anthropologe Robin Dunbar recht hat, dann bullshittet die Menschheit, seit sie reden kann (siehe Kapitel »Beziehungen«). Und sie wird voraussichtlich bis zu ihrem Ende so weitermachen. Bullshit ist einfach zu praktisch und vielseitig verwendbar, als dass die Menschheit von ihm lassen könnte.

Es gibt grundsätzlich drei Strategien, wie man sich zur real existierenden Welt des Bullshit verhalten kann: Opportunismus, Dogmatismus und Pragmatismus. Wir beschreiben sie kurz und verheimlichen nicht unsere Präferenz für eine der drei Strategien.

Der Opportunist

Diese Haltung ist verführerisch, denn sie ist bequem: einfach resignieren und mit dem Bullshit-Strom schwimmen. Warum sich ihm einsam entgegenstemmen, wenn alle Welt munter Mist redet? So scheinen viele Menschen zu denken. Wir nicht. Die Wahrheit ist zu wertvoll, um sie einfach fahren zu lassen.

Aber warum eigentlich? Warum ist Wahrheit so wichtig? Könnten wir nicht auch gut ohne sie zurechtkommen? Tatsächlich gibt es Philosophen, die das Konzept der Wahrheit in vielen Zusammenhängen für überflüssig halten. Laut der Redundanztheorie der Wahrheit, vertreten von so klugen Leuten wie Gottlob Frege, Frank Plumpton Ramsey und Willard Van Orman Quine, ist das Konzept der Wahrheit nicht besonders hilfreich. Die Aussage »Schnee ist weiß« zum Beispiel ist genau dann wahr, wenn Schnee weiß ist – eine triviale Erkenntnis, ein belangloses Konzept. Redundanztheoretiker glauben, dass all jene ihrer Kollegen Philosophen, die einen tieferen Sinn im Begriff Wahrheit suchen, auf dem Holzweg sind. Es gibt diesen tieferen Sinn nicht.

Die Vertreter der Postmoderne, einer viel jüngeren philosophischen Strömung, betrachten Wahrheit als ein soziales Konstrukt: Wahr ist, worauf wir uns einigen, dass es wahr ist. Eine absolute Wahrheit gibt es nicht. Der Satz »Die Erde ist eine Kugel« ist wahr, weil es einen Konsens darüber gibt, dass die Erde rund ist. Folgt man Jacques Derrida, Jacques Lacan und anderen, dann ist Wahrheit Ansichtssache. »Wahrheit ist, womit deine Zeitgenossen dich davonkommen lassen«, sagte der amerikanische Philosoph Richard Rorty. Die Philosophen der Postmoderne sind brillante Denker und Rhetoriker. Aber sie haben sich verrannt. Der Satz »Die Erde ist eine Kugel« ist wahr, weil die Erde tatsächlich rund ist. Sie wäre auch dann eine Kugel und jener Satz auch dann wahr, wenn die Menschheit einhellig glauben würde, auf einer Scheibe zu leben. Dann würden die Menschen sich eben einhellig irren. Auch die redegewandten Postmodernisten können die Welt nicht flachdiskutieren. Wahrheit ist keine Ansichtssache. Jeder Mensch hat ein Recht auf eine eigene Ansicht, aber nicht auf eine eigene Wahrheit.

Auch ist die Wahrheit von Sätzen wie »Die Erde ist eine Kugel« keineswegs überflüssig. Sie ist von großer praktischer Relevanz. Wäre dieser Satz nicht wahr, müssten beispielsweise Schiffe und Flugzeuge ganz anders navigieren. Keine entwickelte Gesellschaft kann ohne Wahrheit bestehen. Wie sonst könnte sie die Urteile fällen und die Entscheidungen treffen, die sie für ihre Entwicklung braucht?

Mit der Frage, was an Wahrheit denn so toll sei, wurde auch Harry G. Frankfurt konfrontiert, nachdem er *Bullshit* geschrieben hatte, und zwar am eigenen Küchentisch: »Meine Frau sagte mir immer wieder, dass ich in ›On Bullshit‹ zwar behauptet hätte, dass Bullshit schlecht sei, aber keine wirklich starken Argumente dafür geliefert hätte, dass der Respekt für die Wahrheit wichtig sei«, erzählte der Philosoph später. Auf den Druck seiner Frau hin schob er ein zweites Buch nach, in dem er die Bedeutung dieses Respekts begründete: *On Truth*, eine vehemente Verteidigung der Wahrheit.

Das rationale Tier, das der Mensch ist, gebe es nicht ohne Wahrheit, schreibt Frankfurt: »Wir könnten uns nicht im eigentlichen Sinn als rational betrachten, wenn wir nicht den Unterschied zwischen wahr sein und falsch sein anerkennen würden.« Rational sein bedeutet, aus Gründen zu handeln. Wenn es in einer Gegend regnet, gibt es einen Grund für die Menschen dort, einen Schirm mitzunehmen, sofern sie trocken bleiben möchten. Nicht die Aussage »Es regnet« ist der Grund, sondern die Wahrheit dieser Aussage ist der Grund, den Schirm mitzunehmen. Ebenso hängt die Tätigkeit eines guten Ingenieurs von der Wahrheit bestimmter Aussagen über die Dehnbarkeit und Elastizität von Werkstoffen ab und die Tätigkeit einer guten Ärztin von der Wahrheit bestimmter Aussagen über rote und weiße Blutkörperchen. Das vielleicht beste Beispiel sind Naturwissenschaftler. Die allermeisten von ihnen sehen ihre Aufgabe darin, die Wahrheit über den Ursprung des Lebens, die Zusammensetzung des Erdkerns oder den Aufbau der Elementarteilchen herauszufinden. Sie gehen davon aus, dass da eine Wahrheit ist, die entdeckt werden kann. Sie sehen sich selbst nicht als Teilnehmer eines sozialen Spiels mit unklaren Regeln, bei dem am Ende etwas herauskommt, das wir »Wahrheit« nennen.

Aber Wahrheit ist flüchtig. Man muss sich um sie bemühen und sie sorgsam behandeln, sonst geht sie verloren. Der Ingenieur, die Ärztin oder die Naturwissenschaftler mögen zwar das Wort »Wahrheit« selten aussprechen, aber ihre Achtung vor der Wahrheit ist eine unverzichtbare Voraussetzung für ihre Arbeit. Wir leben in einer Welt, die sich nicht unserem Willen fügt, sondern die so ist, wie sie ist. Wer das nicht anerkennt, wäre ein schlechter Arzt oder Forscher. Schlimmer noch, er liefe Gefahr, in ernste Identitätsprobleme zu geraten. »Wir lernen, dass wir eigenständige Wesen in der Welt sind, verschieden von allem, was nicht zu uns gehört (...), indem wir bei der Erfüllung unseres Willens auf Widerstand stoßen«, sagt Harry G. Frankfurt. Die Identität eines Menschen bildet sich, indem er seine Grenzen erspürt. Da gibt es einerseits ihn selbst und andererseits den Rest der Welt: die Realität, die Welt der hartnäckigen Fakten. Wahrheit ist identitätsstiftend. Wie könnten wir es versäumen, uns um sie zu kümmern? »Wir können es nicht«, antwortet Frankfurt. Es ist der letzte Satz von *Über die Wahrheit*.

Der Opportunist gibt also nicht nur die Wahrheit verloren, er riskiert auch seine Identität. Bullshitten im Übermaß ist existenzbedrohend.

Natürlich sagt der Opportunist nicht laut »Die Wahrheit ist mir egal«, das wäre ja eine aufrichtige Non-Bullshit-Aussage. Als Bullshitter strengt er sich an, den Eindruck zu erwecken, sich sorgsam um die Wahrheit zu kümmern. Vielleicht benutzt er sogar besonders oft Wendungen wie »tatsächlich« oder »in Wahrheit« oder »Fakten, Fakten, Fakten«.

Aber wenn der Opportunist »Wahrheit« sagt, meint er bestenfalls »Wahrheitigkeit« (*truthiness*). Diesen Begriff prägte der amerikanische Satiriker Stephen Colbert im Jahr 2005: Wahrheit bedeutet, dass eine Aussage die Welt richtig wiedergibt. Wahrheitigkeit hingegen bedeutet, dass jemand das vage Gefühl hat, eine Aussage müsste so stimmen. »Wer ist die Britannica, dass sie mir sagt, der Panamakanal sei 1914 vollendet gewesen?«, scherzte Colbert in der ersten Folge seiner Fernsehshow *Colbert Report*. »Wenn ich sagen möchte, es war 1941, dann ist das mein Recht.«

Colbert unterscheidet zwei Arten von Menschen, »jene, die mit ihrem Kopf denken, und jene, die mit ihrem Herzen wissen«. Das ist ironisch gemeint. Man kann seine Unterscheidung übersetzen in Wahrheitsfreunde und Bullshitter. Eines seiner Lieblingsbeispiele war seinerzeit US-Präsident George W. Bush und der von ihm befohlene Einmarsch in den Irak. Bush begründete den Feldzug damit, dass das Saddam-Regime Massenvernichtungswaffen besitze. Die US-Regierung berief sich auf fragwürdige Geheimdienstberichte über Bemühungen des Irak, Uran aus dem Niger zu beschaffen. Außerdem spekulierte sie über eine Verbindung Saddam Husseins zu den Attentaten vom 11. September 2001 und bemühte noch andere Vermutungen, um von der entscheidenden Tatsache abzulenken: Der Plan, in den Irak einzumarschieren, war bereits gefasst. Man hatte keine stichhaltigen Beweise für Massenvernichtungswaffen im Irak, und später stellte sich heraus, dass es diese Beweise auch nicht geben konnte, weil der Irak nicht im Besitz solcher Waffen war. Bush jedoch behauptete stur das Gegenteil. Er wusste es einfach. Er war ein Bullshitter. Der amerikanische Journalist Ron Suskind berichtet von einer Szene, die sich ein paar Monate nach der Invasion im Oval Office zutrug: Der Senator Joe Biden war gekommen, um Bush seine wachsende Besorgnis über dessen Kriegskurs mitzuteilen. »Mr. President, wie können Sie so sicher sein, wenn Sie die Fakten nicht kennen?« Bush stand auf und legte die Hand auf Bidens Schulter: »Mein Instinkt«, erwiderte er, »mein Instinkt.«

Damals brachte der Feldherr Bush die Nation hinter sich. Im Rückblick jedoch steht er mit seiner Invasion des Iraks nicht glorreich da. Er stand sogar kurz vor einem Amtsenthebungsverfahren, das jedoch wegen des regulären Endes seiner Präsidentschaft nicht weiter verfolgt wurde. Bullshit kommt und geht, die Wahrheit bleibt für immer. Das sollte sich jeder klarmachen, bevor er die Wahrheit zugunsten der Wahrheitigkeit aufgibt.

Der Dogmatiker

Wer sich dem Bullshit hingibt, riskiert seine Identität. Spätestens diese Erkenntnis sollte jeden veranlassen gegenzusteuern. Aber wie weit soll man das Ruder herumwerfen? Der radikalste Kurs ist: Null Toleranz gegen Bullshit!

Nicht wenige Menschen schlagen diesen Kurs ein. Oft sind es diejenigen, die die Naturwissenschaft sehr wichtig nehmen. Sie lassen nur gelten, was mit den Methoden der Wissenschaft überprüft wurde oder wenigstens überprüfbar ist. Eben dies war der Kerngedanke des logischen Positivismus, einer in den 1920er- und 1930er-Jahren einflussreichen philosophischen Strömung. Zu seinen bedeutendsten Vertretern zählten neben den eingangs erwähnten Moritz Schlick (1882–1936) und Rudolf Carnap (1891–1970) Hans Reichenbach (1891–1953) und Alfred Jules Ayer (1910–1989). Die logischen Positivisten besaßen die Frechheit, einen Großteil der philosophischen Tradition als Bullshit zu verwerfen. Sie benutzten nicht das Wort »Bullshit«, aber sie meinten es: Gerede, bei dem der Sprecher sich nicht genügend darum kümmert, ob es wahr ist. Eines ihrer Lieblingsangriffsziele war die Metaphysik, jene Grunddisziplin der Philosophie, die sich mit dem Sinn und den Prinzipien des Seins beschäftigt. Aristoteles, Thomas von Aquin, Gottfried Wilhelm Leibniz und Immanuel Kant waren große Metaphysiker. Alles Humbug, sagten Schlick und Kollegen. Besonders heftig nahmen sie Anstoß am Geschwurbel des berühmtesten Metaphysikers ihrer Zeit, Martin Heidegger, der Sätze wie diesen schrieb: »Das ontologisch verstandene Bewendenlassen ist vorgängige Freigabe des Seienden auf seine innerumweltliche Zuhandenheit.« Schwer zu verstehen, aber gerade das ist für viele ein Zeichen von Tiefe. Die logischen Positivisten nahmen es als Zeichen von Bullshit. Sätze wie dieser waren für sie weder wahr noch falsch, sondern sinnlos.

Um garantiert nur sinnvolle Dinge zu sagen, akzeptierten die logischen Positivisten lediglich zwei Arten von Aussagen: logisch wahre Aussagen und überprüfbar wahre Aussagen. Logisch wahre Aussagen sind zum Beispiel »1+2=3« oder »Die Kugel ist rund«. Wenn die Kugel nicht rund wäre, dann wäre sie keine Kugel. Überprüfbar – das ist schon schwieriger zu definieren. Grob gesagt, soll es heißen, dass man in der Welt nachschauen kann, ob die Aussage wahr ist. Aber die logischen Positivisten scheiterten daran, genau zu definieren, was das heißen soll. Darf man zum Beispiel behaupten, dass Atome existieren, obwohl man sie damals keineswegs durch ein Mikroskop beobachten, sondern nur mit sehr indirekten Methoden nachweisen konnte? Carnap & Co. mussten erkennen, dass ihre strikte No-Bullshit-Doktrin weite Teile der Naturwissenschaften aussortierte. So sind viele Grundgesetze der Physik nicht direkt überprüfbar. Der logische Positivismus war in eine Sackgasse geraten, aus der er nie mehr herausfand. »Der logische Positivismus ist tot«, stellte der australische Philosoph John Passmore im Jahr 1967 fest, noch zu Lebzeiten von Carnap und Ayer, »oder so tot, wie eine philosophische Bewegung sein kann.«

Doch der Wunsch nach einer bullshitfreien Welt ist nach wie vor lebendig. Er lebt zum Beispiel in der Skeptikerbewegung fort, deren Ziel es ist, die Menschheit von allen Behauptungen zu befreien, die nicht von empirischer Forschung gestützt werden. Erstmals benutzte der amerikanische Astrophysiker Carl Sagan im Jahr 1985 in seinem Roman *Contact* den Begriff »Skeptizismus« in diesem Sinn. Wie die logischen Positivisten lehnen auch einige Skeptiker die Metaphysik rundweg ab. Ebenso wie jede Religion. Zumindest solange Gott sich nicht im Labor oder durch das Teleskop zeigt.

Ein Verdienst der Skeptiker ist es, pseudowissenschaftliche Behauptungen in Gebieten wie der Astrologie, der Alternativmedizin oder der Esoterik entlarvt und Verschwörungstheorien über »Chemtrails« oder die Anschläge des 11. September 2001 bloßgestellt zu haben. Allerdings müssen sich manche Skeptiker vorwerfen lassen, bei ihren Feldzügen gegen den Bullshit über das Ziel hinauszuschießen. So behauptet der amerikanische Kosmologe und Skeptiker Lawrence Krauss in seinem Buch *A Universe from Nothing* (dt. *Ein Universum aus Nichts*), mit physikalischen Argumenten zeigen zu können, dass das Universum spontan aus dem Nichts entstand. Gott habe mithin nichts zu erschaffen gehabt, er sei überflüssig, argumentiert Krauss. Solche Thesen zielen vor allem auf ein amerikanisches Publikum und sollen die christlichen Fundamentalisten provozieren. Kritik regte sich aber auch von Seiten eher unideologischer Fachleute. Sie warfen Krauss vor, den Begriff des Nichts so umgedeutet zu haben, dass er für seine Zwecke passe. Die Krauss'sche Genesis »läuft nicht im Entferntesten auf etwas in der Nähe einer Entstehung aus dem Nichts hinaus«, hielt ihm der Philosoph David Albert entgegen. Krauss habe die spontane Entstehung von Materie im Quantenvakuum mit dem Ursprung des Universums verwechselt. Manchmal führt der radikale No-Bullshit-Kurs direkt in den Bullshit.

Grundsätzlich hat der Null-Toleranz-Kurs gegen Bullshit ein paar schwerwiegende Nachteile. Einer davon ist, dass er keinen Spaß macht. Bullshit ist oft lustiger als die harte Wahrheit, gerade das macht ihn so verführerisch. Während andere ihre Freude haben, muss der strikte Anti-Bullshitter sagen: »Das war jetzt aber nicht ganz korrekt.« Er muss sich manchmal Korinthenkacker nennen lassen. Korinthen statt Bullshit, das ist nicht immer die attraktivere Alternative.

Es ist auch nicht immer die produktivere Alternative. Wer schon beim leisesten Bullshit-Verdacht Alarm schlägt, dem entgeht das schöpferische Potenzial des Unüberlegten, Unweisen, Unbegründeten. Der Gottvater der Bullshit-Philosophie, Harry G. Frankfurt höchstpersönlich, erwähnt das Beispiel der Bull Sessions: Diskussionsrunden, in denen niemand erwartet, ernstgenommen zu werden. Oft drehen sie sich um emotional besonders aufgeladene Themen wie Politik, Religion oder Sex. Den Teilnehmern steht es frei, alle möglichen Gedanken oder Meinungen zu äußern, einfach, um auszuprobieren, was für ein Gefühl es ist, sie auszusprechen, ohne die Angst, sich dafür rechtfertigen zu müssen. Die anderen Teilnehmer wissen, dass das Gesagte nicht unbedingt die Überzeugung des Sprechers wiedergibt. Es darf also ohne Rücksicht auf die Wahrheit drauflosgelabert werden. »Der wichtigste Punkt ist, ein hohes Maß an Freimütigkeit und einen experimentellen oder abenteuerlustigen Zugang zum diskutierten Thema zu ermöglichen«, so Frankfurt, der anmerkt, dass Bull Sessions strenggenommen nicht Bullshit im Sinne seiner Definition seien. In ihnen fehle die Täuschungsabsicht – ihre Teilnehmer seien ja ehrlich und sich in der Suspendierung der Wahrheit einig. Aber sie zeigten, dass es sich lohnen kann, auch mal ohne Rücksicht auf Überprüfbarkeit herumzuspinnen. In Bull Sessions trauten sich Menschen, Dinge auszusprechen, die ihnen sonst nicht über die Lippen kämen, und es entwickelten sich kühne Argumentationsstränge, auf die unter der Zensur der Rationalität niemand käme.

Selbst Ludwig Wittgenstein, überaus unduldsam gegen Bullshit (siehe Kapitel »Beziehungen«), machte sich zeitweise locker. In seinen *Vermischten Bemerkungen* stellte er fest: »Wenn Menschen nicht manchmal Dummheiten machten, geschähe überhaupt nichts Gescheites.« Daher riet er, »von den kahlen Höhlen der Gescheitheit in die grünenden Täler der Dummheit« herabzusteigen. Schöner kann man es nicht ausdrücken. Ganz ohne Bullshit wäre die Welt ärmer.

Auch nüchterne Naturwissenschaftler denken nicht 24 Stunden am Tag naturwissenschaftlich. Sie wissen um die Grenzen der empirisch-wissenschaftlichen Erkenntnisweise. In Sinnfragen oder ethischen Fragen führen naturwissenschaftliche Methoden nicht sehr weit. Und selbst in naturwissenschaftlichen Fragen kann es sich lohnen, haltlos zu spekulieren. Ein Beispiel ist die Hypothese vom Multiversum. Dieser Theorie zufolge existieren neben unserem Universum noch eine Vielzahl von Paralleluniversen, die unserem Universum mehr oder weniger ähnlich sind. Es gibt keine Beobachtungen, die diese verwegene Hypothese stützen. Man kann sie also fahrlässigen Bullshit nennen (fahrlässig, weil es von Seiten der Kosmologen keine Täuschungsabsicht gibt). Doch sie hat sich in letzter Zeit in der Kosmologie und in der theoretischen Physik als enorm fruchtbar erwiesen. Unter den besten Physikern sind nicht wenige, die an die Existenz von Paralleluniversen glauben. Und sie sind keine Korinthenkacker (vgl. Tobias Hürter/Max Rauner: *Die verrückte Welt der Paralleluniversen*).

Der Pragmatiker

Weder Opportunismus noch Dogmatismus: Kategorische Haltungen in Sachen Bullshit führen zu nichts Gutem. Wir plädieren daher für Pragmatismus. Grundsätzlich ist es sinnvoll, die eigene Bullshitquote auf ein Mindestmaß zu drücken. Allerdings gibt es Ausnahmen, wo man Bullshit bei sich selbst oder bei anderen tolerieren oder sogar begrüßen sollte.

Der Pragmatiker macht es sich nicht einfach. Er ist bestrebt, seine eigene Bullshitquote zu senken, muss aber seinen missionarischen Eifer zügeln, wenn es darum geht, andere Menschen vom Bullshitten abzubringen. Er sollte dabei nicht vergessen, dass die Mühe sich lohnt. Auch wenn er manchmal den unbequemeren Weg gehen muss als der Opportunist, hat er viel bessere Aussichten, zur Wahrheit vorzudringen. Und Wahrheit ist wichtig, wie wir gesehen haben. Der Pragmatiker lacht zuletzt. Auch, weil er sich seinen Humor bewahrt hat. Über all den Bullshit zu lachen, der ihn täglich überschwemmt, ist eine sinnvolle Art, damit zu leben. Zudem ist es eine wirksame Methode, Bullshitter bloßzustellen und ihnen zu zeigen, dass man sie nicht ernst nimmt.

Der Pragmatiker steht täglich vor der Frage: Welcher Bullshit ist hinnehmbar, und gegen welchen muss ich mich wehren? Es gibt keine einfache Antwort auf diese Frage. Es gilt, die Wirkung des betreffenden Bullshit abzuwägen:

Schadet der Bullshit jemandem, oder ist er harmlos, vielleicht sogar unterhaltsam oder produktiv? Entscheidend sind in diesem Zusammenhang die Absichten des Bullshitters. Will er seine Mitmenschen manipulieren, abzocken, einlullen? Dann hat er es verdient, bloßgestellt zu werden.

Die Schwierigkeiten dieser Abwägung lassen sich am Umgang mit Kindern veranschaulichen. Wenn der Vierjährige bei einer Begegnung mit einem dicken Menschen ausruft: »Schau mal, wie dick der ist!«, dann würden die meisten Eltern ihn ermahnen, obwohl er ja nur die Wahrheit ausspricht. Aber auch die Wahrheit kann verletzen. In Situationen wie dieser kann eine mäßige Portion Bullshit angebracht sein. In manchen Situationen kann es für Eltern sogar vertretbar sein, ihre Kinder zur Produktion von Bullshit aufzufordern: »Sag ›Entschuldigung, tut mir leid‹!«, verlangen sie von ihrem Kind, wenn es einen Kindergartenfreund getreten hat. »Tut mir leid« ist Bullshit, wenn es dem Kind gar nicht leid tut. Trotzdem kann es richtig sein, es zu sagen, weil das Ritual der Entschuldigung dem Getretenen Genugtuung verschaffen und damit den Konflikt beilegen kann. Wahrheit ist wertvoll, aber manchmal ist ein friedliches Miteinander noch wertvoller.

Eine in den meisten Fällen jedoch nicht hinnehmbare Form von Bullshit ist Jargon. Die unterschiedlichsten sozialen Gruppen haben Sprachcodes entwickelt, die für Außenstehende unverständlich sind. Das ist in Ordnung, solange sich die Gruppenmitglieder mithilfe dieses Codes untereinander verständigen. Wenn sie Jargon jedoch öffentlich nutzen, wollen sie vielleicht nur Autorität demonstrieren oder ihre Absichten durchsetzen, was vor allem in Kundencentern von Behörden oder in den Sprechzimmern von Ärzten immer wieder zu beobachten ist. Unsere Umgangssprache ist ein äußerst mächtiges Ausdrucksmittel. Wer sie ohne Not verlässt, macht sich verdächtig, nicht verstanden werden zu wollen. Vielleicht, weil es da wenig zu verstehen gibt – weil er Bullshit redet. Wenn der Pragmatiker unverständlichen Jargon zu hören oder zu lesen bekommt, sollte er Klartext verlangen.

Der Umgang mit fahrlässigen Bullshittern – jenen also, die nicht absichtlich Unsinn reden – ist die vielleicht größte Herausforderung für den Pragmatiker. Wenn er sie stets duldet, wird er zum Opportunisten. Wenn er sie belehrt, läuft er Gefahr, als Besserwisser dazustehen. Was also tun? Hier empfiehlt sich die sokratische Methode: immer wieder nachfragen, was der Sprecher meint und wie er es begründet. Dann kommt der Sprecher vielleicht selbst darauf, dass er Blödsinn geredet hat. Oder der Pragmatiker erkennt, dass er sich geirrt und der Sprecher doch keinen Blödsinn geredet hat. Ein Irrtum ist noch kein Bullshit. Dazu wird er erst, wenn man auf ihm beharrt.

Und wann kann sich der Pragmatiker erlauben, auch selber einmal Bullshit zu reden? Zum Beispiel in Situationen, in denen es darum geht, ein nettes Gespräch in Gang zu halten, in denen man jedoch nicht viel zu sagen hat. Doch gerade in solchen Situationen kann ein Bullshit-Verächter in Schwierigkeiten geraten. Er ist das Bullshitten ja nicht gewohnt. Natürlich könnte er sich aus der Affäre ziehen und ein paar vorgefertigte Floskeln abspulen. Aber damit wird er keinen einigermaßen anspruchsvollen Gesprächspartner bei Laune halten. Man könnte sich in solchen Situationen an »Eliza« orientieren, einem Computerprogramm, das der deutsch-amerikanische Informatiker Joseph Weizenbaum in den 1960er-Jahren entwickelt hat. Weizenbaums Ziel war es, einen Psychotherapeuten zu simulieren. Nutzer konnten etwas eintippen, Eliza antwortete oder stellte eine Frage dazu. Das Programm war winzig, es passte ausgedruckt auf eine Seite. Aber es war unglaublich realistisch in seiner Wirkung. Manche der Testnutzer wurden geradezu süchtig nach Eliza, sie beichteten ihr ihre intimsten Sorgen.

Dabei funktionierte Eliza nach Regeln, die simpler kaum sein könnten: Wenn der Mensch am Bildschirm bestimmte Schlüsselwörter schrieb, gab die Software speziell dafür vorformulierte Antworten. Tippte der Mensch einen Satz mit »Ich«, fragte Eliza: »Sprechen Sie gern über sich?« Wenn der Nutzer eine Frage stellte, mit der Eliza nichts anfangen konnte, fragte sie einfach zurück: »Warum interessiert Sie das?« Wenn der Nutzer eine Aussage machte, fragte Eliza zum Beispiel: »Woher wissen Sie das?« oder »Können Sie das erklären?« Eliza erzeugte eine derart überzeugende Illusion, eine menschliche Gesprächspartnerin zu sein, dass manche Nutzer sie sogar dann noch ernst nahmen, als Weizenbaum ihnen die Funktionsweise des Programms erklärt hatte. Notgedrungene Bullshitter können im Stil von Eliza ein Gespräch zumindest so lange überstehen, bis sich ihnen eine Fluchtmöglichkeit bietet.

Es ist nicht abwegig, dass Menschen eines Tages Gefühle für anmutig bullshittende Software-Assistentinnen entwickeln werden, so wie der introvertierte Theodore Twombly in dem Science-Fiction-Filmdrama *Her*. Denn was mit Eliza seinen Anfang nahm, hat längst eine neue Dimension erreicht: Es gibt Bullshit-Automaten für verschiedenste Anwendungen. Computerprogramme können Haikus, Liebesbriefe und Zeitungsartikel schreiben; Software-Agenten täuschen vor, echte Twitter-User zu sein. Eines dieser Programme verfasst sogar wissenschaftliche Kurzartikel, und manche dieser computergenerierten Nonsens-Aufsätze täuschten selbst Experten. Anfang 2014 wurde bekannt, dass mehr als 120 solcher Beiträge in Konferenzbänden entdeckt worden waren und zurückgezogen werden mussten. Ein Skandal, gewiss, aber der Fall macht auch Hoffnung: Der Mensch muss jetzt nicht mehr selber bullshitten. Bald gibt es eine App dafür.

Danksagung

Das Recherchematerial für dieses Buch resultiert zum Teil aus Artikeln, die wir für die Zeit, das Magazin Zeit Wissen sowie das Philosophiemagazin Hohe Luft geschrieben haben. Der Titel Schluss mit dem Bullshit war auch die Coverzeile der Hohe-Luft-Ausgabe 1/2013. Max Rauner dankt der Zeit für die Möglichkeit, ein Sabbatical zu nehmen. Tobias Hürter dankt der Redaktion und dem Verlag von Hohe Luft für die Unterstützung.

Buchtipps und Quellen

Bullshit für Anfänger

Die Urschrift der Philosophie des Bullshit ist der Essay *On Bullshit* von Harry G. Frankfurt, erschienen ursprünglich 1986, deutsche Ausgabe *Bullshit* (Berlin 2006).

Ein Klassiker der Bullshit-Literatur ist *The Humbugs of the World*, das es unter www.gutenberg.net kostenlos als eBook gibt. Darin gibt der Zirkusdirektor, Museumsbesitzer und Politiker Phineas Taylor Barnum einen Überblick über Humbug-Strömungen im Jahr 1865 – und verteidigt den Humbug, wenn Menschen damit unterhalten werden.

Mit welchen Argumenten man sich gegen hartnäckige Bullshitter wappnen kann, erklärt der Münchner Wissenschaftsjournalist Sebastian Hermann in *Starrköpfe überzeugen. Psychotricks für den Umgang mit Verschwörungstheoretikern, Fundamentalisten, Partnern und Ihrem Chef* (Reinbek bei Hamburg 2013).

Der englische Psychologe Richard Wiseman zeigt in *Paranormalität. Warum wir Dinge sehen, die es nicht gibt* (Frankfurt/M. 2012), wie wir Täuschungen auf den Leim gehen.

Die Welt des Bullshit

Beziehungen: Die Hölle des Smalltalk

Ein Klassiker über den alltäglichen Bullshit ist *Das Wörterbuch der Gemeinplätze* von Gustave Flaubert, im Original erschienen 1881, ein Jahr nach Flauberts Tod, deutsch 1987.

Ein wegweisendes modernes Werk zu diesem ansonsten selten behandelten Thema ist *The Evasion-English Dictionary* von Maggie Balistreri (Brooklyn, NY, 2003).

Werbung: »Du bist ein Eliteverkäufer!«

Die psychologischen Tricks der Werbeindustrie beschreibt Robert B. Cialdini unterhaltsam und anschaulich in seinem Klassiker *Die Psychologie des Überzeugens. Wie Sie sich und Ihren Mitmenschen auf die Schliche kommen* (Bern 2013).

Wie Werber versuchen, die Hirnforschung für ihre Zwecke zu nutzen, erklärt David Lewis – mitunter etwas übertreibend – in *The Brain Sell. When Science meets Shopping* (London 2013).

Ein Marketing-Guru macht jetzt auf Verbraucherschützer: Martin Lindstrom in *Brand washed. Was du kaufst, bestimmen die anderen* (Frankfurt/M. und New York 2012).

Die Geschichte der Werbung vom 19. Jahrhundert bis in die 1980er-Jahre beschreibt Stephen R. Fox in *The Mirror Makers* (University of Illinois Press, 1997).

Die Anti-Werbe-Kampagne von WWF und dem Public Interest Research Centre: bit.ly/AntiWerbung

»Quengelzone« – die Kolumne von *Zeit*-Redakteur Marcus Rohwetter über Beschiss beim Einkaufen: www.zeit.de/serie/quengel zone

Werbung in Zeiten sozialer Netzwerke muss weniger Bullshit enthalten, fordert Jonah Sachs in *Winning the Story Wars* (Harvard Business Review Press, 2012).

Esoterik: Der spirituelle Supermarkt

Der niederländische Historiker Wouter Hanegraaff rekonstruiert den Einfluss esoterischer Strömungen auf die westliche Kultur – für Esoteriker und Esoterik-Hasser gleichermaßen geeignet und derzeit wohl die beste Übersicht: *Western Esotericism. A Guide for the Perplexed* (London 2013).

Der Religionswissenschaftler Kocku von Stuckrad analysiert den Einfluss esoterischer Strömungen auf die europäische Religionsgeschichte in *Was ist Esoterik? Kleine Geschichte des geheimen Wissens* (München 2004). Die Definition von Esoterik in diesem Band ist unter Forschern umstritten.

Unterhaltsam: Der Journalist Bernd Kramer schreibt über seinen Selbstversuch als Esoterik-Berater in *Erleuchtung gefällig? Ein esoterischer Selbstversuch* (Berlin 2013).

Die Religionspsychologin Claudia Barth hat für ihre Doktorarbeit sechs Männer und Frauen interviewt, die esoterische Angebote nutzen. Die psychologische Wirkung der Esoterik beschreibt sie mit wenig Sympathie in *Esoterik – Die Suche nach dem Selbst. Sozialpsychologische Studien zu einer Form moderner Religiosität* (Bielefeld 2012).

Verständnisvoll schreiben die Soziologen Franz Höllinger und Thomas Tripold über die Esoterik-Szene, Schwerpunkt Österreich: *Ganzheitliches Leben. Das holistische Milieu zwischen neuer Spiritualität und postmoderner Wellness-Kultur* (Bielefeld 2012).

Eine ausgewogene Studie über die Urmutter der Esoterik haben Ursula Keller und Natalja Sharandak verfasst: *Madame Blavatsky. Eine Biographie* (Berlin 2013).

Bianca Wagner ist das Pseudonym einer ehemaligen Esoterik-Beraterin. Einen Einblick in die Szene der Esoterik-Hotlines gewährt ihr Insiderbericht *Ich geh jetzt in dein Karma rein. Die wunderbare Welt der Astro-Hotlines* (Köln 2013).

Psychotherapie: Schabernack mit der Seele

Wichtige Hinweise und Anregungen für dieses Kapitel haben wir dem Ratgeber *Die Seelen-Pfuscher. Pseudo-Therapien, die krank machen* von Heike Dierbach entnommen (Reinbek bei Hamburg 2010). Die Autorin beschreibt darin neun Pseudotherapien und gibt Tipps, wie man einen guten Therapeuten findet.

Kritik und Polemik zur Familientherapie nach Hellinger äußert Werner Haas in *Das Hellinger-Virus. Zu Risiken und Nebenwirkungen von Aufstellungen* (Kröning 2009).

Die Auseinandersetzung Karl Poppers mit der Wissenschaftlichkeit der Psychoanalyse findet man in seinem Essayband *Vermutungen und Widerlegungen. Das Wachstum der wissenschaftlichen Erkenntnis* (Berlin 2009).

Der wissenschaftliche Beirat Psychotherapie hat seine Gutachten und Stellungnahmen zu einzelnen Therapieverfahren unter wbpsychotherapie.de veröffentlicht.

Die Briefe von Wolfgang Pauli an C. G. Jung sind unter bit.ly/Pauli Jung dokumentiert.

Eine geeignete Psychotherapie und einen Psychotherapeuten in der Nähe findet man mithilfe von bit.ly/psychoRat und psych-info.de.

Medizin: Die Heilkraft des Humbugs

Einen historischen Überblick über Franz Anton Mesmers Wirken in Frankreich gibt Robert Darnton in *Der Mesmerismus und das Ende der Aufklärung in Frankreich* (Frankfurt/M. und Berlin 1986).

Alexandre Dumas schreibt über den Mesmerismus in *Das Halsband der Königin*, Kapitel 18: gutenberg.spiegel.de/buch/1081/18

Der Abschlussbericht der wissenschaftlichen Kommission zur Untersuchung des Mesmerismus steht kostenlos im Netz, in deutscher Übersetzung: bit.ly/baillyMesmer

Wie untersucht man die Wirksamkeit der Alternativmedizin? Und welche Alternativmedizin wirkt? Eine Übersicht anhand wissenschaftlicher Studien geben Simon Singh und Edzard Ernst in *Gesund ohne Pillen. Was kann die Alternativmedizin?* (München 2009).

Robert Jütte hat den Homöopathie-Gründer porträtiert, auch von Homöopathen empfohlen: *Samuel Hahnemann. Begründer der Homöopathie* (München 2007).

Helmut Zander hat den Anthroposophie-Gründer porträtiert, nicht von Anthroposophen empfohlen: *Rudolf Steiner. Die Biografie* (München 2011).

In der Romantik liegt der Ursprung vieler Konflikte zwischen heutigen Skeptikern und spirituell denkenden Menschen. Rüdiger

Safranski schildert in Romantik. Eine deutsche Affäre (Frankfurt/M. 2009) mit vielen Zitaten die Auseinandersetzungen jener Zeit und macht das romantische Lebensgefühl greifbar.

Imogen Evans/Gerd Antes (Hrsg.): Wo ist der Beweis? Plädoyer für eine evidenzbasierte Medizin (Bern 2013) gibt es auch kostenlos und legal als PDF unter bit.ly/EBMplaedoyer.

Die Homöopathie-Lüge. So gefährlich ist die Lehre von den weißen Kügelchen (München/Zürich 2012) von Christian Weymayr und Nicole Heißmann ist gut recherchiert und eignet sich auch für selbstkritische Homöopathie-Fans.

Die Metastudie der Universität Oxford zum Placebo-Effekt steht frei zugänglich unter: bit.ly/placebo2014

Religion: Von Spaghetti-Monstern und anderen höheren Wesen

Der englische Biologe und radikale Atheist Richard Dawkins geißelt in seinem Buch Der Gotteswahn (Berlin 2008) jedweden Gottesglauben als Bullshit.

Mark Johnston, Philosoph an der Princeton University, zeigt in Saving God (Princeton University Press, 2009) auf, warum der Gottesglaube kein Bullshit sein muss.

Der englische Philosoph, Atheist und Skeptiker Stephen Law nimmt in Glauben Sie nicht jeden Bullshit. Wie Sie mentale Verführer durchschauen (Bern 2012) eine differenzierte Position zur Religion ein. Grundsätzlich sei Religion kein Bullshit, sagt er, doch werde in ihrem Namen viel Bullshit geredet.

Politik: Heiße Luft für Frieden und Fortschritt

Kai Biermann und Martin Haase klären in Sprachlügen. Unworte und Neusprech von »Atomruine« bis »zeitnah« (Frankfurt/M. 2013) über die wahre Bedeutung politischer Wortprägungen auf.

In Plastikwörter. Die Sprache einer internationalen Diktatur (Stuttgart 1988) beschreibt der Sprachwissenschaftler Uwe Pörksen einen neuen Typ von Kunstwörtern, der mehr und mehr in unsere Alltagssprache einsickert und unser aller Bullshitquote steigert.

Der Politologe und Autor Hans Hütt analysiert in seinem Rhetorik-Blog www.hans-huett.de die Reden von Politikern.

Den schlimmsten Bullshit der Geschichte, die Sprache des Nationalsozialismus, analysiert Victor Klemperer in seinem Klassiker LTI. Notizbuch eines Philologen (Stuttgart 1975).

Dick Morris, der Spin Doctor von Bill Clinton, entwirft in The New Prince. Machiavelli Updated for the Twenty-First Century (Toronto, Ontario, 1999) das Ideal einer faktenorientierten, bullshitfreien Politik. Bisher ist es ein Ideal geblieben.

Medien: Ein bisschen Todesangst im Schlepplift

Der englische Philosoph Alain de Botton will uns in The News: A User's Manual (London 2014) zu einem besseren Medienkonsum erziehen.

Marshall McLuhans gefeierte Medientheorie findet sich in seinem Klassiker Understanding Media (New York 1964).

Eine beißende Analyse der Medien als Bullshit-Fabriken liefern Markus Metz und Georg Seeßlen in Blöd-Maschinen. Die Fabrikation der Stupidität (Berlin 2011).

Das Blog www.bildblog.de der Journalisten Lukas Heinser und Stefan Niggemeier lässt Deutschlands Blödmaschine Nr. 1, die Bild-Zeitung, nicht aus den Augen.

Das Blog www.topfvollgold.de von Mats Schönauer und Moritz Tschermak dokumentieren den Bullshit der Regenbogenpresse in seiner ganzen Pracht.

Wissenschaft: Scharlatane im Labor

Drei Klassiker zur Wissenschaftstheorie:
- Paul Feyerabend: Wider den Methodenzwang. Skizze einer anarchistischen Erkenntnistheorie (Frankfurt/M 1976)
- Karl Popper: Vermutungen und Widerlegungen. Das Wachstum der wissenschaftlichen Erkenntnis (Berlin 2009)
- Thomas S. Kuhn: Die Struktur wissenschaftlicher Revolutionen (Frankfurt/M. 1967)

Wissenschaftstheorie für Einsteiger: Martin Carrier: *Wissenschafts-theorie zur Einführung* (Hamburg 2011).

Für Fortgeschrittene: Paul Hoyningen-Huene: *Systematicity* (Oxford University Press, 2013).

Zum Selbstverständnis der Wissenschaft:
- Dirk Rupnow (Hrsg.): *Pseudowissenschaft. Konzeptionen von Nicht-wissenschaftlichkeit in der Wissenschaftsgeschichte*, (Frankfurt a. M. 2008), ein Sammelband mit Aufsätzen toleranter Geisteswissenschaftler.
- Gerhard Schulz/Martin Carrier (Hrsg.): *Werte in den Wissenschaften. Neue Ansätze zum Werturteilsstreit* (Berlin 2013), ein Sammelband zum sogenannten Werturteilsstreit: Dürfen Wissenschaftler Werturteile fällen, oder müssen sie neutral sein?
- Der Arzt und Autor Ben Goldacre diskutiert Kriterien für gute und schlechte Wissenschaft in *Die Wissenschaftslüge. Wie uns Pseu-do-Wissenschaftler das Leben schwermachen. Die pseudo-wissenschaft-lichen Versprechungen von Medizin, Homöopathie, Pharma- und Kos-metik-Industrie* (Frankfurt/M. 2010).

Rupert Sheldrake hat seine Kritik am materialistischen Weltbild des wissenschaftlichen Mainstreams zusammengefasst in *Der Wissenschaftswahn. Warum der Materialismus ausgedient hat* (München 2012).

Die Selbstkritik des postmodernen Wissenschaftssoziologen Bruno Latour: bit.ly/Latour2004

John Ioannidis' Essay über die Schwächen medizinischer Forschung: bit.ly/IoannidiS

Der Aufsatz über Voodoo-Korrelationen in der Hirnforschung: bit.ly/voodooHirn

Wirtschaft: Top Performer mit Verständlichkeitsindex 0
Ein Lehrbuch für Bullshitter in der Wirtschaft haben Brian Fugere, Chelsea Hardaway und Jon Warshawsky geschrieben: *Why Business-people Speak Like Idiots* (New York 2005).

In *The Management Myth* (New York 2009) rechnet Matthew Stewart, selbst ehemaliger Unternehmensberater, mit dem Humbug seiner einstigen Zunft ab.

Das *Dictionary of Corporate Bullshit* von Lois Beckwith (New York 2006) ist ein zuverlässiges Nachschlagewerk zu den hohlen Phrasen der Wirtschaftswelt. Es ist auf Englisch geschrieben, aber fast ebenso gut für deutschen Wirtschaftsbullshit verwendbar, der größtenteils aus Anglizismen besteht.

In *Your Call Is Important To Us* (New York 2005) seziert Laura Penny die konsumgetriebene Bullshit-Kultur der USA und der übrigen Welt.

Wie viel Schaden die Bullshit-Kultur in Unternehmen anrichten kann, beschreibt Thomas Vašek in *Die Weichmacher. Das süße Gift der Harmoniekultur* (München 2011).

Bullshit für Profis – Strategien in einer Welt des Humbugs

Warum uns die Wahrheit wertvoll ist, erklärt Harry G. Frankfurt in *On Truth* (New York 2009, dt. *Über die Wahrheit*, München 2007), dem Nachfolgeband von *On Bullshit*.

Vertiefende Essays zu Frankfurts Philosophie des Bullshit finden sich in dem hervorragenden Sammelband *Bullshit and Philosophy*, herausgegeben von Gary Hardcastle und George Reisch (Chicago 2006).

Ludwig Wittgensteins Kampf gegen den Bullshit ist besonders schön dokumentiert in dem von Georg Henrik von Wright herausgegebenen Band *Vermischte Bemerkungen. Eine Auswahl aus dem Nachlass* (Frankfurt/M. 1994).

In seinem Buch *The Demon-Haunted World* (New York 1996) hält der amerikanische Astrophysiker und Wissenschaftspopularisierer Carl Sagan die Fackel der Vernunft in einer Welt der Irrationalität hoch.

Die Frage, ob die Hypothese eines Multiversums wissenschaftlicher Bullshit ist, behandeln die Autoren des vorliegenden Buchs in ihrem ersten gemeinsamen Werk *Die verrückte Welt der Paralleluniversen. Wie oft gibt es uns wirklich?* (München 2009).